Na cozinha
com Juliana Gueiros

Na cozinha
com Juliana Gueiros

Copyright © 2024 by Juliana Gueiros

PREPARAÇÃO
Iuri Pavan

REVISÃO
Anna Beatriz Seilhe
Isabella Pacheco

DESIGN DE CAPA E MIOLO
Anderson Junqueira

FOTOS
Antônio Pessoa Maurício

CIP-BRASIL. CATALOGAÇÃO NA PUBLICAÇÃO
SINDICATO NACIONAL DOS EDITORES DE LIVROS, RJ

G959n

Gueiros, Juliana
    Na cozinha : com Juliana Gueiros / Juliana Gueiros. - 1. ed. - Rio de Janeiro : Intrínseca, 2024.
    ISBN 978-85-510-0894-2

    1. Culinária. 2. Receitas. I. Título.

23-86958   CDD: 641.5
                   CDU: 641.5

Meri Gleice Rodrigues de Souza - Bibliotecária - CRB-7/6439

06/11/2023 09/11/2023

[2024]
Todos os direitos desta edição reservados à
EDITORA INTRÍNSECA LTDA.
Av. das Américas, 500, bloco 12, sala 303
22640-904 — Barra da Tijuca
Rio de Janeiro — RJ
Tel./Fax: (21) 3206-7400
www.intrinseca.com.br

Para os meus pais.
Obrigada por me amarem, apoiarem e incentivarem incondicionalmente.

Sumário

	Introdução	8
1	Cortes e legumes	12
2	Grãos	74
3	Saladas	96
4	Caldos caseiros	114
5	Sopas	124
6	Ovos	144
7	Massas	158
8	Molhos e seus derivados	184
9	Peixes e frutos do mar	210
10	Frango	252
11	Carnes	276
12	Doces	312
	Agradecimentos	349

Introdução

COZINHO DESDE QUE ME ENTENDO POR GENTE. Literalmente: minha mãe costuma dizer que fui criada na bancada da cozinha. Aos sete anos, preparei minha primeira refeição sozinha, e desde então nunca parei.

Hoje, aos 26 anos, já morei em seis países. Meu pai trabalhou a vida toda numa multinacional, e isso fazia com que nos mudássemos mais ou menos a cada três anos. Essas mudanças constantes acabaram criando um núcleo familiar muito forte, e a cozinha sempre foi o coração da casa. Cresci cozinhando para amigas, conhecidos, meu namorado, minha família, e é assim que sou mais feliz, alimentando quem eu amo.

Quando terminei a escola, aos dezessete, tinha o plano de estudar nos Estados Unidos. Me formei em dezembro e, como lá o ano letivo só começava em agosto, tive oito meses livres para aproveitar da melhor forma possível. Daí veio a ideia de cursar o Le Cordon Bleu de Paris. Para ser sincera, apesar de sempre ter sido um sonho longínquo e adormecido — cozinhar era minha terapia, meu maior prazer — e de vender uns doces e comidas aqui e ali, nunca tinha enxergado o ato de cozinhar como trabalho.

Meu pai foi o maior incentivador da minha ida para o Le Cordon Bleu, e lá fui eu. No dia 1º de janeiro de 2013, embarquei na maior aventura da minha vida, sem imaginar que seria o melhor ano que eu poderia ter.

A ideia inicial era fazer apenas dois módulos, o básico e o intermediário, e depois seguir para a Califórnia para cursar a faculdade, mas, ao chegar lá, me apaixonei pelo curso e quis completar os três módulos mais o estágio. Por conta disso, precisei adiar a faculdade até o ano seguinte.

Me formei entre os cinco primeiros colocados em *cuisine* e *pâtisserie* no Le Cordon Bleu no dia 28 de agosto de 2013. Depois passei dois meses num bistrô recém-inaugurado de Eric Frechon, chef com três estrelas Michelin e título de M.O.F. (concurso que premia, de quatro em quatro anos, o melhor profissional de determinadas áreas, dentre as quais a gastronomia). Eu trabalhava incansavelmente das sete e meia da noite até meia-noite e meia todos os dias. Aprendi e cresci muito, mas também comecei a entender que a cozinha profissional estava longe de ser aquela paz que eu encontrava na culinária caseira.

Apesar da chance de ser contratada lá, quis voltar para o Brasil e passei alguns meses sem rumo, perdida e confusa. Tinha dezoito anos então e não sabia o que fazer com aquele diploma tão almejado. Comecei a estagiar numa cozinha renomada no Rio de Janeiro, que serviu apenas para confirmar que eu não queria aquilo.

Eu tinha desistido de ir para os Estados Unidos e decidi cursar faculdade de administração. Ao longo do curso, conciliei os estudos com a gastronomia, vendendo doces em datas comemorativas e fazendo quentinhas para escritórios nos primeiros três períodos. Me formei em primeiro lugar no Ibmec Rio no segundo semestre de 2018 e na época estava trabalhando numa empresa alimentícia como administradora, onde aprendi muito sobre o outro lado da moeda do mundo dos restaurantes.

Em setembro do mesmo ano, meu namorado conseguiu um estágio como arquiteto na Dinamarca, e lá fui eu para mais uma mudança de país. Sabia que não queria emprego em restaurante, o que limitava minhas opções de trabalho num país cuja língua eu não falava. Duas semanas depois, levei meu currículo para a Hart Bageri, uma padaria fundada por Richard Hart em parceria com René Redzepi, do renomado restaurante Noma. Richard me pediu que voltasse no dia seguinte para um teste, e então fui contratada. Nosso plano inicial era ficar seis meses em Copenhagen, mas acabamos estendendo para um ano. Trabalhei e aprendi muito com pessoas incríveis e voltei para o Brasil com a certeza de que queria trabalhar com cozinha, mas sem saber exatamente como.

Durante a faculdade, eu tinha feito quentinhas com a ideia de proporcionar para quem não tinha tempo uma comida gostosa, caseira, feita no dia e equilibrada. Ao voltar para o Brasil de novo, em outubro de 2019, quis retomar esse projeto, pois acreditava — e acredito — muito nele. Comer bem faz bem, mas infelizmente muita gente não prioriza isso. Minhas quentinhas contemplavam entrada, prato principal e sobremesa, e o cardápio mudava diariamente: a entrada em geral consistia numa salada, o prato principal vinha com uma proteína, uma porção de carboidrato e dois legumes (por exemplo, frango ensopado com purê de batata, cenoura e vagem) e a sobremesa normalmente era uma fruta, mas às vezes algo diferente. Comida simples, caseira, feita com amor.

Comecei aos poucos, como fazia na faculdade, com mais *know-how* gastronômico e administrativo, mas ainda estava organizando as quentinhas quando veio a pandemia. Decidi parar imediatamente de fornecer as refeições, pois não tinha estrutura para continuar, e acabei reavaliando tudo. Foi um período de muita incerteza, insegurança e medo, como todos sabemos. Me voltei naturalmente para a cozinha, minha companheira de longa data e sinônimo de alento em tantas situações. Me lembro claramente de uma amiga me ligando e falando que não sabia sequer fazer arroz e precisava que eu explicasse a ela. Tenho Instagram há anos e sempre gostei de dividir minhas refeições e momentos especiais por lá, mas nunca tinha aparecido falando ou compartilhando receitas, apesar de muitas vezes já ter tido vontade.

Encorajada pela minha família e minhas amigas, apareci nos stories me propondo a ensinar a fazer feijão para quem não sabia e perguntando se preferiam o método com ou sem panela de pressão (já que a panela de pressão é um utensílio assustador para muitos).

Comecei a postar diariamente receitas do cotidiano, práticas e simples para quem não tinha muita experiência na cozinha. O retorno foi avassalador: todo dia eu publicava uma receita diferente, e todo dia chegavam centenas de seguidores novos para me acompanhar. Em três meses, passei de 3.300 para 10 mil seguidores e mal conseguia acreditar. Desenvolver, gravar, editar, postar e responder a todos os meus seguidores foi um grande alento num período muito difícil — e, sinceramente, um verdadeiro presente. A cozinha sempre fez parte da minha vida, e compartilhar esses momentos é a minha parte favorita de cozinhar, seja com a minha família, meu namorado, minhas amigas ou, agora, meus seguidores.

Acredito de coração que cozinhar é um ato de amor, cuidado, dedicação e carinho que muitas vezes dividimos com aqueles que mais amamos no mundo. Por isso, encheu o meu coração ver tanta gente descobrindo, se aventurando e, mais do que isso, se apaixonando pela cozinha. Fazer parte dessa enorme rede de amor, troca e carinho foi indescritível.

Agora mais de 200 mil pessoas acompanham minhas dicas e receitas, e ver quanta gente descobriu o amor pela cozinha é tão, mas tão gratificante que não consigo nem descrever. A cozinha sempre me trouxe paz, um sentimento de pura alegria. Até hoje recebo mensagens de seguidores que me fazem chorar de emoção e felicidade pelo carinho que demonstram e pela transformação que a cozinha causou em tanta gente. Às vezes, o que pode ser banal e simples para um é revolucionário para outro. Descobrir a autonomia, a independência e a liberdade em saber cozinhar é renovador.

Me encontrei sem nem saber que estava perdida. Aprendi a transformar meu amor pela cozinha em trabalho e amar ainda mais esse universo, agora que tenho a honra de dividi-lo com tanta gente. E o passo seguinte nessa caminhada tão maravilhosa foi escrever um livro...

Na cozinha clássica francesa, a maioria das receitas é feita de forma extremamente precisa e meticulosa. Em restaurantes com estrela Michelin, por exemplo, o corte da cebola é milimétrico para manter um padrão absoluto e rigoroso.

Por outro lado, na cozinha de casa, acho que grande parte da graça está na liberdade: poder experimentar, ajustar e alterar de acordo com o que gostamos ou até mesmo com o que temos na despensa de casa. Em casos específicos, como a confeitaria, a precisão será sua grande aliada, mas, na maioria dos preparos salgados, a autonomia e a licença para experimentar transformam receitas e experiências em algo único.

Por isso, quis trazer para este livro técnicas e práticas a fim de que você ganhe cada vez mais confiança para brincar e saborear esse fantástico mundo que é a gastronomia. E não só isso: meu desejo é que você tenha o prazer de compartilhar amor e afeto em forma de comida.

Vamos passear por técnicas, preparos e ingredientes — sempre de maneira bem didática e simples —, e espero que, no fim, você tenha aprendido e incorporado receitas maravilhosas ao seu repertório. E, mais que tudo, torço para que você se sinta confiante para experimentar e criar, apaixonando-se ainda mais pela cozinha.

Vamos juntos? Pode deixar que vou segurar a sua mão até o fim!

1. Cortes e legumes

Vamos falar sobre cortes e aproveitar para explorar o vasto mundo de legumes e verduras, que eu tanto amo!

A**S TÉCNICAS SÃO A BASE DA CULINÁRIA FRANCESA** e juntas compõem pratos e histórias. Muitas vezes enxergadas como sinônimo de dificuldade ou até preciosismo, podem ser grandes aliadas na execução dos nossos objetivos.

Me lembro perfeitamente do meu primeiro dia no Le Cordon Bleu. Fizemos uma sopa de legumes. Parece simples, né? Mas não foi. Tinha que cortar diversos legumes de maneiras variadas e respeitar o tempo de cocção de cada um. Estava aterrorizada, mas nesse primeiro dia comecei a entender a importância do conhecimento e da técnica no resultado.

Os cortes, por exemplo, são pensados e usados de acordo com o contexto do preparo. Quando queremos que a cebola "desapareça" no prato, precisamos cortá-la menor. Ou, por exemplo, se a ideia é usar a cenoura crua numa receita, damos preferência aos cortes finos, já que ela é naturalmente crocante.

Neste capítulo, vamos falar sobre cortes e aproveitar para explorar o vasto mundo de legumes e verduras, que eu tanto amo!

Cortes

Alguns conselhos imprescindíveis para ajudar você na hora de cortar:

- Use uma tábua estável. Uma boa dica é umedecer um papel-toalha ou um pano fino e colocá-lo embaixo da tábua para evitar que ela fique deslizando. Estabilidade é muito importante!
- Procure sempre trabalhar com a maior superfície plana do legume virada para baixo. Se a superfície é plana, há menos risco de o legume correr ou rolar.
- Use uma faca bem amolada. Ela não precisa ser de nenhuma marca específica, o importante é que esteja amolada. Isso não só facilita o processo como o torna menos perigoso.
- Tenha um pote ou um lixo por perto para colocar as cascas ou sementes que não for usar. Ter uma área de trabalho organizada é fundamental.

Rodelas

Qualquer legume com formato cilíndrico (como cenoura e pepino), redondo ou oval (como cebola e batata) pode ser cortado em rodelas. Se for usar a cenoura crua, por exemplo, o ideal é que ela seja cortada bem fina, pois é mais crocante. Por outro lado, se a ideia é preparar uma cebola assada no forno, as rodelas podem ser mais grossas, para ela cozinhar por dentro e caramelizar por fora.

Meia-lua

A meia-lua é uma rodela cortada ao meio. No entanto, a forma mais fácil de fazer é cortar o legume ao meio, no sentido do comprimento, colocar a superfície plana na tábua e aí sim cortar.

Paysanne

É quando partimos a meia-lua formando um triângulo. A maneira mais fácil é pegar o legume cortado ao meio e cortá-lo ao meio novamente, sempre no sentido do comprimento. Aí é só juntar (de dois em dois ou os quatro pedaços de uma vez) e cortar para formar triângulos.

Cubos grandes, médios e pequenos (brunoise)

Para cortar em cubos, existem algumas variações, a depender do formato e do tamanho do legume.

LEGUME OVAL OU REDONDO
- Devemos começar cortando o legume ao meio e colocando a superfície plana na tábua.
- No caso da cebola, posicionamos o lado com a raiz virado para fora e usamos uma faca para fazer cortes terminando um pouco antes da raiz. É importante não cortá-la, caso contrário, a cebola começa a se despedaçar.
- A espessura das tiras ao longo depende do tamanho em que queremos o cubo.
- Depois de cortar as tiras ao longo da metade inteira, vamos fazer cortes paralelos à tábua para transformar os retângulos em cubos. O número de cortes paralelos depende do tamanho do legume em si e do cubo final.
- Considerando uma cebola média, se quiser um *brunoise* bem pequeno, recomendo três cortes paralelos, com cuidado. Se desejar um corte médio, dois é o suficiente. Por fim, se preferir um corte grande, apenas um basta.

LEGUME CILÍNDRICO

• Comece colocando o legume deitado na tábua e cortando em aproximadamente três pedaços. Isso facilita muito na hora de fazer os cubos.

• Hoje em dia, longe das cozinhas profissionais, prefiro cortar cubos do mesmo tamanho, mas sem necessidade de exatidão. Para isso, é só pegar cada parte do legume e cortar fatias no sentido do comprimento. Em seguida, separe as fatias em dois montes e empilhe com a fatia curvada em cima, então corte em tiras e em cubos.

• Para um cubo perfeito, pegue o cilindro e corte em volta para formar um retângulo, depois corte fatias, tiras e, por fim, cubos (as aparas podem ser usadas em caldos).

• A espessura das fatias e das tiras depende do tamanho do cubo. Para cubos maiores, a fatia é mais grossa e, para cubos menores, é mais fina.

• O cubo pequeno, ou *brunoise*, é mais utilizado em preparos nos quais o legume vai cru ou quando queremos que ele desapareça ao ser cozido.

• Para refogados, o cubo médio é o ideal.

• Já o cubo grande é mais indicado para assados.

Palito grosso (pont-neuf), *médio* (bâtonnet) e *fino* (julienne)

Aqui temos três variações: o palito fino, o famoso *julienne*; o palito médio, que corresponde à batata frita fina; e o palito grosso, que faz a famosa batata *pont-neuf*. O formato é o mesmo e a espessura é que muda.

Também temos a opção de fazer de forma mais irregular ou mais exata. Para a forma exata, precisamos transformar o legume em retângulo, depois cortar em fatias e empilhar para cortar em palitos ou tiras.

Se não fizer questão de um formato perfeito, basta cortar o legume em fatias e depois transformar as fatias em palitos. Assim, as pontas terão tamanhos um pouco diferentes.

Canoa

Um corte típico para legumes redondos ou ovais é a canoa, que pode dar quatro ou oito pedaços. Partimos o legume ao meio no sentido do comprimento, e então cortamos cada metade ao meio novamente, de modo que fiquem quatro pedaços. Podemos também cortar cada metade ao meio novamente, formando oito pedaços.

Corte irregular

Um corte muito legal e diferente que eu adoro usar para legumes assados. Pego o legume e corto em um ângulo um pedaço de mais ou menos dois dedos de espessura. Depois viro o legume 90° e corto novamente, girando e cortando pedaços de tamanho similar, por isso assam no mesmo tempo.

Enviesado

Consiste em cortar o legume em fatias na diagonal, depois em tiras, para dar uma variada. Os primeiros cortes ficam menores, mas a partir do terceiro você tem uma superfície enviesada bem "uniforme", basta empilhar umas três fatias e fazer tirinhas.

Fitas

Adoro usar um descascador de legumes ou um mandolim para fazer fitas de legumes. Ficam uma delícia em saladas e são perfeitas para decorar tábuas de queijos.

Fatiado no mandolim

Existem alguns encaixes no mandolim que são ótimos para quem não gosta ou não tem paciência para cortar. Mas lembre-se sempre de usar a proteção, pois esse utensílio pode ser muito perigoso.

Legumes

Agora que aprendemos a cortar os legumes, vamos falar deles especificamente: as diferentes características de cada um, como escolher, preparar, armazenar, cortar e usar. Antes, porém, algumas dicas:

• Dê preferência aos alimentos orgânicos — aqueles livres de agrotóxicos — quando possível, especialmente legumes, verduras e frutas que serão consumidos com casca e crus.

• Antes de consumir o ingrediente cru, devemos lavá-lo com água corrente e uma escovinha para tirar qualquer sujeira, e então colocá-lo de molho com o sanitizante de sua preferência, conforme as instruções e o tempo indicado na embalagem. Depois retire o alimento da água em vez de escorrer, porque é possível que tenha caído alguma sujeira no fundo do pote que pode voltar para ele.

• Para consumir o ingrediente cozido, basta lavar sob água corrente com a escovinha e secar bem. Não é necessário usar sanitizante, pois a alta temperatura vai matar qualquer bactéria ou microrganismo.

Cebola

Temos a cebola branca, a amarela e a roxa. Na minha opinião, a cebola branca é a mais forte, a amarela é um ótimo meio-termo, e a roxa é mais adocicada.

Para preparos crus, prefiro usar a roxa, e uma boa dica é deixá-la de molho em água gelada por alguns minutos, caso queira suavizar o sabor. Para refogados e caramelizados, opto pela cebola amarela. Dificilmente compro a branca, mas é só questão de preferência.

COMO COMPRAR — Certifique-se de que o bulbo esteja firme e com a casca brilhante; evite as moles. A pele deve estar bem seca e sem odor.

COMO ARMAZENAR — Na bancada da cozinha dentro de um pote, num lugar sem muita umidade, em vez de na geladeira.

A cebola pode ser usada de diversas maneiras em diferentes preparos. A forma que cortamos e preparamos faz toda a diferença no resultado final.

CRUA EM SALADAS — Corte-a em meia-lua e coloque de molho por alguns minutos na água gelada para deixá-la mais suave.

CARAMELIZADA — Não precisamos de açúcar para fazer cebola caramelizada, e sim de paciência. Se quiser, até pode adicionar, mas não há necessidade. A cebola já tem açúcar, e o que precisamos fazer é cozinhá-la, refogando em azeite ou manteiga, até que ele derreta e comece a caramelizar. O processo leva uns vinte minutos, nos quais temos que ir mexendo em fogo baixo para caramelizá-la por igual. Fica ótima por cima do arroz de lentilha, na salada de grão-de-bico, em recheios de quiches e suflês, além de ser a base da sopa de cebola.

ASSADA NO FORNO — Descasque e corte a cebola em rodelas de mais ou menos dois dedos de espessura. Coloque numa assadeira, tempere com sal, azeite e a erva da sua preferência, leve ao forno preaquecido por uns 30 a 40 minutos ou até que esteja bem dourada. Não encha muito o tabuleiro e dê espaço entre as cebolas para o calor circular.

EM REFOGADOS — É como eu mais uso, praticamente todos os dias. Corto em cubos médios dependendo do quanto quero que a cebola "suma" no preparo. O segredo para refogá-la é colocar no fogo médio-baixo e com gordura o suficiente para que ela "sue" e fique translúcida e adocicada. Depois de uns 3 a 5 minutos, ela se torna a base perfeita para um refogado. Se acrescentarmos uma pitada de sal no começo, ajudamos a extrair sua água, assim a cebola refoga mais rápido.

A cebola também é uma excelente opção na hora de "soltar" o fundo da panela: quando selamos uma carne numa panela de inox e ela carameliza no fundo, a água que a cebola libera ajuda a dissolver esse fundo e incorporar sabor ao molho do preparo.

ALIMENTOS DA MESMA FAMÍLIA

ECHALOTE — É uma versão ainda mais suave da cebola roxa, mas não é tão fácil de achar. Pode ser usada cozida ou crua.

MINICEBOLAS — Ficam lindas assadas ou em ensopados de preparo mais longo.

ALHO-PORÓ — Pode ser usado das mesmas formas, e fica uma delícia refogado em risotos, por exemplo. Na hora de comprar, escolha os mais firmes. Uma ótima dica para limpar alho-poró é: com a faca, faça um "x" do topo da parte verde até o início da parte branca, depois passe na água corrente e lave entre as camadas para tirar qualquer sujeira ou terra. Em seguida, é só fatiar a parte verde, que, cortada fina, é ideal para refogados. A parte branca geralmente faço em rodelas.

CEBOLINHA — Uma ótima erva para finalizar preparos com um toque bem suave de cebola. Na hora de comprar, a parte verde não pode estar mole. Deve estar bem firme, assim como as raízes. Armazene envolta num papel-toalha para absorver a umidade e coloque na geladeira num pote hermético.

Alho

Logo depois da cebola vem o alho. Inclusive, aproveito para esclarecer que essa é justamente a ordem do refogado. O alho é um ingrediente extremamente delicado e cozinha em questão de segundos quando está sem casca e em contato direto com uma fonte de calor. Já a cebola, como vimos, demora um pouco mais. Portanto, se começarmos o refogado com o alho, ele vai chegar ao ponto muito antes da cebola. Dito isso, o alho não necessariamente queima se colocamos os dois para refogar juntos ao mesmo tempo, porque a cebola tem bastante água, o que evita que ele queime. Mesmo assim, prefiro começar com a cebola.

COMO COMPRAR — Já adianto que o meu alho favorito, disparado, é o nacional, aquele roxinho, mais difícil de descascar, mas que vale cada segundo a mais de trabalho. Compre os com a casca brilhante e bem firmes: quanto mais viva a cor, mais fresco ele está. Dê preferência ao bulbo completo e sem sinais de brotos crescendo.

COMO ARMAZENAR — No meu caso, coloco o alho na bancada da cozinha.

COMO CORTAR — Quando amassamos ou ralamos o alho, extraímos o líquido dele, o que o torna mais forte e picante. Portanto, amasse ou rale o alho quando quiser sentir fortemente a presença dele. Caso queira um sabor um pouco mais sutil, pique o alho em pedaços maiores ou corte em lâminas.

O alho refogado é um clássico que adiciona muito sabor aos preparos do dia a dia. Um pouquinho de alho dá um toque delicioso e potencializa diversos pratos, como os nossos queridos arroz e feijão. Eu diria que o alho tem quatro pontos de cocção:

> o **cru**, que às vezes é usado em vinagretes ou algumas pastas, como homus;
> o **levemente perfumado** — com ele borbulhando delicadamente, mas sem coloração —, que eu uso no arroz;
> o **levemente dourado**, que, para mim, é o tempero ideal para o feijão;
> o **frito**, que é dourado e a peça-chave no clássico Oswaldo Aranha.

Precisamos prestar atenção na hora de escolher a variação desejada, pois em alguns instantes o alho vai de perfumado para dourado.

Além do alho cru, do refogado e do frito, temos uma variação que muda completamente o sabor e é maravilhosa: o **alho assado**. Ele fica macio, cremoso e levemente adocicado, perdendo toda a força do alho cru e se transformando numa versão suave e deliciosa. Basta cortar o bulbo para expor o topo de cada dente de alho, depois tempere com azeite, sal e pimenta, feche em papel-alumínio e leve ao forno por 60 minutos. **Trata-se de um preparo ideal para quando estiver usando o forno para outra coisa, pois otimizamos o tempo.** Enquanto um frango estiver assando, por exemplo, coloque o alho embrulhado lá dentro para cozinhar lentamente. Depois deixe esfriar e tire da casca, apertando embaixo. O alho assado é ótimo para incrementar massas, pastinhas e até refogados.

Sei que muita gente gosta de fazer pastas de cebola e alho para usar ao longo da semana. Na faculdade de gastronomia, nem sequer podíamos cortar a cebola muito tempo antes de usar, e minha mãe também nunca fez essas pastas, por isso acabei não criando o hábito. No entanto, sugiro que você faça o que funciona e se adapta à sua realidade.

Tomate

Eu amo tomate. De todos os tipos, de todas as formas. Cru em saladas ou no molho à campanha, em refogados para dar cor e sabor, no molho de tomate, assado, recheado etc. Um clássico que tenho sempre em casa.

COMO COMPRAR — Escolha os tomates com a pele firme, lisa e sem buracos ou manchas. Evite os muito moles. O ideal é que a cor seja um vermelho vivo.

COMO ARMAZENAR — Gosto de guardar os tomates na bancada até que fiquem maduros, e só então os transfiro para a geladeira.

COMO CORTAR — Aqui temos inúmeras possibilidades, vai depender do uso que você der ao tomate. Para vinagrete e refogados, geralmente opto por cubos pequenos. No primeiro caso, fica mais fácil de comer, e, no segundo, ajuda o tomate a se desmanchar, formando uma pasta. Para saladas, geralmente corto em pétalas ou então em meia-lua ou rodelas. Ele também fica delicioso ralado e temperado com azeite, sal e pimenta, servido sobre pão tostado no azeite na versão *pan con tomate*.

Quando cozinho em casa, não tiro as sementes nem a casca, mas vou ensinar a fazer isso de forma fácil e rápida e aproveitar para compartilhar um clássico da gastronomia francesa que, no começo do curso, fazíamos praticamente toda aula.

TIPOS DE TOMATE

TOMATE-CARMEM — Costuma ser grande e firme. Não é ideal para molhos, pois tem porcentagem mais alta de água, mas fica ótimo assado ou recheado e dura muito tempo.

TOMATE ITALIANO — Ideal para molhos, pois tem menos sementes e menos água, produzindo um molho encorpado e saboroso. Não costuma durar tanto.

TOMATE-DÉBORA — Bem versátil, ótimo tanto para saladas quanto para molhos. Não é tão bom quanto o italiano porque tem mais sementes. É menos ácido que o carmem.

TOMATE-CAQUI — Um bom meio-termo entre o tomate muito ácido e o muito adocicado. Ótimo para saladas e molho à campanha.

TOMATE HOLANDÊS — Bem adocicado, ótimo para saladas.

TOMATE-CEREJA E TOMATE SWEET GRAPE — Os dois são minitomates, e adoro ter em casa. O sweet grape é mais doce e menos aguado do que o cereja.

Molho à campanha (sim, sou carioca)

RENDIMENTO: acompanhamento para 3 a 4 pessoas

- » 2 tomates-débora em cubos pequenos
- » ½ cebola amarela em cubos pequenos
- » 4 colheres (sopa) de azeite
- » 1 a 2 colheres (sopa) de vinagre
- » Sal e pimenta-do-reino a gosto
- » Pimenta dedo-de-moça a gosto
- » Coentro ou salsinha a gosto

1. Misture todos os ingredientes.
2. Leve à geladeira até a hora de servir.

Tomate *confit*

RENDIMENTO: 200 g

- » 4 tomates italianos
- » Sal e pimenta-do-reino a gosto
- » Azeite a gosto
- » Tomilho a gosto

O método *confit* consiste em cozinhar algo numa quantidade generosa de gordura (às vezes na gordura do próprio alimento, como no caso do pato) e em fogo médio-baixo.

1. Faça um "x" na base do tomate.
2. Use uma faca pequena ou a ponta de um descascador de legumes para tirar a parte verdinha que conecta o tomate ao tronco.
3. Coloque o tomate em água fervente por 30 segundos e depois o transfira para um pote com água gelada para dar um choque térmico.
4. Use uma faca pequena para soltar a pele do tomate a partir do corte na base.
5. Fatie ao meio e retire as sementes com ajuda de uma colher.
6. Corte novamente cada metade ao meio no sentido do comprimento, para formar pétalas.
7. Transfira para um tabuleiro, tempere com sal e pimenta-do-reino e regue generosamente com azeite.
8. Adicione folhas de tomilho e leve ao forno preaquecido entre 120° e 140°C por aproximadamente 60 minutos, até que estejam cozidos e sequinhos.

Gosto muito de fazer uma versão de tomate *confit* "falsificada" usando tomate *sweet grape* sem descascar e sem tirar as sementes. Tempero da mesma forma, mas asso a 180°C por uns 30 minutos, o que faz com que deixe de ser tomate *confit*.

Batata

COMO COMPRAR — Devem estar firmes, e a pele, lisa, sem cortes e buracos. Evite aquelas com manchas, brotos ou cheiro forte. Prefira aquelas com a casca da cor correspondente: se estiver comprando batata-inglesa, por exemplo, ela deve estar amarela e não esverdeada.

COMO ARMAZENAR — Guardo-as sempre na bancada da cozinha, num lugar seco, sem muita umidade. Tenho a impressão de que a batata fica levemente adocicada e aguada quando fica na geladeira.

COMO CORTAR — Algumas pessoas preferem cozinhar a batata antes de descascar, pois acreditam que menos água penetra na polpa. Eu geralmente descasco antes de cozinhar, salvo algumas exceções, como no nhoque.

TIPOS DE BATATA

Batata-inglesa — A mais utilizada no Brasil. Extremamente versátil — ótima para assar, cozinhar, usar em saladas e purês.

Batata asterix — Tem a casca avermelhada e é o melhor tipo de batata para fritar, mas também fica boa em nhoques e purês.

Batata-baroa ou a famosa mandioquinha — É uma delícia em purês e sopas e tem um sabor ligeiramente adocicado.

Batata-doce — É adocicada e fica deliciosa assada e em chips.

Batata-bolinha — Uma batatinha pequena que costuma ser menos cremosa que a grande, mas fica ótima em conserva (batata calabresa) e em ensopados ou assada no forno.

Batata yacon — Tem sabor similar ao da batata-doce, mas seu interior é laranja e bem macio.

Existem mil e uma maneiras de cozinhar batata. Fica deliciosa como base de sopa (como veremos mais à frente), em purês, cozida, assada, frita e por aí vai.

BATATA COZIDA — Sempre que for preparar batata cozida, comece com água fria ou em temperatura ambiente. É importante que a água esquente aos poucos para que a batata cozinhe uniformemente por dentro e por fora.

Para preparos como saladas e conservas, você pode escorrer a batata ainda um pouco *al dente* (cozida, mas ainda com textura ao mastigar) para que ela não passe do ponto e fique macia demais enquanto esfria, ou deixar sob água fria corrente para interromper o cozimento.

Se não for cozinhar imediatamente, guarde a batata submersa em água depois de descascada, para ela não oxidar.

BATATA ASSADA — Quando entramos no mundo da batata assada, existem milhares de possibilidades. Podemos fazê-las inteiras, em pedaços, ao murro, em cubos pequenos e crocantes, em fatias, canoa ou até na versão palito, assada no forno. Vou falar de várias, pois não consigo escolher minha favorita.

Gosto justamente dessa junção de batata cremosa por dentro e crocante por fora e, por isso, busco maximizar o caramelizado externo sempre que possível e opto por dar uma pré-cozida na batata antes de assar.

> Não uso papel-alumínio para cobri-las no forno, pois isso cria vapor, e o que queremos é que o vapor escape, para que o calor circule e proporcione o caramelizado.

É necessário cozinhar a batata antes? Necessário não é. Na maioria das receitas de batata assada, não precisamos de cozimento prévio, mas gosto de fazer isso por alguns motivos:

• Ao darmos uma pré-cozida, a batata demora menos tempo no forno.
• O interior já estará macio, e precisaremos apenas deixar o exterior crocante.
• Podemos deixar a batata pré-cozida e temperada no tabuleiro e assar logo antes de comer (se não estiver pré-cozida, não podemos deixar montada, pois ela vai oxidar).

Purê de batata

RENDIMENTO: 2 porções

- » 3 batatas médias (prefiro a inglesa)
- » 100 a 150 ml de leite
- » 2 a 3 colheres (sopa) de manteiga
- » Sal a gosto

1. Descasque e corte as batatas em 4 ou 6 pedaços (dependendo do tamanho).
2. Coloque numa panela com água em temperatura ambiente e sal e cozinhe até que estejam macias (uns 15 minutos).
3. Quando estiverem no ponto, passe-as ainda quentes na peneira, no amassador ou no espremedor.
4. Junte o leite e a manteiga e misture.
5. Prove e ajuste o tempero.

É importante passar a batata ainda quente na peneira ou no espremedor, senão seu purê pode ficar com uma textura desagradável.

Se preferir com menos manteiga, não tem problema, mas vale lembrar que quanto mais manteiga, mais saboroso fica o clássico purê de batata. Se quiser, pode usar azeite ou um pouco da água do cozimento da batata para atingir a textura de purê.

Para transformar o purê em *aligot*, basta juntar queijo ralado depois que o preparo estiver no ponto, mexendo constantemente em fogo baixo para que o queijo derreta e dê um efeito "puxa-puxa". Uma ótima variação também é adicionar espinafre refogado ou outra folha da sua preferência.

Caso queira fazer purê de batata-baroa, pode seguir o mesmo passo a passo e até omitir o leite. Se preferir deixar o purê com a textura de um creme, basta bater no liquidificador ou processador (não sugiro fazer isso com batata inglesa, pois a textura não fica boa). Mas, se desejar um purê mais rústico, use um espremedor ou amassador.

Batata-infância ou batata da mamãe

RENDIMENTO: 2 porções

- » 4 batatas (prefiro a inglesa)
- » 1 colher (sopa) de manteiga ou azeite
- » Sal e pimenta-do-reino a gosto
- » 2 a 3 colheres (sopa) de parmesão
- » Orégano a gosto (opcional)

Agora vamos falar das batatas assadas. Vou começar pela mais antiga e, provavelmente, a mais querida. Chamei de "batata-infância" na primeira vez que ensinei a prepará-la, mas a realidade é que deveria se chamar "batata da mamãe". Essa iguaria era um problema lá em casa: sempre que minha mãe fazia dava briga, não importava quanta batata ela fizesse, nunca era o suficiente para satisfazer todo mundo, então eu e o meu irmão sempre brigávamos pela última "servida".

1. Descasque e corte as batatas em fatias de 2 a 3 mm.
2. Coloque as batatas na água fria numa panela. Assim que ferver, espere 2 a 3 minutos, depois escorra e transfira para um tabuleiro.
3. Tempere com sal, pimenta, manteiga ou azeite e mexa para incorporar.
4. Salpique o parmesão e o orégano por cima e leve ao forno a 190°C por 30 a 40 minutos ou até que esteja crocante e cozida.

De cima para baixo, em sentido horário: batata-infância, batata frita, batata em cubos crocante e batata ao murro.

Batata ao murro

RENDIMENTO: 3 a 4 porções

- » 6 batatas médias ou 18 batatas calabresa
- » Sal e pimenta-do-reino a gosto
- » Azeite a gosto
- » Tomilho ou alecrim (opcional)
- » 3 dentes de alho com casca levemente amassados (opcional)

Existem duas formas principais de fazer batata ao murro: com batata calabresa individual ou com batata-inglesa inteira ou cortada. Na batata ao murro ideal, devemos maximizar a superfície da batata de modo que haja mais área para ficar crocante enquanto o interior segue cremoso.

1. Numa panela com água em temperatura ambiente, leve as batatas ao fogo e cozinhe até que estejam macias por dentro (20 a 30 minutos para as batatas grandes ou 15 a 20 minutos para as calabresa). Use uma faca pequena para perfurar a batata no centro; se não houver resistência, ela está pronta.

2. Escorra e transfira para um tabuleiro.

3. Agora vamos achatar as batatas. Podemos fazer isso com a base de uma panela ou caneca, ou podemos usar um pano de prato e dar um murro por cima do pano (assim a gente não queima a mão!).

4. Tempere as batatas com sal, pimenta, azeite e, se quiser, tomilho ou alecrim e alho.

5. Leve ao forno preaquecido a 210°C por 20 a 40 minutos, dependendo da batata utilizada, ou até que estejam douradas e crocantes por cima.

Batata em cubos crocantes

RENDIMENTO: 2 porções

- » 4 batatas (pode ser a asterix, mas eu geralmente uso a inglesa e fica ótimo também)
- » Azeite a gosto
- » Páprica defumada a gosto
- » Pimenta calabresa a gosto
- » Sal a gosto

1. Descasque e corte as batatas em cubos grandes.
2. Coloque numa panela com água em temperatura ambiente e leve ao fogo. Assim que levantar fervura, espere 2 a 3 minutos, escorra e transfira para a *air fryer* ou um tabuleiro.
3. Tempere com azeite, páprica, pimenta calabresa e sal e mexa para incorporar bem.
4. Asse na *air fryer* a 200°C por 20 a 30 minutos, mexendo o cesto no meio do tempo. Caso faça no forno, a batata deve ficar 45 a 60 minutos ou até dourar.

Se não quiser, não precisa dar uma fervida na batata, mas acho que cozinha mais rápido e gosto do contraste dela molinha por dentro e bem crocante por fora.

Batata frita

RENDIMENTO: 2 porções

- » 4 batatas asterix médias (pode usar inglesa também, mas a ideal é a asterix)
- » Óleo
- » Sal a gosto

1. Descasque e corte as batatas em palitos.
2. Cozinhe as batatas no vapor por uns 10 minutos, só para amolecer um pouco. Não é para ficarem totalmente cozidas.
3. Transfira para uma assadeira numa única camada para elas secarem.
4. Frite no óleo quente até que estejam levemente douradas e crocantes.
5. Retire a batata do óleo, transfira para uma assadeira com papel-toalha, para absorver o óleo, e tempere com sal imediatamente.

Batata "frita" no forno

RENDIMENTO: 2 porções

- » 4 batatas (inglesa ou asterix)
- » 2 a 3 colheres (sopa) de azeite
- » Sal a gosto

1. Descasque e corte as batatas em palitos.
2. Transfira para uma panela com água e sal.
3. Leve ao fogo médio-alto e, assim que levantar fervura, espere 2 a 3 minutos.
4. Escorra e transfira para um tabuleiro numa camada única.
5. Tempere com sal e azeite e mexa para incorporar.
6. Leve ao forno preaquecido a 200°C por 40 a 45 minutos até ficar dourada e crocante. Uma dica é, aos 30 minutos de cozimento, tirar do forno e mexer o tabuleiro para assar de maneira mais uniforme.

Dá para fazer na *air fryer* sem problema algum. Como sempre digo, a *air fryer* nada mais é que um forno de convecção elétrico, só que portátil. As únicas questões são que é preciso reduzir o tempo de cozimento e que cabe menos quantidade do que no tabuleiro, então as batatas ficariam mais sobrepostas (nesse caso, talvez seja melhor fazer em levas).

É importante não colocar muitas batatas no tabuleiro, de modo que haja espaço para o vapor circular e elas dourarem.

CORTES E LEGUMES

Cenoura

Quem me conhece sabe: eu amo cenoura! Crua, assada, cozida, mas principalmente refogada. A cenoura de (praticamente) todos os dias é uma certeza na minha rotina e também já converteu muitos "não fãs" em grandes apaixonados.

COMO ARMAZENAR — Guardo a cenoura na geladeira, num pote com fechamento hermético, de preferência com uma grade no interior para que qualquer excesso de água possa escoar.

COMO CORTAR — Quando vou usar a cenoura crua, gosto de cortá-la em pedaços pequenos, como *brunoise* ou *paysanne*, pois cortes muito grandes não são agradáveis de mastigar. Podemos usar um descascador de legumes para fazer fitas também.

Quando faço cenoura assada, opto por pedaços maiores para que ela caramelize por fora e fique macia por dentro. Em ensopados ou refogados, prefiro cortá-la em cubos médios para que fique harmoniosa no molho. Já para refogar, gosto de fazer em palitos e a famosa enviesada.

COMO PREPARAR — Crua ou cozida, a cenoura é uma adição deliciosa a saladas, oferece cor e sabor a sopas e purês, faz parte do refogado-base de muitos ensopados, fica muito gostosa assada e também refogada.

Aipim ou mandioca

Um verdadeiro ícone da culinária brasileira, base alimentar de muitos brasileiros e um alimento versátil que usamos em purês, sopas, cozidos, ensopados, bolos... Também temos os famosos derivados da mandioca, como farinha de mandioca para farofas, polvilho azedo e doce para pão de queijo e biscoitos, tapioca ou sagu para o café da manhã e sobremesas, e assim por diante. É muita pluralidade, mas vamos focar no aipim *in natura* por enquanto.

COMO COMPRAR — A casca mais grossa (e intacta) é um sinal de frescor, e a polpa deve estar úmida e com cor uniforme.

COMO ARMAZENAR — Guarde a mandioca sempre na geladeira, já que ela não dura muito tempo. Se quiser, pode congelá-la ainda crua. Na hora de usar, retire do freezer e cozinhe direto.

COMO CORTAR — Para facilitar, corte a mandioca em pedaços menores antes de descascar. Para descascar, passe uma faca pequena no sentido do comprimento até cortar a casca, depois puxe com a ajuda da faca. Geralmente, ela é pré-cozida em pedaços maiores e posteriormente cortada em palitos para fritar ou rodelas para assar. Contudo, nada impede que você corte como quiser desde o início. O importante é prestar atenção ao tempo de cocção dos pedaços menores, pois podem passar do ponto.

COMO PREPARAR — Antes de tudo, o aipim não deve ser consumido cru. Ele pode ser cozido e servido com manteiga, ensopado para engrossar o caldo do bobó de camarão, assado, frito ou ralado e assado em massa de bolo. A melhor forma de cozinhar, na minha opinião, é na panela de pressão, pois ele demora muito para ficar pronto. Antes ou depois de cozido, devemos tirar a fibra central.

Inhame

Tenho a impressão de que não é um tubérculo muito popular, mas eu amo — ele cozido com manteiga e sal é tudo de bom. O inhame tem a polpa branca quando está cru, mas depois de cozido fica com uma cor acinzentada. Ele faz um purê delicioso e também fica ótimo em sopas.

COMO ARMAZENAR — Na bancada da cozinha.

COMO CORTAR — Sempre descasco antes de usar e corto em pedaços menores para cozinhar.

COMO PREPARAR — Cozido, em purês e sopas.

Beterraba

COMO ARMAZENAR — Da mesma forma que a cenoura: na geladeira, num pote com fechamento hermético e de preferência com uma grade interna para escoar a água.

COMO CORTAR — Geralmente descasco a beterraba depois de cozida, mas muitas vezes como com a casca mesmo (sempre muito bem lavada). A beterraba pode ser cortada em rodelas para carpaccio ou em meia-lua para conservas, ralada crua para saladas ou assada em pedaços. O importante é casar o corte com o preparo, ou seja: se for comer crua, corte mais fina ou rale; se for cozinhar por mais tempo, corte em pedaços maiores.

COMO PREPARAR — A beterraba pode ser consumida crua, cozida, assada, em conserva, além de ficar muito gostosa em sucos e vitaminas. Tem uma cor indescritível (mas cuidado para não manchar a roupa!) e um sabor levemente adocicado delicioso.

Cenoura assada

RENDIMENTO: 3 a 4 porções

- » 4 cenouras
- » 2 colheres (sopa) de azeite
- » 1 colher (sopa) de mel
- » 1 pitada de páprica
- » Sal e pimenta-do-reino a gosto
- » Tomilho a gosto (opcional)

1. Coloque a cenoura horizontalmente na tábua, corte um pedaço de aproximadamente 5 cm num ângulo, vire a cenoura 90°, repita outro corte de 5 cm e continue girando e cortando.

2. Misture todos os ingredientes num tabuleiro e leve ao forno preaquecido a 180°C por uns 30 minutos ou até que ela esteja macia e levemente dourada.

Cenoura refogada

RENDIMENTO: 4 porções

- » 4 cenouras
- » 1 cebola pequena em *brunoise*
- » 1 colher (sopa) de azeite
- » Sal a gosto
- » Água

1. Corte a cenoura em fatias enviesadas de 0,5 cm.
2. Depois, empilhe 3 fatias e corte em palitos médios.
3. Numa panela, misture a cenoura, a cebola, o azeite, e o sal.
4. Em fogo médio, refogue até que a cebola comece a ficar translúcida e a cenoura, macia. Vá pingando água para criar vapor e ajudar a cozinhar a cenoura por dentro até que ela fique no ponto desejado.

> Eu refogo tudo junto porque a cenoura não solta água e demora bastante para refogar. Se a cenoura cozinhasse mais rápido, aí valeria refogar a cebola antes para que ficassem prontas juntas!

Salada de beterraba assada

RENDIMENTO: 4 porções

- » 4 beterrabas
- » 2 colheres (sopa) de azeite
- » Sal e pimenta-do-reino a gosto
- » Queijo de cabra ou ricota a gosto
- » Manjericão a gosto

1. Tire as extremidades da beterraba e corte-a ao meio.
2. Tempere com azeite, sal e pimenta.
3. Coloque as beterrabas em papel-alumínio e feche, formando uma trouxinha.
4. Leve ao forno preaquecido a 200°C por 30 a 40 minutos, até que esteja cozida mas ainda levemente firme.
5. Retire do papel e corte cada metade em 3 ou 4 pedaços.
6. Complemente a beterraba assada com o queijo da sua preferência, manjericão e regue com azeite.
7. Se necessário, ajuste o sal e a pimenta e sirva.

Conserva de beterraba

RENDIMENTO: 500 ml

- » 2 beterrabas
- » 1 cebola em rodelas ou meia-lua
- » 1 xícara do vinagre da sua preferência
- » ½ xícara da água do cozimento da beterraba (opcional)
- » 1 colher (chá) de sal
- » 1 colher (chá) de açúcar
- » 1 folha de louro
- » Pimenta-preta em grãos

Tradicionalmente, uma conserva leva o ingrediente principal cru, mas nesse caso gosto de dar uma pré-cozida na beterraba.

1. Cozinhe as beterrabas inteiras (na panela de pressão por 10 minutos ou na panela comum, cobertas com água, por 30 minutos).
2. Descasque e corte em rodelas ou meia-lua.
3. Numa panela, misture o vinagre, a água do cozimento, o sal, o açúcar, o louro e os grãos de pimenta e leve ao fogo médio.
4. Quando ferver, desligue.
5. Num pote com fechamento hermético, intercale camadas de beterraba e cebola.
6. Quando acabarem as rodelas, despeje o líquido quente.
7. Feche e deixe esfriar completamente antes de levar para a geladeira.

Abóbora

A abóbora é um legume extremamente versátil. Tem um sabor característico ligeiramente adocicado que harmoniza muito bem na comida do dia a dia, além de trazer cor para as refeições.

COMO COMPRAR — Você pode comprar a abóbora inteira, mas em pedaços acho bem mais fácil de manusear e de escolher. Assim, conseguimos ver o interior e observar a cor, que deve ser viva, sem partes moles ou amassadas. Comprar em pedaço também facilita muito o processo de cortá-la. Caso escolha comprar inteira, ela deve estar firme e pesada e com a casca opaca. Ao bater com os nós dos dedos, o som deve ser oco.

COMO ARMAZENAR — Armazeno na geladeira e tento consumir prontamente, pois ela amadurece muito rápido.

COMO CORTAR — A dica de ouro para mim é: procure sempre as superfícies planas para apoiar a abóbora. Coloque a maior superfície plana para baixo, pois assim você terá muito mais estabilidade. Depois corte em fatias, de modo que possa fracioná-las, aproveitando a nova superfície plana que acabou de cortar. Podemos assar em pedaços grandes ou cortar em tiras e depois cubos para um refogado ou assado. Para descascar, eu corto a casca bem rente, mas tem gente que prefere usar um descascador de legumes. Dica: se quiser, pode colocar um pedaço da abóbora crua no micro-ondas por uns minutos para que ela amoleça um pouco, o que facilita na hora do corte.

COMO PREPARAR — Purê, sopa, assada, cozida no vapor ou refogada... é sempre deliciosa.

TIPOS DE ABÓBORA — Existem vários tipos de abóbora, mas vou falar dos que eu mais uso: abóbora-cabotiá, abóbora-moranga e abóbora-pescoço ou seca.

Abóbora-cabotiá ou japonesa — Tem tamanho médio, casca verde-escura e interior amarelo-alaranjado. Se quiser, aproveite a casca e as sementes nos preparos.

Abóbora-moranga — Uma das mais populares. Depois de cozida, tem textura macia e cremosa. Além de assada e refogada, fica deliciosa como purê. Nesse caso, eu não junto nem leite, só refogo até ela ficar bem macia e amasso.

Abóbora-pescoço — É uma variedade brasileira grande, com casca listrada verde e laranja e interior laranja. É adocicada e tem textura mais fibrosa.

JULIANA GUEIROS

Purê de abóbora, ou quibebe

RENDIMENTO: 2 porções

- » 2 xícaras de abóbora-moranga em cubos
- » 1 cebola pequena picada
- » 1 colher (sopa) de azeite ou manteiga
- » Sal e pimenta-do-reino a gosto
- » Salsinha (opcional)

1. Refogue a cebola no azeite ou na manteiga até que fique translúcida.
2. Junte a abóbora e mexa bem.
3. Tempere com sal e pimenta-do-reino.
4. Cozinhe em fogo médio e pingue um pouco de água caso a abóbora comece a dourar ou grudar no fundo da panela (a água ajuda a soltá-la, além de evaporar e criar vapor, o que agiliza o cozimento do legume por dentro).
5. Quando a abóbora estiver bem macia, use um garfo ou amassador para transformá-la em purê.
6. Para uma versão mais cremosa, bata no processador. Só tome cuidado, pois o purê pode ficar líquido demais por conta da água da abóbora.
7. Prove, ajuste o tempero e sirva. Se preferir, finalize com salsinha.

Abóbora assada

RENDIMENTO: 3 a 4 porções

- » ¼ de abóbora-japonesa
- » Azeite a gosto
- » Sal e pimenta-do-reino
- » Cominho e canela a gosto (opcional)

1. Corte a abóbora em cubos ou fatias.
2. Tempere com azeite, sal, pimenta-do-reino e, se quiser, cominho e canela.
3. Mexa bem e coloque num tabuleiro, com espaço entre os pedaços, e leve ao forno preaquecido a 190°C por uns 30 a 40 minutos, até que a abóbora esteja levemente caramelizada e macia por dentro.

Abobrinha

Na minha opinião, a abobrinha é a prima desvalorizada da abóbora. Tem um sabor ameno e fica pronta em pouquíssimo tempo, o que a torna uma opção prática e deliciosa, um coringa para o dia a dia.

COMO COMPRAR — Escolho as firmes e não muito grandes, sem manchas nem buracos na casca. A abobrinha italiana, com casca verde-clara, é a mais fácil de achar no supermercado. A abobrinha libanesa, que tem casca verde-escura, e a abobrinha amarela são mais difíceis de encontrar.

COMO ARMAZENAR — Na geladeira.

COMO CORTAR — Algumas pessoas gostam de tirar o miolo da abobrinha porque ele é mais macio do que a casca e acaba cozinhando mais rápido e ficando "mais mole". Eu, no entanto, prefiro manter o miolo e até gosto dessa variação de textura. Pode ser cortada em rodelas, em cubinhos, em meia-lua, enviesada e em formato de "espaguete".

COMO PREPARAR — Grelhada, assada, recheada, crua em rodelas ou lascas na salada ou no carpaccio.

Chuchu

Apesar de ser outro legume extremamente desvalorizado, eu amo. Mesmo tendo uma alta porcentagem de água em sua composição, acho o gosto muito característico. Morei fora muito tempo durante a infância, e, acredite se quiser, minha maior saudade alimentar era chuchu. Era quase impossível achar, e meu dia estava feito quando minha mãe encontrava!

COMO COMPRAR — Priorize o legume com a casca brilhosa e sem espinhos. Evite os que têm a casca amarelada e sem brilho.

COMO ARMAZENAR — Sempre guardo o chuchu na geladeira, de preferência num pote com fechamento hermético.

COMO CORTAR — Corte o chuchu sob água corrente para evitar que sua mão fique com aquela sica. É inofensiva, mas incomoda demais.

Depois de descascado, não é preciso mais se preocupar ao manuseá-lo. Corte o chuchu ao meio no sentido do comprimento e, com uma colher, retire o carroço. Em seguida, pode cortar o chuchu em meia-lua, palito, cubos etc.

COMO PREPARAR — Vou listar alguns dos meus preparos favoritos: chuchu recheado com carne moída, chuchu com ovo, chuchu gratinado, chuchu refogado, salada de chuchu... (sim, esse legume é dono do meu coração).

Berinjela

Extremamente versátil, a berinjela começou a ser cultivada na Índia e foi disseminada pelos árabes na Europa. Sua pele é lisa e brilhante e a polpa, macia. Algumas pessoas a consideram amarga, mas o sabor vai amenizando conforme a cozinhamos por mais tempo. Confesso que prefiro a berinjela com o sabor ainda pungente.

COMO COMPRAR — Escolha a berinjela com a pele lisa e brilhante, sem furos nem marcas, que geralmente indicam a presença de bichos. Evite as murchas.

COMO ARMAZENAR — Em pote ou saco fechado na geladeira.

COMO CORTAR — A berinjela pode ser assada inteira ou cortada em rodelas, meia-lua ou cubos para refogar ou fritar. Não precisamos descascá-la nem tirar suas sementes.

COMO PREPARAR — Pode ser grelhada, frita, assada, refogada, na brasa ou cozida. Há quem prefira deixá-la de molho ou salgá-la previamente para tirar o amargor, mas não é o meu caso.

Carpaccio de abobrinha

RENDIMENTO: 2 porções

- » 1 abobrinha
- » Azeite a gosto
- » Sal e pimenta-do-reino a gosto
- » Raspas e suco de limão-siciliano a gosto
- » Manjericão ou hortelã a gosto
- » Queijo de cabra, ricota ou queijo parmesão a gosto

1. Corte a abobrinha em rodelas finas.
2. Coloque as rodelas num prato, sobrepondo levemente uma à outra.
3. Tempere com azeite, sal, pimenta, raspas e suco de limão-siciliano.
4. Junte a erva e o queijo da sua preferência.

Chuchu refogado

RENDIMENTO: 2 a 3 porções

- » 1 chuchu
- » 1 cebola pequena
- » 1 colher (sopa) de azeite
- » Sal e pimenta-do-reino a gosto

1. Descasque e corte o chuchu em cubos médios e pique a cebola em *brunoise*.
2. Numa panela, refogue o chuchu e a cebola no azeite (não é preciso refogar antes a cebola, pois o chuchu demora bastante também e não solta água).
3. Depois que a cebola estiver translúcida, cheque o ponto do chuchu.
4. Se ainda estiver *al dente*, junte água aos poucos para ajudar a criar vapor e cozinhar o chuchu por dentro.
5. Tempere com sal e pimenta.

Para uma variação de **chuchu com ovo**, basta juntar 1 colher (chá) de manteiga quando o chuchu estiver no ponto e 1 ou 2 ovos. Refogue e mexa constantemente até que o ovo fique na consistência desejada.

Para **rechear o chuchu**, cozinhe o legume por alguns minutos no vapor até ficar mais macio, depois junte o recheio na cavidade de onde se tira o caroço. Por fim, leve ao forno para gratinar. Podemos rechear com carne moída, frango moído, ricota com espinafre etc.

O **chuchu gratinado**, assim como outros legumes gratinados, vamos aprender a fazer na parte de molho bechamel (página 189), mas já aviso logo que fica delicioso!

Berinjela gratinada

RENDIMENTO: 2 porções

- » 2 berinjelas pequenas
- » 3 colheres (sopa) de azeite
- » Sal e pimenta-do-reino a gosto
- » 300 g do molho de tomate da sua preferência (receitas nas páginas 197 a 199)
- » 200 g de muçarela ralada ou cortada
- » Parmesão a gosto

1. Tire as extremidades das berinjelas.
2. Corte-as em rodelas e transfira para um tabuleiro em camada única.
3. Tempere com azeite, sal e pimenta.
4. Leve ao forno preaquecido a 200°C por 30 a 40 minutos, até que as rodelas estejam douradas. Reserve.
5. Montagem 1: em um recipiente próprio para o forno, comece com o molho de tomate e vá intercalando: molho, berinjela assada e muçarela, até os ingredientes acabarem. Finalize com bastante parmesão e leve ao forno preaquecido a 190°C por 20 a 30 minutos.
6. Montagem 2: em um recipiente próprio para o forno, faça "torres" individuais de três camadas, começando com uma rodela de berinjela assada, depois uma colher de molho de tomate e, por fim, muçarela. Leve ao forno preaquecido a 190°C por 20 a 30 minutos.

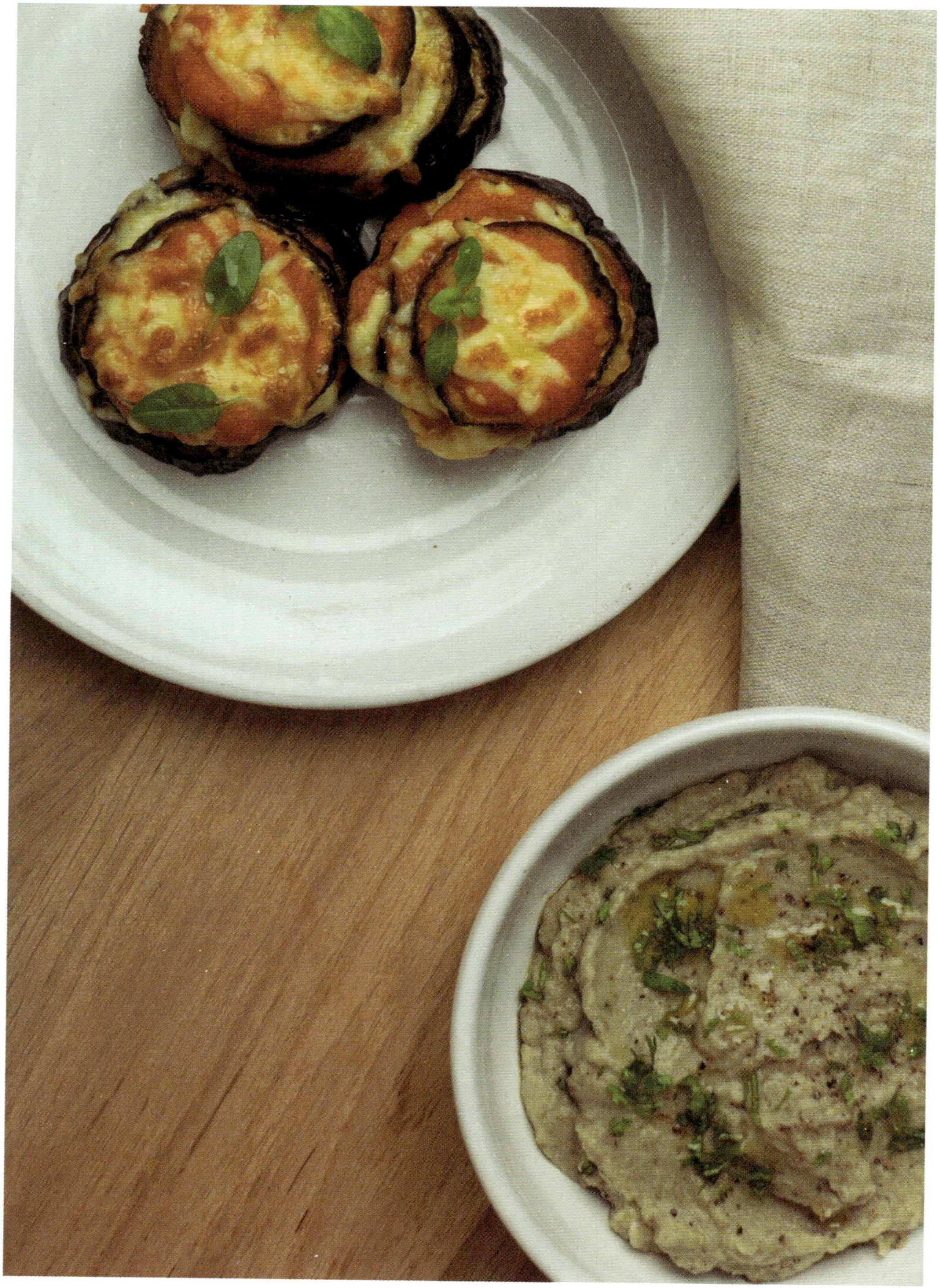

Babaganoush

RENDIMENTO: 4 porções (aperitivo)

- » 2 berinjelas
- » 1 dente de alho pequeno picado
- » Suco de limão a gosto
- » Azeite a gosto
- » Sal e pimenta-do-reino a gosto
- » 2 colheres (sopa) de tahine

Uma pasta deliciosa e bem simples de fazer, mas é melhor se preparar, porque faz uma sujeirinha. A ideia é imitar o efeito de brasa chamuscando a berinjela na boca do fogão, o que dá o característico sabor defumado.

1. Use um garfo de churrasco e fure a berinjela na base.
2. Acenda o fogo e chamusque a berinjela, virando-a até que toda a pele esteja levemente queimada.
3. Transfira para um tabuleiro ou prato e cubra com filme plástico ou papel-alumínio. Isso cria vapor, ajudando a descascar a pele com mais facilidade e amaciar a polpa.
4. Repita os passos com a outra berinjela.
5. Quando elas tiverem esfriado totalmente, comece a tirar a pele com um garfo ou faca pequena.
6. Transfira a polpa para um pote e tempere com alho, suco de limão, azeite, sal, pimenta e tahine. Misture, amassando as berinjelas.
7. Prove e ajuste o tempero.

Jiló

Esse é polêmico, mas quem ama, ama mesmo. O jiló é da mesma família da berinjela, e, se pararmos para pensar, eles até que se parecem mesmo: o jiló, claro, é consideravelmente menor e tem uma cor diferente, mas a estrutura interior é similar, além de os dois serem considerados amargos. Eu adoro esse gostinho amargo e característico que ele traz para os preparos.

COMO COMPRAR — Assim como a berinjela, prefira os que tenham casca lisa e brilhante, com a cor verde viva, sem machucados e furos.

COMO ARMAZENAR — Guarde na geladeira em um pote ou saco fechado.

COMO CORTAR — Não precisamos descascar nem tirar as sementes, o que faz do jiló um alimento bem prático. Tem gente que gosta de deixá-lo de molho em água com sal, assim como a berinjela (como já disse, eu prefiro o sabor natural!). O jiló pode ser cortado em rodelas, cubos ou em 4.

COMO PREPARAR — Pode ser cozido, grelhado, assado e até frito.

Quiabo

Um dos meus favoritos. Nossa, como eu amo frango com quiabo, ou simplesmente quiabo refogado com arroz, feijão e angu. Acredite se quiser, eu e o meu irmão brigávamos por quiabo (o que sempre deixou meu pai incrédulo). Ele é um pouco temido por causa da famosa baba, mas a verdade é que é muito simples solucionar esse problema: basta continuar cozinhando até a baba secar. Um pouquinho de limão no refogado e pronto, quiabo delicioso e sem baba.

COMO COMPRAR — Escolha os quiabos mais firmes, com a cor verde viva, e de preferência os menores, pois os maiores tendem a ser mais fibrosos. Tem muita gente que gosta de cortar a pontinha para ver se está crocante, mas basta segurá-lo para ver se está firme.

COMO ARMAZENAR — Na geladeira, num pote ou saco fechado.

COMO CORTAR — Gosto de tirar as duas pontas do quiabo. Para cortar, vai depender do preparo: pode ser em rodelas para refogar ou cortado ao meio no sentido do comprimento para assar. Se fizer um tempurá, deixe inteiro.

COMO PREPARAR — Cozido, refogado, assado, frito... Ele fica delicioso cozido e depois misturado com azeite, vinagre, sal e cebola picada para formar uma salada. É ótimo frito no tempurá ou assado no forno com especiarias, mas minha forma favorita é quiabo refogado em rodelas na cebola e no azeite.

Pimentão

Você sabia que esse também é da família do jiló e da berinjela? O pimentão — também controverso, mas não tanto quanto o jiló — tem três cores: verde, amarelo e vermelho. Muita gente não sabe, mas eles são o mesmo legume, só que em estágios diferentes de maturação. Ele fica vermelho quando está totalmente maduro, amarelo quando está quase e verde quando ainda está... "verde". Por isso, algumas pessoas têm mais sensibilidade a um ou outro tipo de pimentão. Todos são comestíveis, mas prefiro o vermelho, pois acho mais saboroso e mais fácil de digerir.

COMO COMPRAR — Eles devem ter a casca lisa, brilhante e firme. Sem buracos nem machucados.

COMO ARMAZENAR — Em um saco ou pote na geladeira.

COMO CORTAR — Retire as sementes e as partes brancas fibrosas, pois elas podem causar indigestão. Gosto de cortar em volta do talo, fatiando 3 ou 4 retângulos e deixando, assim, a maioria das sementes e fibras no caule. Podemos cortar esses 3 ou 4 pedaços em cubinhos menores para refogados ou em tiras para saladas ou grelhados.

COMO PREPARAR — O pimentão pode ser consumido cru e proporcionar um elemento crocante às saladas, mas prefiro ele cozido. Pode ser grelhado, assado, refogado ou chamuscado no fogão ou na churrasqueira.

Pepino

Um alimento refrescante, com alto teor de água e usado predominantemente cru em diversos preparos das mais variadas gastronomias.

COMO COMPRAR — Ele deve estar firme, sem partes moles nem manchas. Os menores costumam ter menos sementes. Temos o pepino japonês, que tende a ser mais crocante e ter mais sementes, e o pepino comum, que considero um pouco mais "aguado".

COMO ARMAZENAR — Em um pote ou saco na geladeira.

COMO CORTAR — Tiro as pontas e uso inteiro com a casca, apesar de algumas pessoas preferirem inteira ou parcialmente descascado. Ele pode ser ralado, cortado em rodelas, meia-lua ou cubos.

COMO PREPARAR — Cru, ralado em pastinhas ou cortado em saladas, em conservas tipo *sunomono* ou picles etc.

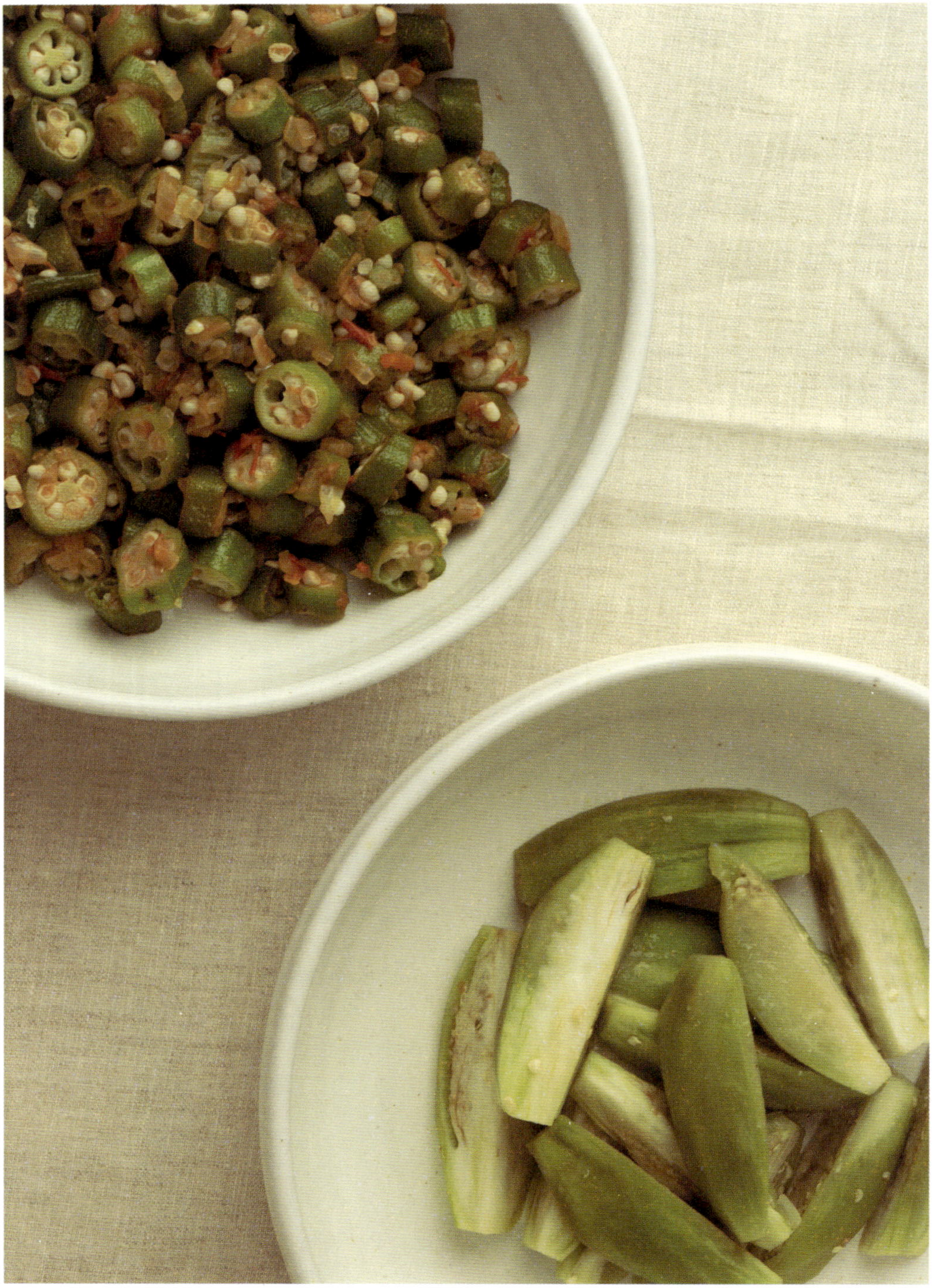

Jiló no vapor

RENDIMENTO: 3 a 4 porções

- » 8 jilós
- » Sal a gosto

De longe, minha forma favorita de comer jiló. Apesar de não precisar descascar, minha mãe e minha avó sempre fizeram isso, e confesso que acho terapêutico usar uma faquinha para remover a casca do pequeno e redondinho jiló.

1. Corte os jilós em 4 no sentido do comprimento.
2. Coloque os pedaços numa panela de vapor, tempere com sal e cozinhe até que estejam macios.

Quiabo refogado

RENDIMENTO: 2 porções

- » 1 cebola pequena picada
- » 1 colher (sopa) de azeite
- » ½ tomate pequeno picado
- » 300 g de quiabo em rodelas
- » Sal a gosto

1. Refogue a cebola no azeite até que fique translúcida.
2. Junte o tomate e refogue até que ele fique pastoso.
3. Adicione o quiabo cortado e refogue.
4. Tempere com sal e acrescente água se sentir que o refogado está querendo grudar no fundo da panela.
5. Vá mexendo e refogando até que o quiabo fique macio.

Caso o quiabo solte baba, continue refogando até ela secar. Se quiser, pode acrescentar umas gotinhas de limão.

De cima para baixo, em sentido horário: pasta de pimentão, *sunomono* e *tzatziki*.

Tzatziki

RENDIMENTO: 6 porções (aperitivo)

- » 1 pepino japonês
- » 2 xícaras de iogurte grego natural integral
- » 2 dentes de alho ralados
- » 2 colheres (sopa) de azeite
- » Hortelã a gosto
- » Sal e pimenta-do-reino a gosto

1. Rale o pepino sobre um pano de prato limpo e esprema todo o excesso de água para a pasta ficar mais consistente.
2. Misture todos os ingredientes, prove e ajuste o tempero.

Sunomono

RENDIMENTO: 200 ml

- » 1 pepino japonês cortado em rodelas finas
- » ½ colher (chá) de sal + ½ colher (sopa) de sal
- » 1 colher (sopa) de açúcar
- » ½ xícara do vinagre da sua preferência (uso vinagre de arroz)

1. Coloque os pepinos fatiados numa peneira e salpique ½ colher (sopa) de sal por cima.
2. Deixe escorrer por uns 10 minutos, depois lave bem e seque.
3. Misture o vinagre, o açúcar e ½ colher (chá) de sal numa panela.
4. Assim que ferver, despeje o líquido sobre o pepino dentro de um pote.
5. Coloque na geladeira para esfriar e depois sirva.

Pasta de pimentão

RENDIMENTO: 4 porções (aperitivo) ou 2 porções (molho para massa)

- » 3 pimentões vermelhos
- » 1 dente de alho
- » ¼ de xícara de nozes torradas
- » 1 colher (sopa) de azeite
- » 1 colher (sopa) de xarope de romã, ou 1 colher (sopa) de vinagre balsâmico, ou 1 colher (chá) de mel com 1 colher (chá) de suco de limão
- » Sal a gosto
- » Cominho e páprica a gosto
- » Pimenta aleppo ou calabresa a gosto (opcional)

É uma receita árabe, também chamada de *muhammara*. Fica uma delícia como aperitivo, mas também dá um excelente molho de macarrão: é só afinar com um pouco da água do cozimento ou creme de leite. A receita tradicional leva xarope de romã, mas como não é tão fácil de encontrar, sugeri vinagre balsâmico ou mel com limão como alternativas. Caso tenha em casa, basta usar 1 colher (sopa) de xarope de romã.

1. Asse os pimentões no forno preaquecido a 210°C por uns 30 minutos, virando depois de 15 minutos (se preferir, pode chamuscá-los na boca do fogão, da mesma forma que fizemos com a berinjela).
2. Quando estiverem prontos, transfira para um prato e cubra com filme plástico para abafar e facilitar a retirada da pele.
3. Depois de uns 15 minutos, descasque os pimentões e tire as sementes. Ao puxar uma extremidade, a pele deve sair com facilidade.
4. Num processador, junte o pimentão assado, o alho, as nozes, o azeite e o xarope de romã (ou vinagre balsâmico, ou mel com limão).
5. Bata até formar uma pasta homogênea.
6. Prove e tempere com sal, cominho, páprica e pimenta.
7. Sirva com nozes salpicadas por cima e um fio de azeite.

Cogumelo

Existem diversos tipos de cogumelo: do paris e portobello ao shimeji e shiitake, entre vários outros um tanto quanto excêntricos. Eu amo cogumelos — são uma boa opção de alimento carnudo e saboroso para usar em receitas vegetarianas ou não.

COMO COMPRAR — Escolha os cogumelos mais inteiros, sem machucados nem manchas na superfície, de preferência com aspecto mais firme.

COMO ARMAZENAR — Em um saco ou pote fechado, se possível com camadas de papel-toalha para ajudar a absorver a umidade do cogumelo.

COMO CORTAR — "Posso lavar os cogumelos? Se não, como eu limpo?" Sendo bem sincera, essa é uma das questões de pouco consenso entre os cozinheiros mundo afora. Na minha faculdade de gastronomia, havia professores que condenavam e outros que lavavam sem qualquer reticência. Vou listar os fatos e você decide!

Cogumelos muitas vezes estão sujos de terra e precisam ser limpos de alguma forma. Também são bastante esponjosos e, por isso, se ficarem de molho na água, podem absorvê-la um pouco, sim. Dito isso, se usarmos cogumelo numa sopa, por exemplo, ele vai ferver por um tempo na água, então pouco importa se foi lavado ou não. Assim, quando uso em ensopados ou sopas, lavo sem pensar duas vezes.

Em contrapartida, quando quero grelhar o cogumelo e deixá-lo bem caramelizado e dourado, prefiro limpá-lo com um papel-toalha ou "descascá-lo" usando uma faca pequena. A água interfere no processo de caramelização e, em excesso, pode fazer o cogumelo cozinhar em vez de dourar. Isto posto, caso só se sinta seguro lavando o cogumelo, tudo bem, basta lavá-lo (sem deixá-lo submerso) e esperar até secar bem.

Gosto de cortar a base dos cogumelos, pois essa área costuma ser mais "machucada" e, no caso do shimeji, até ajuda a separá-los.

COMO PREPARAR — Fica delicioso salteado ou grelhado rapidamente na manteiga, com ou sem alho, e finalizado com salsinha. Para um toque asiático, junte um pouco de saquê e molho shoyu no fim. Assado e recheado é um ótimo aperitivo ou acompanhamento. Pode ser usado cru em saladas ou em cremes e sopas, e eu adoro fazer escondidinho e estrogonofe com ele também.

JULIANA GUEIROS

Mix de cogumelos

RENDIMENTO: 4 porções

» 1 colher (sopa) de manteiga
» 200 g de cogumelo paris ou portobello cortado ao meio ou em 4
» 200 g de shimeji ou shiitake em fatias médias
» ¼ de xícara de saquê (não é necessário, mas dá um sabor delicioso supercaracterístico)
» 2 a 3 colheres (sopa) de molho shoyu
» Sal a gosto (se necessário)

1. Esquente a manteiga na panela.
2. Junte os cogumelos e refogue em fogo alto para dourarem e caramelizarem bem. É importante que a panela seja grande, para que eles tenham espaço para dourar em vez de cozinhar. Se não tiver uma panela grande, a sugestão é fazer em levas.
3. Assim que os cogumelos estiverem dourados, junte o saquê e espere evaporar praticamente todo.
4. Adicione o shoyu e mexa.
5. Prove e ajuste o tempero, se necessário.

Cogumelo recheado

RENDIMENTO: 4 porções

» 250 g de cogumelo portobello ou paris
» 2 colheres (sopa) de bacon e/ou espinafre branqueado (opcional; para branquear o espinafre, ver receita na página 73)
» 1 colher (sopa) de manteiga ou azeite
» 1 cebola picada
» 2 dentes de alho picados
» Sal e pimenta-do-reino a gosto
» 2 colheres (sopa) de cream cheese
» Queijo parmesão e/ou farinha panko a gosto

1. Retire o caule dos cogumelos e pique os caules em cubos pequenos.
2. Doure o bacon numa panela. Se precisar, junte um pouco da manteiga.
3. Quando estiver dourado, acrescente o restante da manteiga e a cebola e refogue até a cebola ficar translúcida.
4. Adicione o alho e o caule dos cogumelos e refogue até secar bem.
5. Tempere com sal e pimenta-do-reino.
6. Transfira para um pote e deixe esfriar levemente.
7. Adicione o cream cheese e o espinafre, se estiver usando.
8. Prove e ajuste o tempero.
9. Use uma colher de chá para rechear os cogumelos com a mistura.
10. Salpique com queijo parmesão e/ou panko e leve ao forno preaquecido a 200°C por uns 15 minutos.

Brócolis

As versões principais são o brócolis ninja ou americano e o brócolis comum ou ramoso. Pessoalmente, prefiro o ramoso, porque amo as folhas e acho o sabor mais marcante, mas ele estraga bem mais rápido que o ninja. Por isso, quando sei que não vou fazer brócolis em até dois dias após a compra, opto pelo americano mesmo.

COMO COMPRAR — O mais importante é observar a cor. O brócolis deve estar verde-escuro vivo, tanto o comum quanto o americano. Os floretes devem estar firmes. Evite os com a folha murcha e amarelada.

COMO ARMAZENAR — Em um saco ou pote fechado na geladeira.

COMO CORTAR — Para higienizar, gosto de remover os floretes do caule para lavá-los bem individualmente. Coloque o brócolis ninja de cabeça para baixo e use uma faca pequena para ir soltando os floretes. Geralmente utilizo os floretes do brócolis ninja. Já com o caule, eu tiro as partes machucadas e corto em pedaços menores para usar também (menor porque ele tende a ser mais firme e, portanto, demora mais para cozinhar). Caso queira, você também pode cortar o brócolis ninja em fatias para fazer assado ou bem pequenininho para juntar com arroz.

COMO PREPARAR — Pode ser feito no vapor, na água, refogado ou assado.

Couve-flor

Praticamente uma irmã gêmea do brócolis ninja, com uma variação na cor e o sabor mais ameno. Ingrediente extremamente versátil, a couve-flor pode virar creme, purê, arroz, salada, além de ser assada, grelhada, e por aí vai.

COMO COMPRAR — Procure uma couve-flor com os floretes claros, sem manchas amareladas.

COMO ARMAZENAR — Na geladeira, num pote ou saco fechado.

COMO CORTAR — Assim como o brócolis, gosto de cortar em floretes antes de higienizar, a não ser que eu vá prepará-la inteira ou em fatias no forno. Viro a couve-flor de cabeça para baixo e uso uma faca pequena para cortar em volta do caule e soltar os floretes.

COMO PREPARAR — No vapor, cozida, assada, refogada, crua, grelhada etc. Gosto muito de fazê-la inteira no forno e servir com um molho diferente, ou então cortar em fatias e grelhar na manteiga. Também fica deliciosa assada com especiarias ou como purê.

Milho

O milho pode ser comprado na espiga *in natura* e cozido, mas também é vendido congelado ou em lata. Nesse último caso, ele é pré-cozido e armazenado num líquido que, dependendo da marca, pode conter sal e/ou açúcar.

COMO COMPRAR — Escolha a espiga com os grãos mais inchados e a cor amarelo-clara. Se estiver comprando com a folha, ela deve estar verde, e o cabelo, marrom-escuro.

COMO ARMAZENAR — Em um pote ou saco fechado na geladeira. Se estiver com a folha, guarde embrulhado mesmo.

COMO CORTAR — Pode ser cozido inteiro. Mas, se quiser debulhar o milho ainda cru ou já cozido, a melhor forma é deitá-lo no sentido do comprimento na tábua e cortá-lo em volta do miolo.

COMO PREPARAR — Inteiro ele pode ser cozido, assado ou grelhado. Se tirarmos os grãos da espiga, podemos refogá-los ou batê-los no liquidificador para obter um líquido cheio de sabor e amido que serve para doces ou como espessante para engrossar preparos.

Aspargo

Uma verdadeira iguaria, dono de um sabor característico e uma textura tenra. Existem o aspargo branco, o roxo e o verde.

COMO COMPRAR — Opte pelos mais firmes. Deve ter um aspecto brilhoso e a cor verde viva. A ponta deve estar bem compacta. Os mais grossos costumam ser mais fibrosos.

COMO ARMAZENAR — O ideal é armazenar num saco aberto para que ele possa respirar, de preferência com umas folhas úmidas de papel-toalha para evitar o ressecamento.

COMO CORTAR — Corte a base, que é bastante fibrosa e tem uma textura desagradável. Aprendi na faculdade de gastronomia a segurar o aspargo com uma mão de cada lado e inclinar uma ponta para ver onde ele quebra naturalmente, mas sinto que isso faz com o que o descarte seja muito grande. Prefiro tirar uns 2 dedos da ponta de baixo.

COMO PREPARAR — Pode ser assado, grelhado, cozido, feito no vapor ou salteado. Também pode ser consumido cru ou frito. O melhor amigo do aspargo é a manteiga: ele fica delicioso salteado na manteiga por alguns minutos e depois servido com um ovo mole ou poché e molho *hollandaise* (receita na página 204), um clássico delicioso.

Ervilha

A ervilha comum é rara de ser encontrada fresca — em geral, achamos a conserva em latas ou vidro ou a versão congelada, que eu prefiro. Confesso que, embora goste, não sou a maior fã da ervilha pequena. Já a ervilha-torta, minha favorita, acho deliciosa, fica pronta em instantes e adiciona sabor e cor em diversos preparos. Vou falar mais da ervilha-torta, mas a ervilha congelada é uma ótima opção para pratos de arroz, sopas, ensopados etc.

COMO COMPRAR — Observe a cor. É importante que seja um verde vivo, sem manchas, e que a textura seja firme. Às vezes, há umas partes mais esbranquiçadas, que são bem fibrosas e desagradáveis de mastigar — evite essas.

COMO ARMAZENAR — Em um pote ou saco fechado na geladeira.

COMO CORTAR — Gosto de tirar a fibra dos dois lados da ervilha-torta: você pode fazer isso com uma faca pequena ou então quebrar a ponta da ervilha e puxar uma extremidade para tirar a fibra e repetir o processo do outro lado. Muita gente gosta de deixá-la inteira, mas às vezes corto em 3 num viés ou então faço um *julienne* fininho.

COMO PREPARAR — Pode ser cozida ou no vapor, mas minha versão favorita da ervilha-torta é refogada.

Vagem

Sinto que fiz uma declaração de amor a cada legume apresentado aqui, o que, felizmente, é verdade! E não é diferente com a vagem: é um alimento versátil e delicioso. Estou ansiosa para ensinar minha famosa receita, que é sucesso garantido sempre que faço.

COMO COMPRAR — Escolha as vagens firmes com a cor verde-escura viva, sem manchas. Preste atenção também ao cabo, que às vezes pode apresentar sinais de mofo se estiver muito velho.

COMO ARMAZENAR — Em um saco ou pote na geladeira.

COMO CORTAR — No meu caso, simplesmente tiro as pontas. Aí é só usar inteira ou cortar ao meio ou em pedaços de 1 dedo de espessura para juntar a refogados ou incrementar uma carne moída ou um arroz, por exemplo.

COMO PREPARAR — Pode ser branqueada, refogada, cozida, feita no vapor, frita ou assada. Fica deliciosa branqueada em saladas de folhas ou grãos. Também adoro adicionar ao frango refogado ou à carne moída para variar e dar uma cor.

Ervilha-torta refogada

RENDIMENTO: 2 porções

- » ½ cebola picada
- » 1 colher (chá) de azeite
- » 200 g de ervilha-torta inteira ou cortada
- » Sal a gosto

1. Refogue a cebola no azeite até ficar translúcida.
2. Junte a ervilha e refogue por uns 2 minutos. Ela deve permanecer firme e com a cor ainda mais viva.

Salada de vagem

RENDIMENTO: 2 porções

PARA A SALADA
- » 250 g de vagem francesa
- » 2 colheres (sopa) de amêndoas
- » ½ colher (chá) de azeite
- » Sal e pimenta-do-reino a gosto
- » 2 colheres (sopa) de parmesão em lascas

PARA O VINAGRETE
- » 1 colher (sopa) de cebola bem picadinha
- » ½ colher (chá) de mostarda
- » 1 colher (chá) de maionese ou 1 colher (sopa) de iogurte natural
- » Suco de ¼ de limão
- » 3 a 4 colheres (sopa) de azeite
- » Sal e pimenta-do-reino a gosto

1. Comece branqueando a vagem em água fervente com bastante sal.
2. Após uns 3 minutos, escorra e transfira para um pote com água bem gelada.
3. Toste as amêndoas em um pouco de azeite com sal até ficarem crocantes e reserve.
4. Para o molho, junte a cebola, a mostarda, a maionese ou o iogurte, o suco de limão, o azeite, o sal e a pimenta.
5. Mexa para incorporar bem, prove e ajuste o tempero.
6. Regue a vagem generosamente com o molho e mexa para incorporar.
7. Sirva com as amêndoas e as lascas de parmesão.

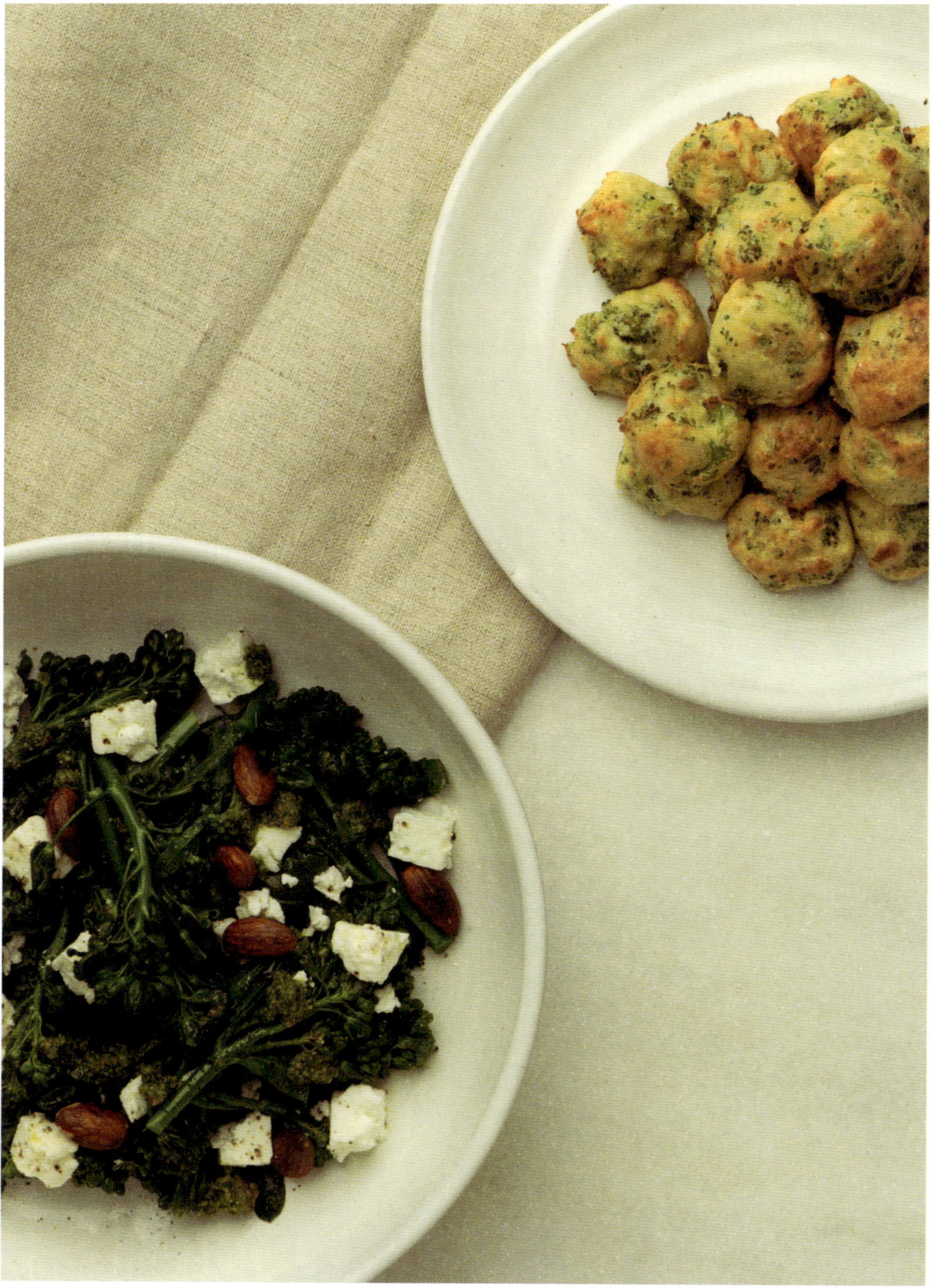

Salada de brócolis com molho pesto

RENDIMENTO: 2 porções

» 1 brócolis comum com as folhas
» Queijo minas, ricota ou avocado a gosto
» Sal e pimenta-do-reino a gosto
» 4 colheres (sopa) de molho pesto (receita na página 105)
» Castanha-de-caju ou pistache a gosto

1. Cozinhe o brócolis no vapor por 2 a 3 minutos.
2. Dê um choque térmico em água gelada para interromper o cozimento.
3. Transfira para um prato, junte o queijo minas em cubos, colheradas de ricota ou o avocado em fatias.
4. Tempere com sal e pimenta.
5. Adicione por cima o molho pesto e as nozes e sirva.

Almôndegas de brócolis

RENDIMENTO: 2 porções

» 1 cebola pequena picada
» 1 colher (sopa) de azeite
» 1 dente de alho picado
» 1 xícara de brócolis ninja cru e processado ou já cozido e cortado bem pequeno (sugiro não processar o brócolis cozido, pois ele pode soltar muita água e acabar virando uma pasta)
» Sal e pimenta-do-reino a gosto
» Pimenta calabresa a gosto
» ½ xícara de ricota
» 1 ovo
» 2 colheres (sopa) de muçarela ralada
» 2 colheres (sopa) de parmesão
» 2 a 4 colheres (sopa) de farinha de trigo ou a farinha da sua preferência

1. Refogue a cebola no azeite.
2. Junte o alho e cozinhe por 30 segundos.
3. Adicione o brócolis cru e tempere com sal, pimenta-do-reino e pimenta calabresa.
4. Transfira para um pote e junte a ricota, o ovo e os queijos e misture.
5. Acrescente a farinha e mexa até que a massa não esteja muito grudenta.
6. Unte as mãos e o tabuleiro com um pouco de azeite e molde as almôndegas (use duas colheres se preferir). Essa receita também pode ser feita no formato de hambúrguer na frigideira ou no forno.
7. Asse por 15 a 20 minutos a 190°C no forno preaquecido.

JULIANA GUEIROS

Purê de couve-flor

RENDIMENTO: 2 porções

» 1 cebola pequena picada
» 1 colher (sopa) de manteiga
» 3 xícaras de couve-flor
» Sal e pimenta-do-reino a gosto
» Água
» 2 colheres (sopa) de cream cheese ou requeijão ou parmesão (opcional)

1. Refogue a cebola na manteiga até ficar translúcida.
2. Junte a couve-flor e refogue.
3. Tempere com sal e pimenta.
4. Acrescente um pouco de água, tampe a panela e cozinhe até que a água tenha secado. Junte a água aos poucos; o objetivo é que a couve-flor fique macia. Se precisar, pode escorrer antes de bater o purê.
5. Transfira a couve-flor para um processador ou liquidificador ou passe pela peneira.
6. Ajuste o tempero.
7. Finalize com o queijo da sua preferência.

Couve-flor em "fatias"

RENDIMENTO: 4 porções

» 1 couve-flor
» Sal e pimenta-do-reino a gosto
» Alho em pó (se não tiver é só omitir; não recomendo utilizar o fresco, pois pode queimar)
» Alecrim picado (pode ser tomilho ou orégano)
» Azeite a gosto

1. Corte a couve-flor em fatias grossas (provavelmente as extremidades vão virar floretes, mas não tem problema).
2. Tempere com sal, pimenta, alho em pó, alecrim picado e azeite dos dois lados.
3. Leve ao forno preaquecido a 200°C por cerca de 20 minutos.
4. Vire a couve-flor e volte ao forno por 15 a 20 minutos até estar bem caramelizada e macia.

Essa receita fica ótima acompanhada de molho pesto (página 105) ou molho de iogurte (página 261).

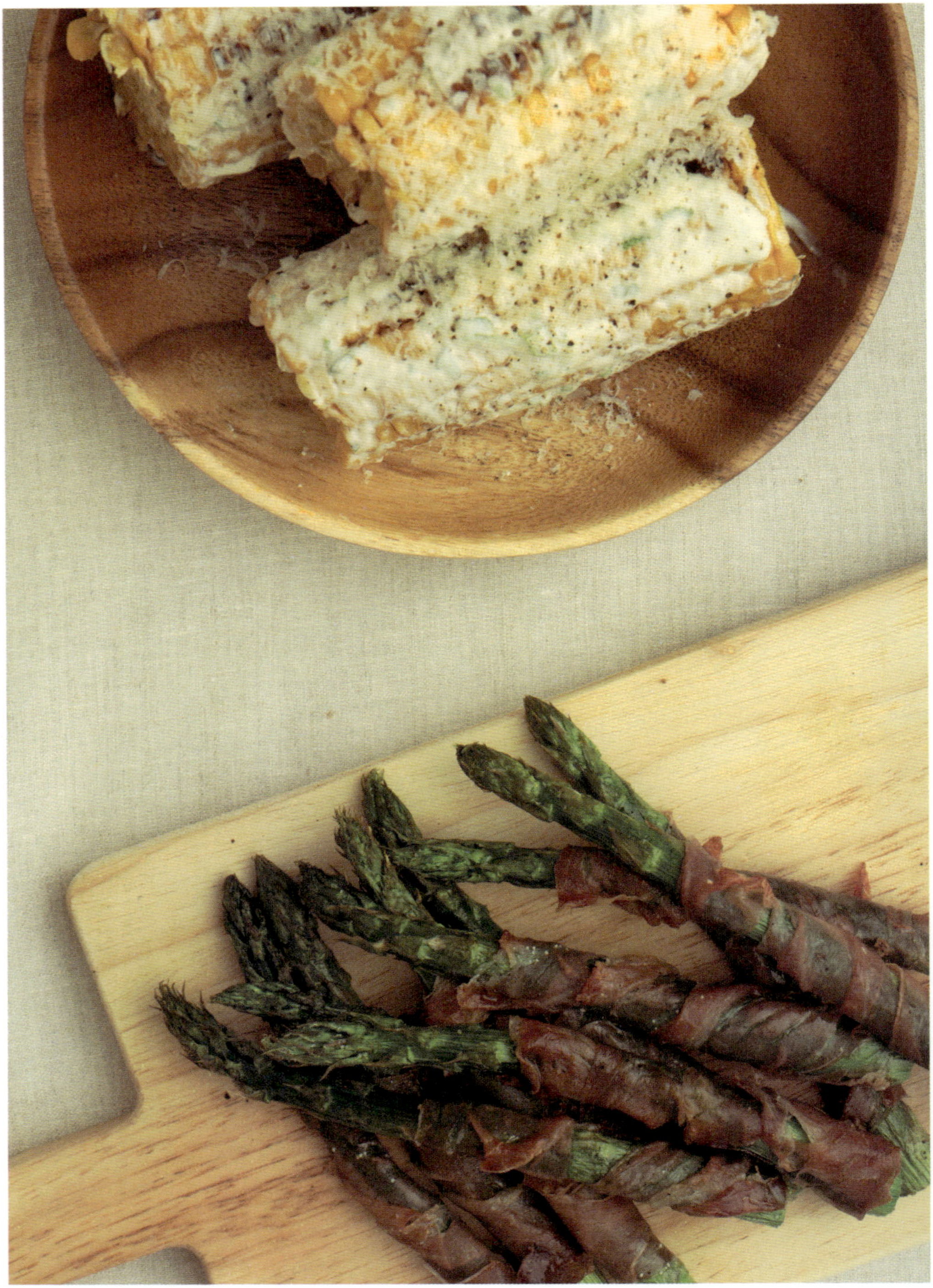

Milho mexicano

RENDIMENTO: 2 porções

» 2 espigas de milho
» 1 colher (chá) de manteiga
» Sal a gosto
» 2 colheres (sopa) de maionese ou, para uma versão mais leve, iogurte natural
» 1 colher (chá) de mostarda
» 1 colher (sopa) de limão
» Pimenta-caiena a gosto
» Coentro a gosto (opcional)
» Queijo feta, parmesão ou queijo azul a gosto (opcional)

1. Cozinhe o milho na panela de pressão por uns 15 a 20 minutos sem sal.
2. Depois grelhe numa panela com manteiga.
3. Tempere com sal.
4. Misture a maionese ou o iogurte, a mostarda, o limão e a pimenta-caiena.
5. Sirva o milho com o creme por cima e salpique coentro e o queijo da sua preferência.

Aspargos com presunto de parma

RENDIMENTO: 4 porções

» 20 aspargos limpos
» 1 colher (sopa) de azeite
» Sal e pimenta-do-reino a gosto
» 10 fatias de presunto de parma
» Queijo parmesão a gosto

1. Tempere os aspargos com azeite, sal e pimenta. Não capriche no sal, pois o parma já é naturalmente salgado.
2. Enrole a base de cada aspargo em meia fatia de presunto de parma.
3. Coloque em uma assadeira.
4. Leve ao forno preaquecido a 230°C por 5 a 10 minutos ou até que esteja *al dente*.
4. Sirva com uma chuva de queijo parmesão por cima.

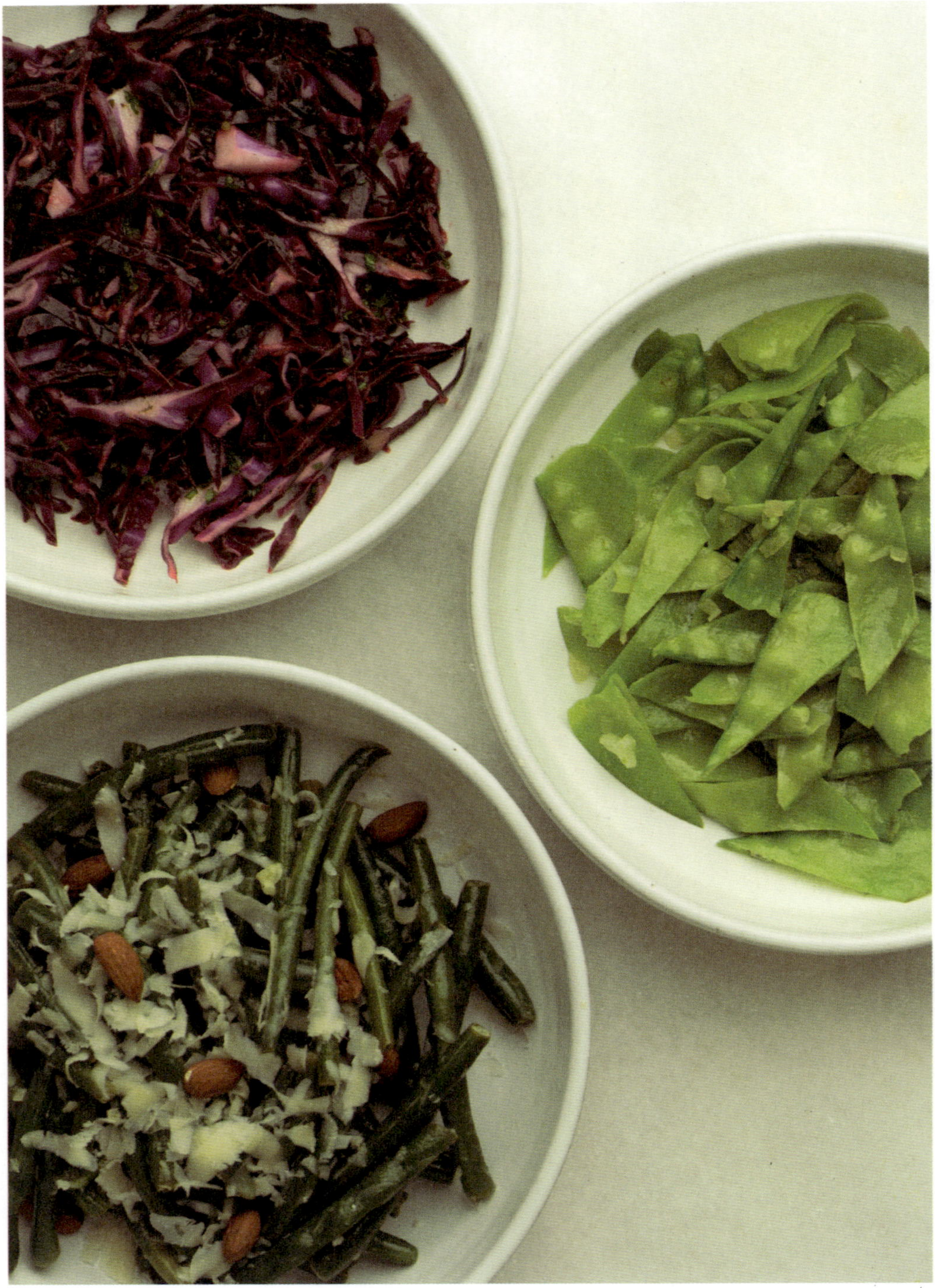

Verduras e folhas

Agora vamos ao delicioso mundo das verduras/folhas. As verduras são as hortaliças cuja parte comestível são as folhas ou flores. Por essa definição, o brócolis e a couve-flor seriam verduras, mas preferi colocá-los na parte dos legumes e agrupar aqui as folhas com caraterísticas mais similares.

Vou dividir com você dicas gerais de verduras e ressaltar diferenças relevantes. Em seguida, compartilho algumas receitas.

COMO COMPRAR

Acelga — As mais fechadas e esbranquiçadas.
Agrião — Folha verde-escura sem manchas nem buracos; talo firme.
Aipo — Verdura pesada com folhas verde vivo.
Alface — Folhas firmes, brilhantes, crocantes e sem manchas nem buracos.
Chicória/escarola — Talo firme; cor viva.
Couve — Folha escura e firme; sem buracos nem manchas; evite as folhas amareladas.
Espinafre — Verde-escuro e talo firme.
Mostarda — Folha verde e sem aspecto murcho.
Repolho — Temos o repolho roxo e o repolho verde, mas o sabor e a textura variam muito pouco entre eles. Escolha os mais fechados, com cor brilhante, textura firme, sem manchas nem buracos.
Rúcula — Verde-escura com folhas firmes.

COMO ARMAZENAR

Aipo e acelga — Esses dois guardo inteiros num saco fechado na geladeira para mantê-los frescos.

Folhas — Gosto de lavar bem todas as verduras antes de guardar, por dois motivos: deixa a geladeira organizada e há menos risco de estragar — afinal, já fizemos metade do trabalho e dá menos preguiça na hora de preparar. Se tivermos que debulhar, lavar e cozinhar na hora de preparar, é bem provável que a gente desista no meio do caminho, né?

Debulhe as folhas e lave bem num pote com água fria e sanitizante de acordo com as instruções da embalagem. De preferência, deixe as folhas inteiras, pois assim duram mais. Depois escorra e seque bem; para isso, recomendo um secador de salada. Se não tiver, é só tirar o excesso de água, colocar as verduras sobre um pano de prato limpo e cobrir com outro. É muito importante secar bem, porque a umidade faz a folha murchar mais rápido.

Transfira para um pote hermético e coloque papel-toalha entre as folhas limpas para absorver qualquer resquício de umidade. Uma boa dica é manter algumas folhas no próprio secador, pois, como já dito, aquela grade é ideal para escorrer qualquer excesso de umidade.

COMO CORTAR

Acelga — Na hora de usar, lavo e seco as folhas e as corto em tiras finas.
Aipo — Uso um descascador ou uma faca pequena para tirar as fibras do aipo. Apesar de ser opcional, tenho memória afetiva dessa tarefa e viajo no tempo quando descasco!
Alface — Uso as folhas debulhadas, cortadas fininhas ou rasgadas.
Couve — Temos o hábito de cortar a couve fininha, e eu adoro ela assim, mas experimente rasgar umas folhas ou cortar em fatias mais grossas, também fica uma delícia. Para cortar fininha, empilhe as folhas já lavadas e enrole para formar um "charuto" apertado.
Agrião, chicória, escarola, espinafre, mostarda e rúcula — Uso as folhas debulhadas.
Repolho — Prefiro cortar ao meio primeiro, de modo a ter uma grande área plana para me dar estabilidade na hora de fatiar. Caso use a folha inteira para fazer recheado, retire as folhas e lave-as bem (caso contrário, pode cortar e depois lavar). Se as folhas exteriores estiverem muito machucadas, basta descartá-las.

COMO PREPARAR

Acelga — Fica deliciosa crua em saladas ou refogada no alho.
Agrião — Adoro incluir em ensopados e sopas, fazer refogado ou utilizá-lo cru em saladas.
Aipo — Fica uma delícia em saladas e é um ingrediente-chave no famoso *mirepoix*, a base do refogado francês.
Alface — Crua em saladas.
Chicória/escarola — Crua, cozida, refogada.
Couve — Crua em saladas, branqueada ou refogada.
Espinafre — Cru em saladas, branqueado ou refogado.
Mostarda — Crua em saladas (mas não use apenas ela, pois o sabor pode ser muito forte) ou refogada.
Repolho — Cru em saladas, refogado, cozido, ensopado ou assado.
Rúcula — Crua em saladas ou uma saborosa adição final em pratos de massa.

Essas deliciosas folhas verde-escuras, que parecem que vão render muito quando estão cruas, diminuem consideravelmente de volume quando são cozidas. No caso das folhas refogadas, elas ficam prontas em instantes. Evite cozinhá-las demais, pois podem ficar mais amargas.

Folhas refogadas

RENDIMENTO: 2 a 4 porções

- » 1 colher (chá) de azeite
- » 1 dente de alho picado (opcional)
- » 1 molhe de couve, escarola ou o verde da sua preferência

1. Esquente o azeite na panela.
2. Junte o alho e as folhas e refogue até minguar. Tome cuidado para não queimar o alho, pois pode amargar.

DICA: só tempere com sal depois que as folhas tiverem minguado, pois inicialmente a quantidade engana e a gente pode salgar demais.

Salada de acelga asiática

RENDIMENTO: 4 porções

- » 3 xícaras de acelga picada
- » 1 colher (sopa) de azeite
- » ½ colher (chá) de óleo de gergelim torrado
- » ½ dente de alho pequeno ralado
- » 1 colher (chá) de gengibre ralado
- » 2 colheres (sopa) de molho shoyu
- » Sal a gosto
- » Limão a gosto (gosto de caprichar)
- » Pimenta dedo-de-moça (opcional)

1. Misture todos os ingredientes e mexa para incorporar.
2. Deixe a acelga marinar por 5 minutos para pegar os sabores e minguar um pouco.
3. Prove e ajuste o tempero.

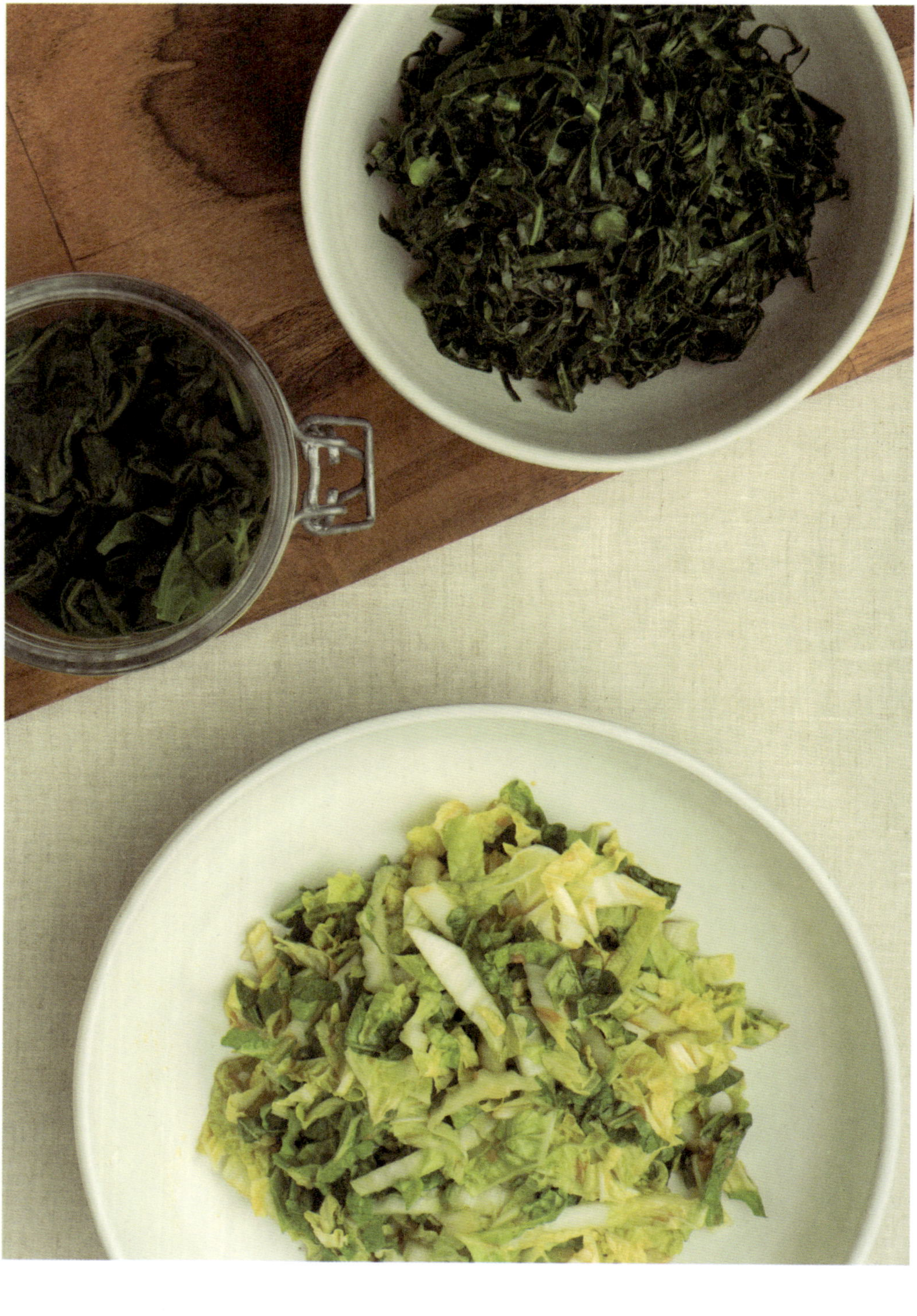

Folhas branqueadas

RENDIMENTO: 100 ml

» 1 maço de espinafre ou a folha da sua preferência
» Sal
» Água fervente
» Água com gelo

Os vegetais branqueados são aqueles que foram pré-cozidos e, ao serem usados, podem ser adicionados no último momento, só para serem esquentados, o que agiliza muito a nossa vida. O branqueamento também é uma ótima técnica para que o ingrediente (vagem, milho, espinafre etc.) seja congelado.

As folhas branqueadas são ótimas para ter no freezer e na geladeira e usar ao longo da semana, juntando no arroz, no frango refogado ou na carne moída, além de fazer um creme ou suflê, acrescentar ao molho de macarrão etc. Dá para comprar no supermercado algumas folhas congeladas que já vêm branqueadas e são uma mão na roda!

1. Numa panela com água fervente, dissolva o sal, acrescente o espinafre e cozinhe por 30 segundos.
2. Retire o espinafre da panela e transfira para um recipiente com água gelada. Isso vai dar um choque térmico nas folhas e parar o cozimento.
3. Escorra e esprema para tirar o excesso de água.
4. Guarde na geladeira por 3 a 5 dias ou congele.

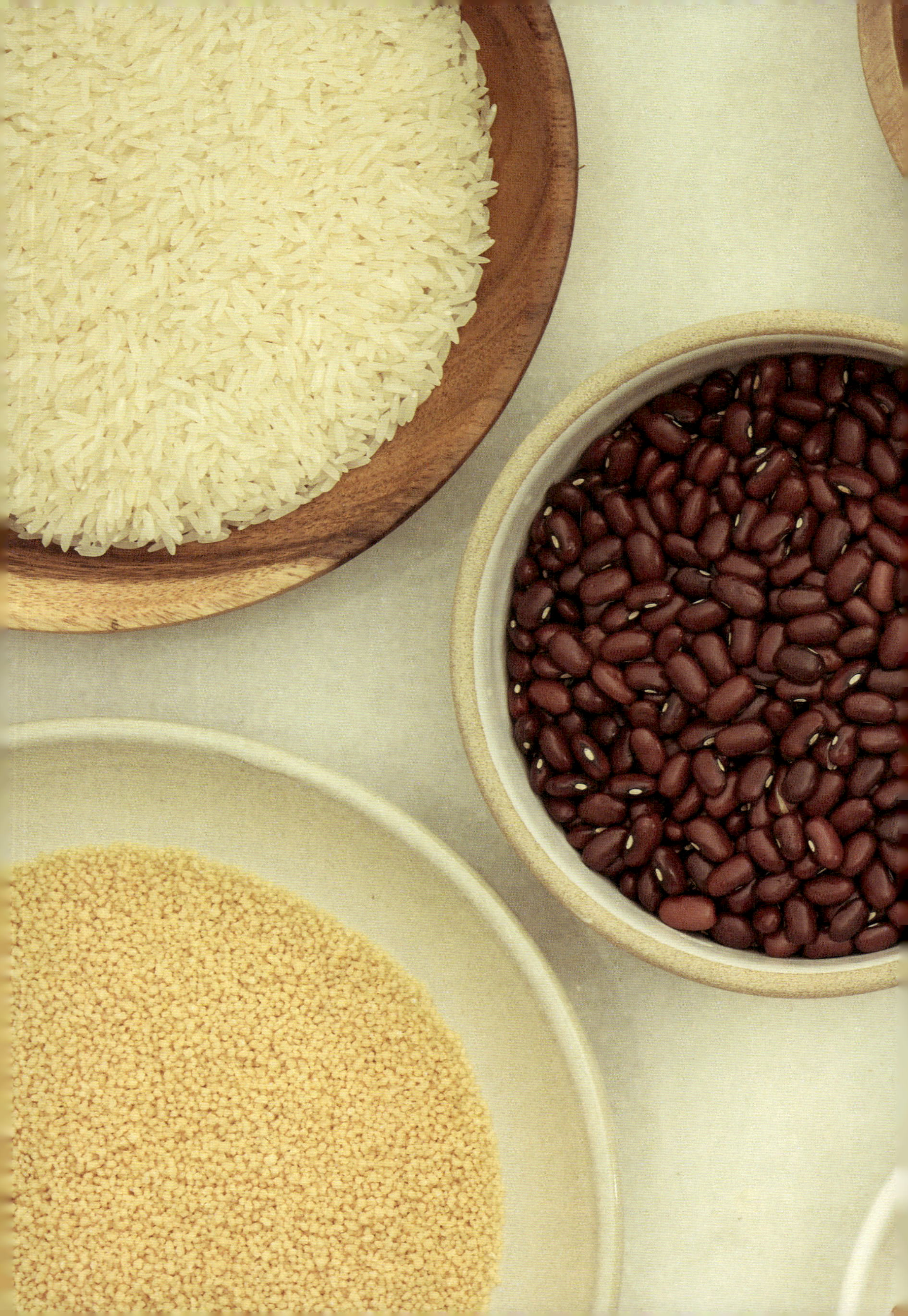

2. Grãos

Impossível não pensar no nosso adorado arroz com feijão, e vou começar por esses dois protagonistas da mesa brasileira.

O S GRÃOS FORMAM A BASE DA ALIMENTAÇÃO MUNDIAL, e cada país tem a sua forma de prepará-los e combiná-los com ingredientes diversos.

Impossível não pensar no nosso adorado arroz com feijão, e vou começar por esses dois protagonistas da mesa brasileira. Tendo morado fora por tantos anos, dou muito valor a essa dupla e muitas vezes me senti mais conectada com as minhas raízes em países e culturas diferentes quando comia arroz com feijão. Por essas e outras que acredito tanto na comida como forma de afeto, como lembrança, como símbolo de amor e de conforto.

Sei que existem muitas receitas de sucesso desses emblemas gastronômicos, o que chega a me dar certo receio de continuar! Vou falar como gosto de fazer, minha forma infalível, mas não tenho dúvida de que existem várias outras receitas maravilhosas.

Arroz

Um dos preparos mais básicos da alimentação no Brasil. Eu amo arroz. Mesmo! Assim que fica pronto, ainda pelando na panela, já me deleito com uma colherada cheia. Eu e minha prima temos essa mania desde pequenas: nos servimos antes de arroz puro e saboreamos como se fosse uma espécie de aperitivo pré-almoço. Amo tanto arroz branco que acabo não variando entre o branco, o integral etc., mas vou deixar sugestões para preparos de tipos diferentes.

TIPO	QUANTIDADE DE ARROZ	QUANTIDADE DE ÁGUA	TEMPO DE PREPARO
Branco	200 g	400 ml	15 min.
Integral	200 g	600 ml	35 min.
Vermelho	200 g	500 ml	25 min.

Arroz branco

RENDIMENTO: 4 porções

- » 1 colher (sopa) de azeite
- » 3 dentes de alho picados
- » 1 xícara (200 g) de arroz branco
- » Sal a gosto
- » 2 xícaras (400 ml) de água
- » Louro (opcional)

1. Refogue o alho no azeite em fogo médio.
2. Junte o arroz assim que o alho começar a borbulhar.
3. Tempere com sal e refogue por um minuto ou até envolver os grãos de arroz no azeite.
4. Junte a água (uso em temperatura ambiente).
5. Assim que começar a ferver, abaixe o fogo para o mínimo e deixe a panela entreaberta.
6. Quando a água tiver secado no fundo, desligue o fogo, tampe a panela e abafe por uns 5 minutos para terminar de cozinhar.

Risoto

Um verdadeiro ícone da gastronomia que começou no norte da Itália e espalhou sua fama pelo mundo inteiro. Um prato cremoso, saboroso e extremamente versátil. Conforme o arroz cozinha, juntamos o caldo e mexemos de maneira constante. O amido derrete, oferecendo a liga e a cremosidade entre os grãos.

O risoto pode ser feito com três variedades de arroz: o arbóreo, o *vialone nano* e o *carnaroli*. O amido do arbóreo dissolve no cozimento, o que resulta num risoto cremoso e mais denso. O *vialone nano* tem um amido que não é tão fácil de dissolver na cocção, por isso produz um risoto um pouco mais fluido do que o arbóreo. Já o *carnaroli* é um tipo recente, feito a partir do cruzamento de duas variedades de arroz. Aos olhos de muitos italianos, inclusive a autora de livros de culinária Marcella Hazan, essa seria a "melhor variedade" de arroz para risoto.

O caldo do risoto produz mais uma camada de sabor para o preparo. Pode ser de legumes, frango, carne ou frutos do mar. Acho importante ressaltar que, apesar de oferecer mais sabor, é mais do que possível fazer risoto com água. Inclusive, alguns chefes preferem usar água para fazer risoto de frutos do mar, pois o caldo de frutos do mar deixa o sabor bem acentuado.

Ao final do preparo, o arroz deve estar *al dente* e ainda caudaloso. Ele continua absorvendo líquido, por isso é importante que tenha caldo o suficiente para que fique untuoso. Aí sim juntamos o queijo e a manteiga para chegar à cremosidade final. Aqui entre nós, já substituí a manteiga diversas vezes por algum queijo cremoso, como mascarpone ou cream cheese, o que traz um sabor e uma cremosidade infalíveis!

DICAS IMPORTANTES:
- O caldo deve estar quente.
- Mexa constantemente para que o amido dissolva e traga cremosidade para o risoto.
- Sempre sirva o risoto um pouco mais caudaloso do que o esperado, pois ao esfriar ele continua absorvendo o caldo e pode ficar seco.

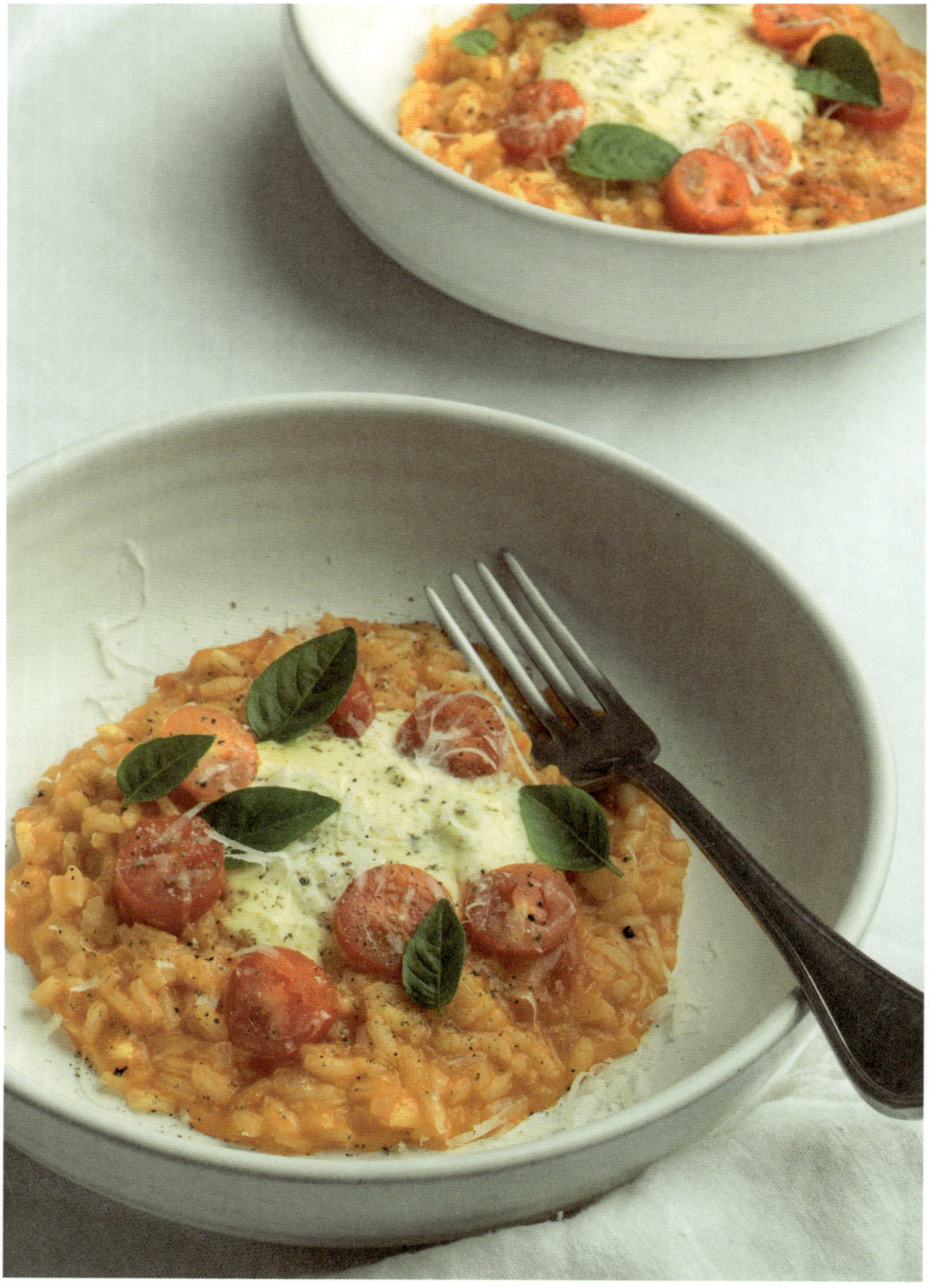

Risoto de parmesão

RENDIMENTO: 6 porções

- 3 colheres (sopa) de manteiga
- 1 cebola picada
- 2 xícaras de arroz (arbóreo ou *carnaroli*)
- ¼ de xícara de vinho branco seco (opcional)
- 5 xícaras do caldo quente da sua preferência (geralmente uso de frango)
- Sal a gosto
- 1 xícara de parmesão ralado

1. Refogue a cebola com uma colher (sopa) de manteiga até que esteja translúcida.
2. Junte o arroz e mexa bem para envolvê-lo na manteiga e tostar os grãos.
3. Adicione o vinho e deixe evaporar completamente.
4. Comece a juntar o caldo quente aos poucos.
5. Quando parte do caldo tiver sido absorvida, acrescente mais, mexendo sempre.
6. Repita o processo até que o arroz esteja *al dente*.
7. Acrescente o restante da manteiga e o parmesão ralado e mexa.
8. Prove e ajuste o tempero.

Confira algumas ideias de sabores de risoto, com o mesmo princípio da receita de parmesão.

RISOTO DE LIMÃO-SICILIANO COM ALHO-PORÓ — Adicione 1 alho-poró ao refogar a cebola. Quando acrescentar o parmesão, junte as raspas do limão-siciliano e um pouco do suco.

RISOTO DE COGUMELOS — Refogue 500 g de cogumelos da sua preferência em 1 colher (sopa) de manteiga e reserve. Junte os cogumelos refogados depois que o arroz estiver cozinhando por uns 5 a 7 minutos.

RISOTO DE CAMARÃO — Tempere 500 g de camarão com sal, pimenta-do-reino e suco de limão, doure na manteiga ou no azeite e acrescente no final do preparo ou junte o camarão cru quando o arroz estiver praticamente cozido e mexa para que cozinhe no calor do arroz.

RISOTO DE LINGUIÇA — Adicione 350 g de linguiça com a cebola e refogue até que esteja bem dourada, depois continue o passo a passo anterior.

RISOTO DE TOMATE COM BURRATA — Adicione 400 g de tomate pelado depois de refogar a cebola, finalize o risoto com burrata ou stracciatella (o recheio da burrata) e uns tomates-cereja.

Feijão

Assim como o arroz, o feijão é um verdadeiro protagonista do cardápio do brasileiro, e tenho certeza de que muita gente sabe uma receita infalível da mãe, da avó ou de algum amigo! Vou mostrar para você como eu gosto de fazer. Além disso, também vou ensinar a fazer feijão na panela comum, porque sei que muita gente tem medo de usar a panela de pressão ou não se sente confortável com ela.

Costumo variar bastante entre feijão-preto, vermelho e marrom, e sinto que o tempo de cocção é praticamente o mesmo entre eles.

Deixar o feijão de molho elimina substâncias que podem causar desconforto abdominal. Gosto de deixar de molho com umas 2 colheres (sopa) de vinagre, pois ajuda a eliminar as toxinas. Vale lembrar que tem gente que não sente desconforto algum e prefere não deixar o feijão de molho. Fica a critério de cada um! Nesse caso, ele deve demorar um pouco mais do que 25 minutos para cozinhar.

Caso você esqueça ou não tenha tempo de deixar o feijão de molho, aqui vai um truque: coloque o feijão numa panela e cubra com água, ligue o fogo e, assim que começar a ferver, escorra o feijão, substitua a água e ferva novamente. Troque a água 3 vezes. Depois da terceira vez, ele estará pronto para ser usado.

Você também pode fazer o seguinte: cubra o feijão com bastante água e ferva. Assim que ferver, desligue o fogo e tampe a panela. Aguarde 1 hora, escorra a água e utilize o feijão.

Feijão básico

RENDIMENTO: 6 porções

» 2 colheres (sopa) de bacon ou paio (opcional)
» 1 ½ xícara de feijão-preto, marrom ou vermelho
» 1 folha de louro
» 6 xícaras (1,1 litro) de água

PARA O REFOGADO
» 1 colher (sopa) de azeite
» 6 dentes de alho ralados

1. Deixe o feijão de molho por pelo menos 12 horas. Se puder deixá-lo 24 horas, ótimo, mas melhor guardar na geladeira.
2. Frite o bacon ou paio na própria panela de pressão.
3. Junte o feijão, o louro e a água.
4. Tampe a panela e cozinhe em fogo baixo por 20 a 25 minutos após pegar pressão.
5. Desligue a panela e deixe o vapor sair.
6. Abra a panela e ligue em fogo médio-alto.
7. Numa frigideira, junte o azeite e o alho e refogue até que o alho esteja levemente dourado (não muito, pois pode amargar o feijão).
8. Acrescente umas colheradas do feijão ao refogado do alho e vá espremendo os caroços para formar uma pasta (isso vai ajudar a engrossar o feijão).
9. Volte a "pasta de feijão" para a panela de pressão e repita o processo mais uma ou duas vezes.
10. Ferva em fogo médio-alto por uns 15 a 20 minutos para a água reduzir e o caldo engrossar.
11. Tempere com sal.

JULIANA GUEIROS

Para transformar o feijão básico numa feijoada rápida é bem simples. Não é aquela feijoada que preparamos por dias com diversos tipos de carne, mas isso não é nem a minha cara, né? Basta juntar paio ou calabresa, carne-seca dessalgada e lombo suíno defumado ou costela defumada ao feijão ainda cru na panela. Para a quantidade de feijão indicada na receita, acrescente mais ou menos 350 g de carne (lembre que, se for usar a costela, tem o peso do osso).

A linguiça ou paio vai direto para a panela, assim como a carne defumada. A única coisa que eu faço antes é dessalgar a carne-seca. Isso pode ser feito de véspera, deixando a carne-seca de molho em água gelada e trocando a água a cada 3 a 4 horas — ou a carne-seca pode ser fervida 3 vezes, trocando-se a água a cada fervura.

FEIJÃO SEM PANELA DE PRESSÃO

Para fazer o feijão sem panela de pressão, siga o processo da receita anterior até o passo 3. Quando juntar a água, tampe a panela comum e deixe cozinhar em fogo médio. O processo será mais demorado e pode levar de 1 a 2 horas até que o grão esteja cozido. Quando o feijão estiver no ponto, aumente o fogo e deixe o caldo reduzir e engrossar. Essa etapa final pode levar mais uns 20 minutos.

CONGELAMENTO

Se sei que vou comer em alguns dias, prefiro guardar a comida na geladeira. Mas se não for o caso, uma ótima dica é congelar o feijão cozido com o caldo em porções pequenas, parando no passo 6. No dia em que quiser usar, basta descongelar o feijão e retomar a receita no passo 7. Mas, é claro, se você preferir, pode congelar o feijão já temperado e apenas esquentar antes de comer.

Quinoa

A quinoa é um grão delicioso, com alto teor de proteína. Existem duas principais formas de fazer: como se fosse macarrão, ou seja, fervendo água salgada, juntando a quinoa e escorrendo quando estiver no ponto (após uns 15-20 minutos); ou como se fosse arroz, juntando a medida certa de água (para 1 xícara de quinoa, aproximadamente 2 ½ xícaras de água) e deixando a quinoa cozinhar enquanto a água seca.

Lentilha

Lentilha é sinônimo de ano-novo. Para mim, é inquestionável que a lentilha traz prosperidade, e na minha ceia de ano-novo sempre tem um arroz de lentilha, ou uma salada de lentilha, ou muitas vezes a lentilha com caldo, como se fosse feijão. Amo de todas as formas. Acho um grão versátil e rápido. Não é incomum um grão demorar a cozinhar ou precisar de panela de pressão, mas a lentilha fica pronta em 15 minutos na panela comum, o que tem muito valor para mim, por isso prefiro comprar seca mesmo.

Polenta

Eu amo polenta, de preferência bem cremosa, quente e com queijo. No entanto, existem algumas formas diferentes de preparar essa iguaria, como polenta cremosa, assada, fria, frita... De todo modo, elas começam da mesma forma: cozinhando o fubá.

Existem três principais formas de fazer isso: a "clássica", considerada mais saborosa, mas também é a que mais demora e "exige" de quem vai cozinhar; a "intermediária", que perde um pouco no quesito sabor, mas ganha no quesito praticidade; e a instantânea, que fica pronta em minutos e não dá muito trabalho (mas tampouco entrega a cremosidade da original).

O que pode variar entre a polenta e o angu é a grossura do grão da farinha. Ambos são à base de milho, e a Agência Nacional de Vigilância Sanitária (Anvisa) classifica a farinha de milho, usada na polenta, e o fubá, usado no angu, como a mesma coisa. Além disso, temos a opção do fubá instantâneo, que vem pré--cozido e fica pronto em um terço do tempo.

Cuscuz de milho e cuscuz marroquino

Estou juntando os dois, pois é comum haver confusão. Afinal, eles se chamam "cuscuz" e são visualmente semelhantes. O cuscuz marroquino é feito de semolina, diferentemente do cuscuz de milho. O marroquino só precisa ser hidratado rapidamente antes de usar, enquanto o de milho deve ser hidratado rapidamente e depois cozido no vapor.

Grão-de-bico, feijão-branco, feijão-fradinho

Eu amo esses grãos e tenho sempre na despensa. Podemos comprá-los de duas formas: o grão seco para cozinhar em casa ou a versão em lata ou vidro. Acho uma grande ajuda ter o grão pronto, já cozido — é um coringa para dias de pressa na cozinha. Por outro lado, é bem mais econômico cozinhar o seu em casa, além de fácil. O importante é se planejar para que você consiga organizar o tempo de deixar de molho e de cozinhar.

Assim como o feijão-preto, o ideal é deixar esses grãos de molho. Além de eliminar toxinas, isso agiliza o tempo de cozimento, pois os grãos já deram uma hidratada.

É bom deixá-los de molho de 8 a 12 horas, mas existe uma alternativa parecida com a que ensinei para o feijão: cobrir com água e ferver; assim que levantar fervura, desligar o fogo, tampar a panela e deixar de molho por 1 hora. Algumas pessoas gostam de juntar bicarbonato para diminuir as toxinas (½ colher de chá é o suficiente).

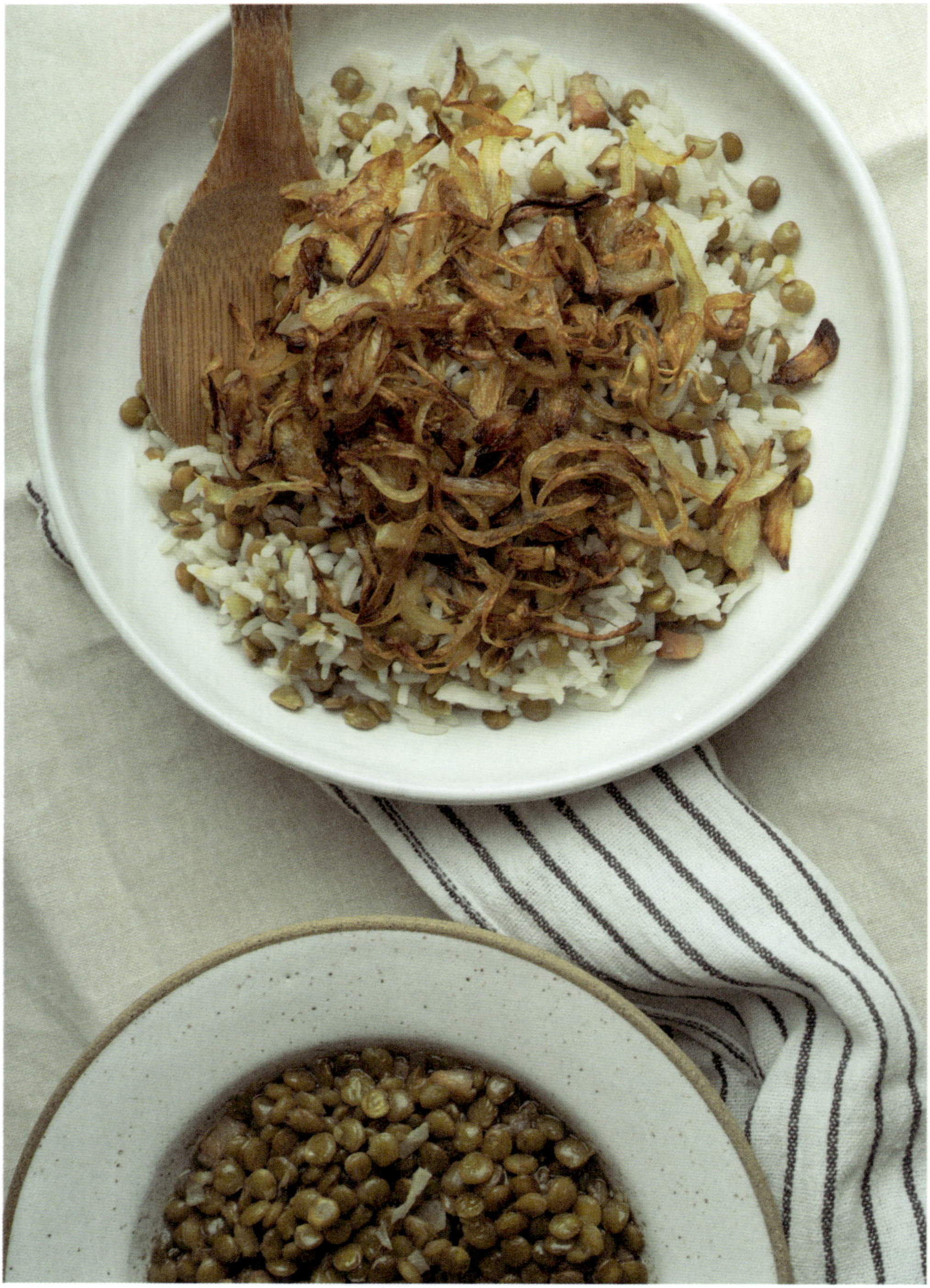

Lentilha caudalosa

RENDIMENTO: 2 porções

- » 1 cebola pequena
- » 2 colheres (sopa) de calabresa ou bacon em cubinhos (opcional)
- » 1 colher (sopa) de azeite
- » 2 dentes de alho picados
- » ½ xícara (100 g) de lentilha crua
- » Água (aproximadamente 500 ml ou uns 2 dedos acima da lentilha)
- » Sal e pimenta-do-reino a gosto

1. Refogue a cebola e a calabresa no azeite até a cebola ficar translúcida.
2. Junte o alho e cozinhe por 30 segundos.
3. Entre com a lentilha e refogue por 1 minuto.
4. Adicione a água e tempere com sal e pimenta.
5. Cozinhe em fogo baixo com a panela entreaberta por 15 a 20 minutos ou até que a lentilha esteja no ponto desejado.
6. Se for usar em saladas ou para arroz de lentilha, escorra a água. Para fazer uma lentilha mais caudalosa, amasse um pouco dos grãos nas laterais da panela para engrossar um pouco o caldo.
7. Ajuste o tempero.

Arroz de lentilha

RENDIMENTO: 2 porções

- » 2 colheres (sopa) de azeite
- » 1 cebola cortada em meia-lua
- » 1 xícara de arroz branco cozido
- » 1 xícara de lentilha cozida (sem caldo)

1. Junte a cebola e o azeite numa frigideira e cozinhe no fogo baixo por uns 20 minutos, misturando de vez em quando para dourar e caramelizar.
2. Em um pote, misture o arroz quente, metade da cebola e a lentilha com um garfo para incorporar bem sem "amassar".
3. Sirva com o restante da cebola por cima.

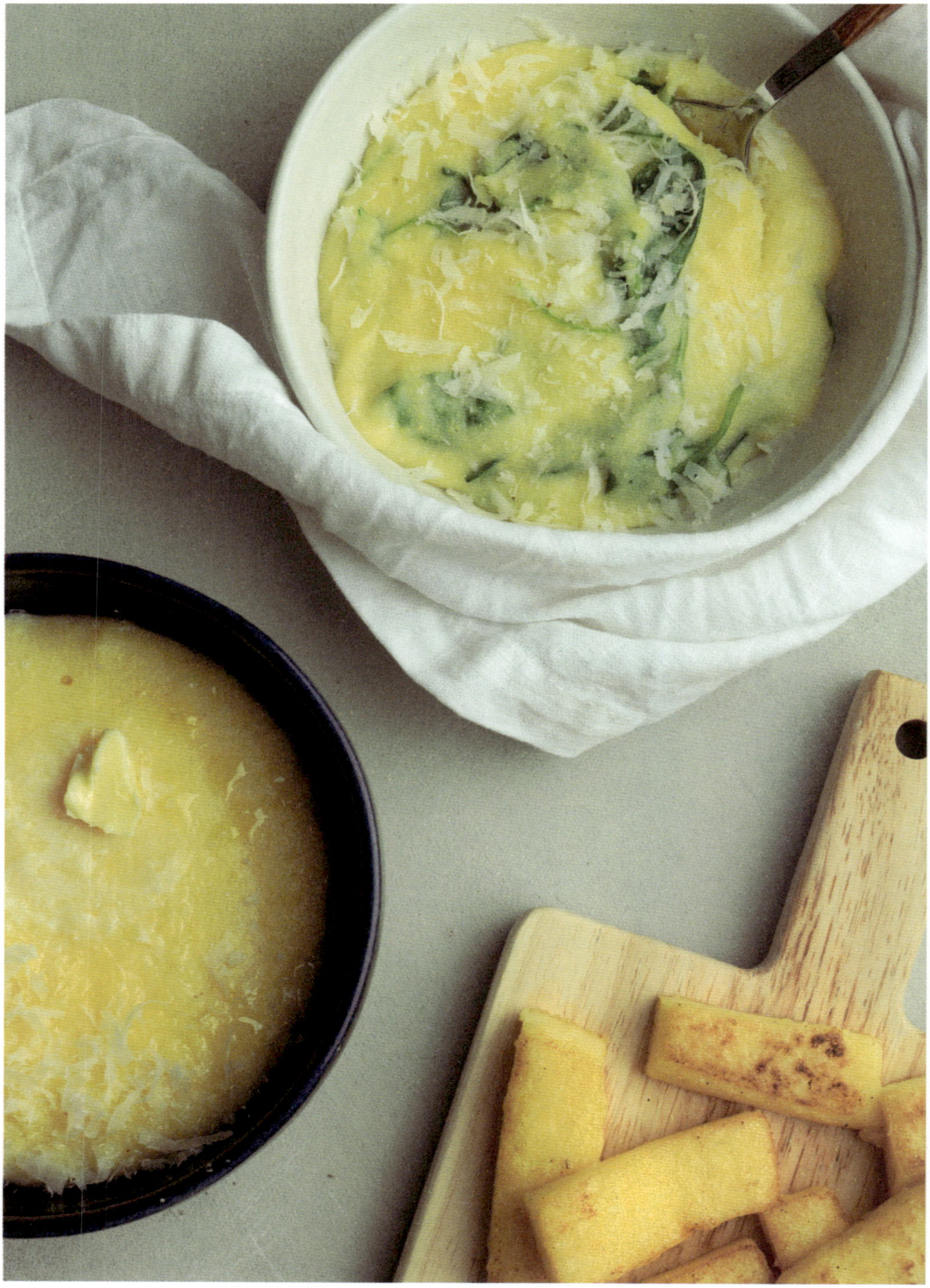

Polenta "clássica"

RENDIMENTO: 2 porções

- » 4 xícaras de água
- » ½ colher (chá) de sal
- » 1 xícara de fubá (evite compactar o fubá na xícara)
- » 2 colheres (sopa) de manteiga
- » ½ xícara de parmesão ralado

1. Ferva a água numa panela.
2. Junte o sal e vá adicionando o fubá com uma mão e mexendo constantemente com a outra.
3. Quando todo o fubá estiver incorporado, continue mexendo constantemente (a receita original era feita com colher de pau, mas acho melhor usar um *fouet* para evitar os grumos, pelo menos no começo).
4. Continue mexendo por mais ou menos 45 minutos, das laterais da panela para o centro, até que solte das laterais.
5. Junte a manteiga e o queijo parmesão.

Conforme esfria, a polenta engrossa bastante, por isso é importante servi-la imediatamente, se pretende comê-la macia.

Para servir a polenta fatiada, transfira para um recipiente untado com manteiga para desenformar e cortar na espessura desejada quando esfriar. Grelhe numa frigideira antiaderente com um pouco de manteiga e azeite.

Caso queira assá-la ou grelhá-la, pode fazer a polenta de véspera e guardar na geladeira embrulhada em filme plástico ou papel-alumínio.

Polenta "intermediária"

É feita praticamente da mesma forma que a clássica, leva os mesmos ingredientes e demora o mesmo tempo. O que varia é a necessidade de ficar mexendo pelos 45 minutos. Nessa receita, proponho mexer pelos primeiros 5 a 10 minutos e depois tampar a panela, deixar em fogo baixo e mexer a cada 10 minutos para verificar se não está colando no fundo. Perdemos um pouco da cremosidade, pois o resultado é mais untuoso quando mexemos de forma constante, mas economizamos o trabalho e podemos fazer outras coisas no meio-tempo.

Polenta instantânea

RENDIMENTO: 2 porções

- » 3 ½ xícaras de água
- » ½ colher (chá) de sal
- » 1 xícara de polenta instantânea
- » 2 colheres (sopa) de manteiga
- » ½ xícara de parmesão ralado

Não se trata de uma receita clássica, mas de uma versão rápida e prática para o dia a dia corrido. O sabor e a textura não serão os mesmos, mas eu adoro e faço assim frequentemente.

1. Ferva a água numa panela.
2. Junte o sal e vá adicionando o fubá com uma mão e mexendo constantemente com um *fouet* com a outra.
3. Quando todo o fubá estiver incorporado, continue mexendo constantemente por 1 a 2 minutos.
4. Depois tampe a panela e deixe cozinhar por 10 a 15 minutos.
5. Junte a manteiga e o queijo parmesão.

Cuscuz de milho

RENDIMENTO: 2 porções

» 3 xícaras de farinha de milho flocão/flocada (para cuscuz nordestino)
» Sal a gosto
» ½ xícara de água
» 5 colheres (sopa) de manteiga em temperatura ambiente

1. Misture a farinha e o sal.
2. Junte a água aos poucos e vá mexendo. A ideia é umedecer a farinha para hidratá-la (isso vai acelerar o processo de cocção).
3. Coloque água no fundo da cuscuzeira e encaixe o cesto por cima.
4. Coloque a farinha hidratada no cesto e tampe.
5. Quando começar a ferver, abaixe o fogo e conte uns 10 minutos. Ele deve ficar inflado e macio.
6. Transfira para um pote, acrescente a manteiga e mexa com um garfo para incorporar.
7. Prove e ajuste o sal se necessário.

Se não tiver cuscuzeira, use uma peneira de inox e uma panela com tampa.

Cuscuz marroquino

RENDIMENTO: 2 porções

» 1 xícara (180 g) de cuscuz marroquino
» Sal a gosto
» 1 xícara de água fervente ou caldo fervente

O cuscuz marroquino dispensa cocção. Basta juntar água ou caldo fervente por cima, cobrir com um pano e deixar hidratar por 5 minutos que estará pronto para usar em saladas com ervas, nozes, frutos secos ou como acompanhamento.

1. Coloque o cuscuz num pote com o sal.
2. Cubra com o líquido fervente e um pano de prato por cima.
3. Deixe hidratar por 5 minutos.
4. Afofe com um garfo e use como preferir.

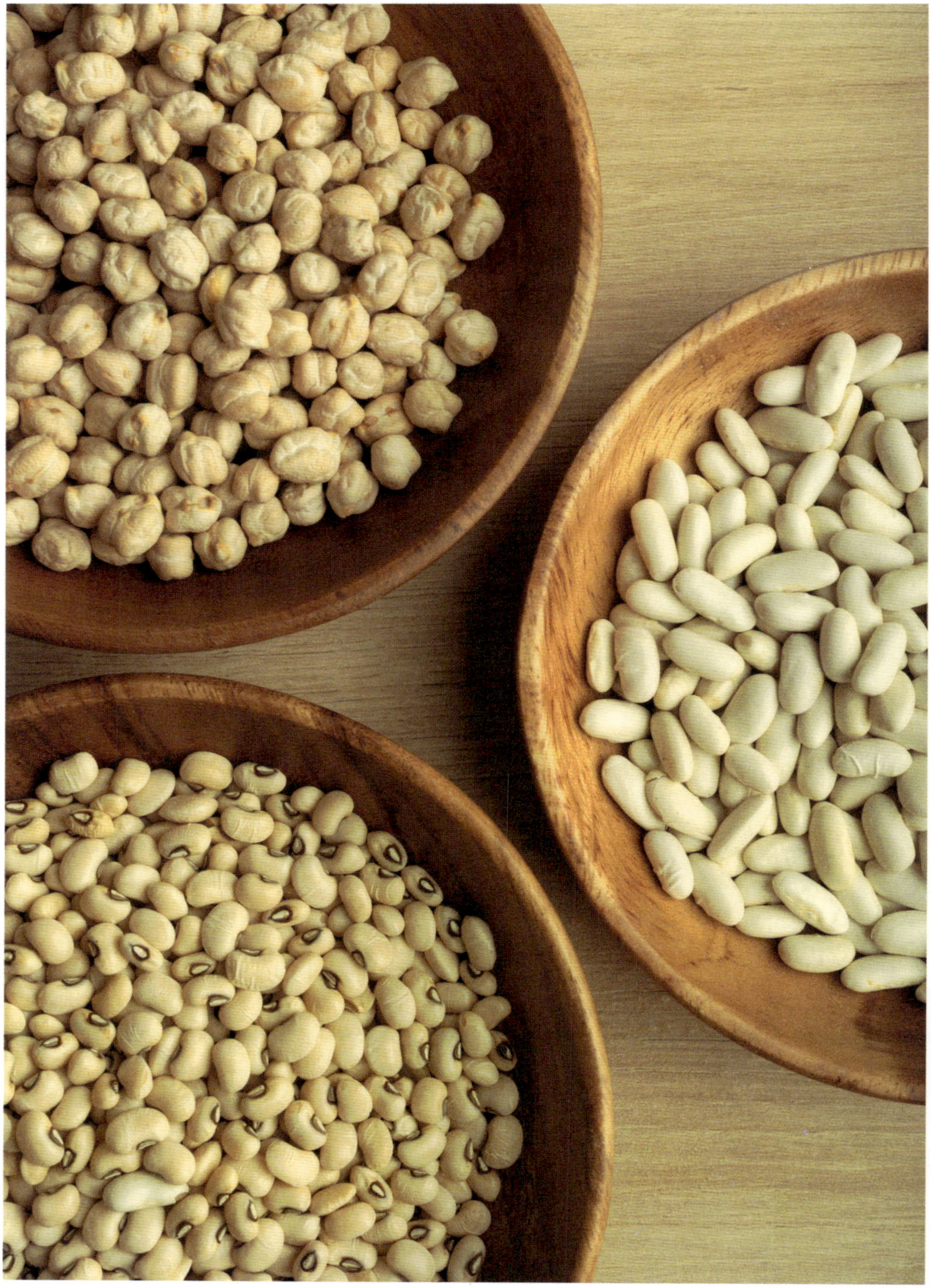

Grão-de-bico, feijão--branco ou feijão-fradinho

Existem duas formas de cozinhar esses grãos, na panela de pressão ou na panela comum. O que varia, claro, é o tempo de cozimento. Na pressão é bem mais rápido, mas o método é o mesmo: cobrir com água (três dedos acima do grão), cozinhar, escorrer a água quando estiver pronto e utilizar.

GRÃO-DE-BICO
70 a 80 minutos em panela comum
20 a 25 minutos em panela de pressão

FEIJÃO-BRANCO
50 a 60 minutos em panela comum
10 a 15 minutos em panela de pressão

FEIJÃO-FRADINHO
30 a 40 minutos em panela comum
10 minutos em panela de pressão

O ponto de cocção pode variar de acordo com o uso. Se, por exemplo, você for usar o grão-de-bico para fazer homus, o ideal é que esteja mais macio. Se a ideia é usá-lo em saladas, o grão pode ficar mais firme.

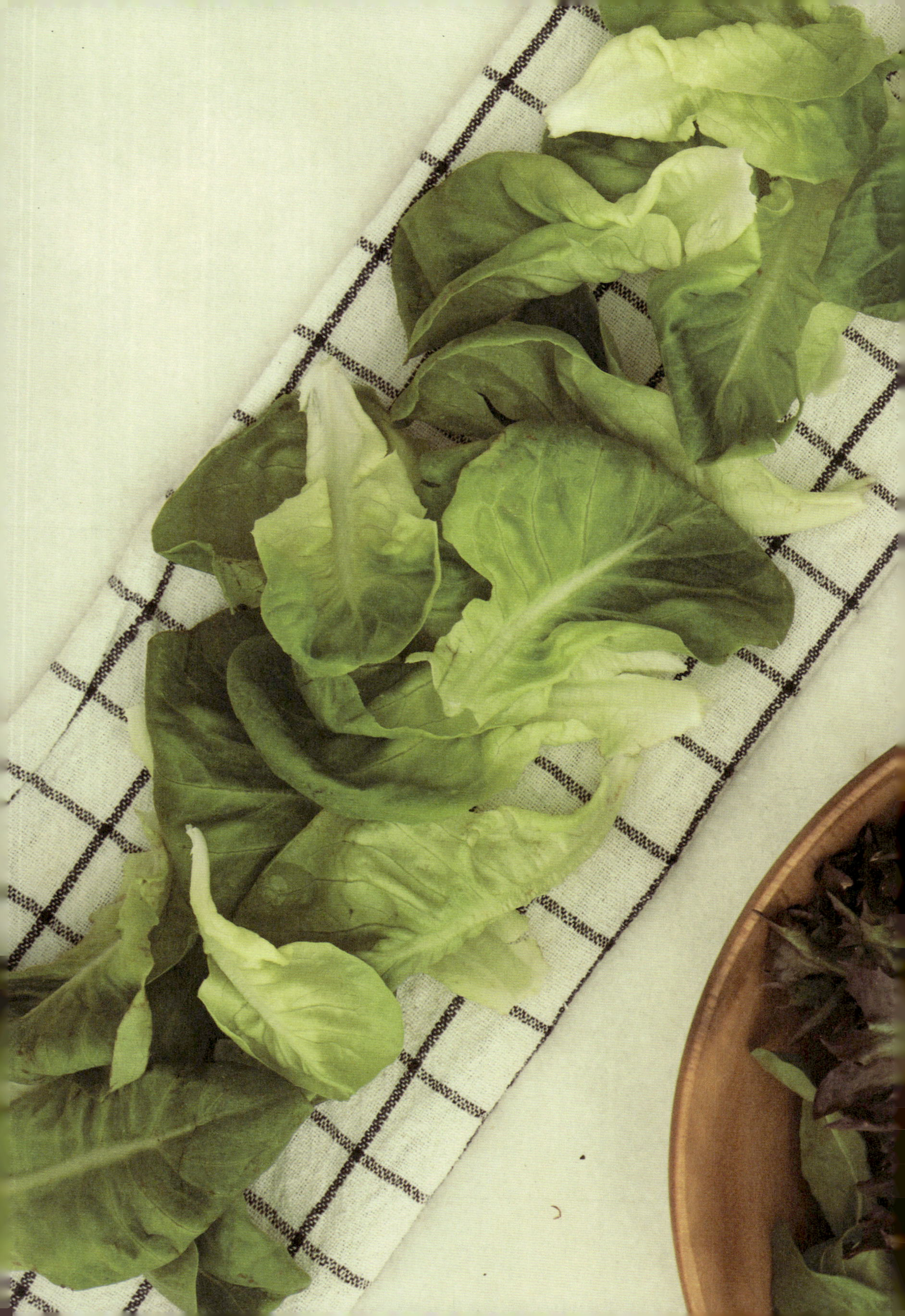

3. Saladas

Clássicos não são clássicos por acaso, e com as saladas não seria diferente.

ACREDITO PIAMENTE QUE CLÁSSICOS não são clássicos por acaso, e com as saladas não seria diferente. Mas é claro que também gosto de inovar e inventar de acordo com o que tenho na geladeira. Ao longo do tempo, descobri coisas que considero essenciais na montagem de uma "saladona" que sirva tanto de entrada como de prato principal, e vou compartilhar como costumo pensar e me organizar na hora de montar uma salada. Pode ser uma mão na roda, pois sei que para algumas pessoas é um pouco mais desafiador improvisar.

Começo sempre pensando em três elementos: cor, textura e sabor. Comemos primeiro com os olhos, por isso adoro uma salada colorida, com cores e ingredientes variados. Textura é essencial, e gosto sempre de utilizar alguns itens mais crocantes e outros menos, pois acho que a sensação é muito mais interessante no paladar. Por último, e mais importante: sabor. A harmonia de sabores é o ponto-chave e, por isso, gosto muito de misturar ingredientes com sabores diferentes para montar uma salada maravilhosa.

Para mim, uma boa salada consiste em algumas categorias fundamentais. Primeiro gosto de definir a base da salada. Vai ser uma salada de folhas ou de grãos? Ou de ambos? Depois da base definida, penso nos outros ingredientes, respeitando sempre cor, textura e sabor. Confira a lista de categorias (vou me aprofundar nelas daqui a pouco).

Base: folhas ou grãos (ou ambos)
Frutas
Verduras e legumes
Proteínas
Molho
"Toppings"

Nem sempre uso itens de todas as categorias, e ainda assim as saladas ficam deliciosas, então não precisa se prender a isso. Aqui estou listando o *meu* ideal para que você brinque à vontade e transforme no *seu* ideal. Vale lembrar que não tem regra, apenas sugestões, e que o mais importante é respeitar suas preferências — afinal, quem vai comer a salada é você!

FOLHAS

Gosto de utilizar folhas cortadas e cruas. Quando possível, misturo uma variedade de folhas, adicionando predominantemente textura e sabor. Geralmente as "alfaces" têm sabor mais suave do que as outras folhas, então, na hora de montar uma salada, pode ser interessante usar um item de cada grupo para ter contraste de sabor. Agrião e rúcula, por exemplo, são mais "apimentadas" do que a alface lisa. Em relação à textura, acho interessante considerar a crocância: alface-romana e americana são mais crocantes do que espinafre baby, por exemplo. Isso não significa que você não pode fazer uma salada apenas com espinafre baby, mas, caso opte por isso, vale considerar incluir nas outras categorias um item mais crocante, como nozes.

Para alfaces, temos como opção a americana ou iceberg, crespa, frisée, lisa, mimosa, romana, roxa. Já para folhas: espinafre baby, agrião, rúcula, azedinha, chicória, endívia, escarola, mostarda, radicchio, folha de beterraba etc.

GRÃOS

Geralmente opto por apenas um grão e prefiro utilizar cozido e em temperatura ambiente ou gelado. Alguns exemplos: lentilha, grão-de-bico, feijão, arroz selvagem, cuscuz, quinoa.

FRUTAS

Prefiro sempre usar frutas cruas em saladas. Normalmente opto por apenas uma. As frutas mais moles — como figo, manga e abacate — corto em cubos um pouco maiores para não se desfazerem na hora de montar a salada. Frutas mais crocantes, como maçã, gosto de cortar em julienne ou cubos menores. Algumas das minhas favoritas: figo, manga, abacate, maçã, pera, uva, tomate.

VERDURAS E LEGUMES

Podem ser crus ou cozidos, cortados em tamanhos diferentes respeitando cor, textura e crocância para a montagem de cada salada. Legumes como abóbora, brócolis, couve-flor e aspargos gosto de usar assados ou grelhados. Geralmente uso de um até três destes: cenoura, aipo, pepino, cogumelo, cebola, abobrinha, abóbora, aspargo, brócolis, couve-flor, milho.

PROTEÍNAS E TOPPINGS

Proteínas costumam dar mais corpo à salada e mais complexidade de sabor. Se for uma entrada, podemos adicionar um queijo como o de cabra, parmesão, brie ou roquefort. Se a salada for o prato principal, a proteína pode ser um frango grelhado, assado ou cozido. Já de peixes e frutos do mar recomendo salmão ou camarão.

Gosto sempre de incluir pelo menos um item crocante pela textura. Para isso, algumas opções de nozes que podem ser usadas são amêndoas, castanhas, pecãs e avelãs. Além das nozes, podemos apostar em outros elementos crocantes, como croutons, grão-de-bico crocante, granola salgada etc.

VINAGRETE

O molho é uma peça fundamental e muitas vezes decisiva na hora de fazer a salada. Ele complementa os ingredientes e une os sabores. Existem inúmeras variações e combinações para explorarmos. Vou começar pela base do vinagrete, e, quando dominarmos o básico, podemos ir incrementando.

A base de um vinagrete é a emulsão de três elementos: sal, ácido e gordura. Além desses três, podemos incluir outros componentes responsáveis pelo sabor, como mel ou mostarda.

A proporção depende um pouco da combinação dos ingredientes, mas também do gosto individual. Eu, por exemplo, adoro coisas mais cítricas, por isso tendo a caprichar no componente ácido, mas a ideia é você ir testando até achar o que prefere. Costumo começar misturando 3 partes de gordura para 1 parte de ácido. Por exemplo, 3 colheres (sopa) de azeite para 1 colher (sopa) de limão.

Considere as opções a seguir:

SAL: sal refinado, molho shoyu.
ÁCIDO: limão, vinagre.
GORDURA: azeite, óleo, iogurte.
ADICIONAIS: mel, mostarda, vinagre balsâmico, alho, gema.
ERVAS: coentro, manjericão, hortelã.

O meu vinagrete básico costuma ser composto por sal, azeite e limão, mas, como já dito, você pode fazer de acordo com a sua preferência. A partir daí, podemos fazer um vinagrete incrementado. Vou dar alguns exemplos, mas o céu é o limite.

CURRY: sal, limão, azeite e curry.
MOSTARDA E MEL: sal, limão ou vinagre, azeite, mostarda e mel.
IOGURTE: sal, limão e iogurte.
IOGURTE ORIENTAL: sal, limão, iogurte, molho shoyu, meio dente de alho ralado e 0,5 cm de gengibre ralado.
ERVAS: sal, limão, iogurte ou azeite e ervas picadas.

A ideia com essas dicas é dar autonomia para você fazer suas criações, mas vou oferecer alguns exemplos de saladas clássicas que eu amo e acho supercompletas. E não esqueça: mude, ajuste e substitua de acordo com a sua preferência.

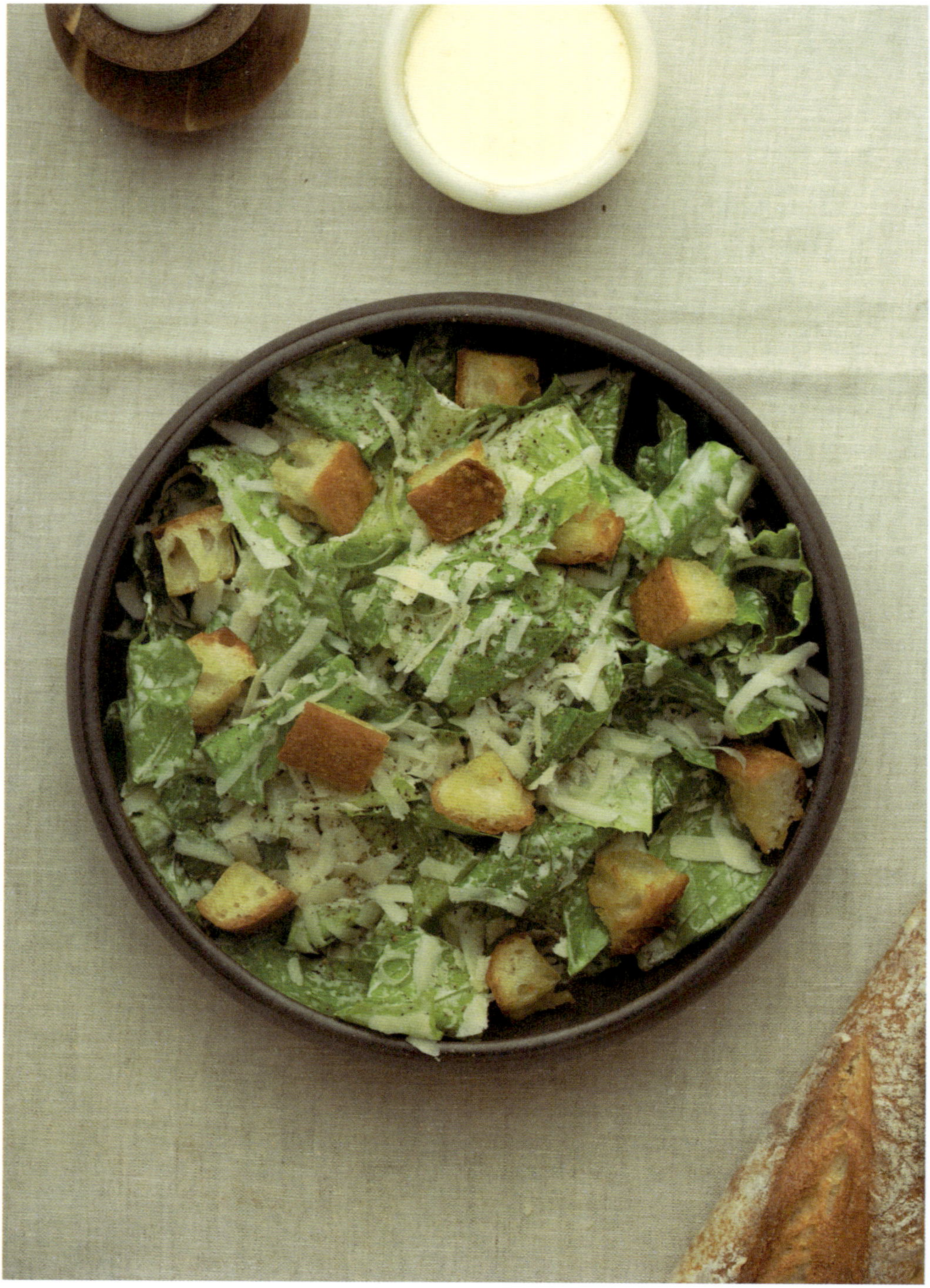

Salada caesar

RENDIMENTO: 2 porções como prato principal

- » 2 fatias de pão de forma
- » Azeite a gosto
- » Sal e pimenta-do-reino a gosto
- » 1 filé de frango cortado ao meio (opcional)
- » Suco de limão a gosto
- » 1 alface-romana
- » ½ xícara de parmesão ralado

1. Corte o pão em cubos e toste numa frigideira com azeite, sal e pimenta até ficar crocante. Se preferir, pode tostar no forno.
2. Reserve o pão e, na mesma frigideira, grelhe no azeite o frango temperado com sal, pimenta e limão.
3. Junte um pouco de água para criar vapor e ajudar a cozinhar por dentro.
4. Misture a alface com o molho apenas na hora de servir.
5. Sirva com o parmesão, cubos de pão tostado e filé de frango por cima.

O molho caesar tradicional pode ser feito com um *fouet* ou então no liquidificador ou mixer. A única diferença é que à mão usamos apenas a gema do ovo e no mixer ou liquidificador usamos o ovo inteiro para que emulsione corretamente.

- » 1 gema de ovo (método à mão) ou 1 ovo inteiro (liquidificador ou mixer)
- » 1 colher (chá) de mostarda dijon
- » 1 dente de alho pequeno ralado
- » Sal e pimenta-do-reino a gosto
- » 2 a 3 filés de aliche
- » ½ a ¾ de xícara de óleo neutro (quanto mais óleo, mais firme a maionese)
- » Suco de limão ou vinagre a gosto

1. Num liquidificador ou mixer (ou num pote, caso use só a gema), adicione o ovo, a mostarda, o alho, o sal, a pimenta e o aliche.
2. Bata para incorporar tudo. (Se estiver fazendo à mão, use um *fouet*).
3. Enquanto bate, comece a juntar o óleo em fio fino.
4. Bata até obter uma maionese homogênea.
5. Quando tiver incorporado todo o óleo e estiver na textura desejada, prove, ajuste o tempero e junte o limão ou vinagre, batendo de novo para misturar.

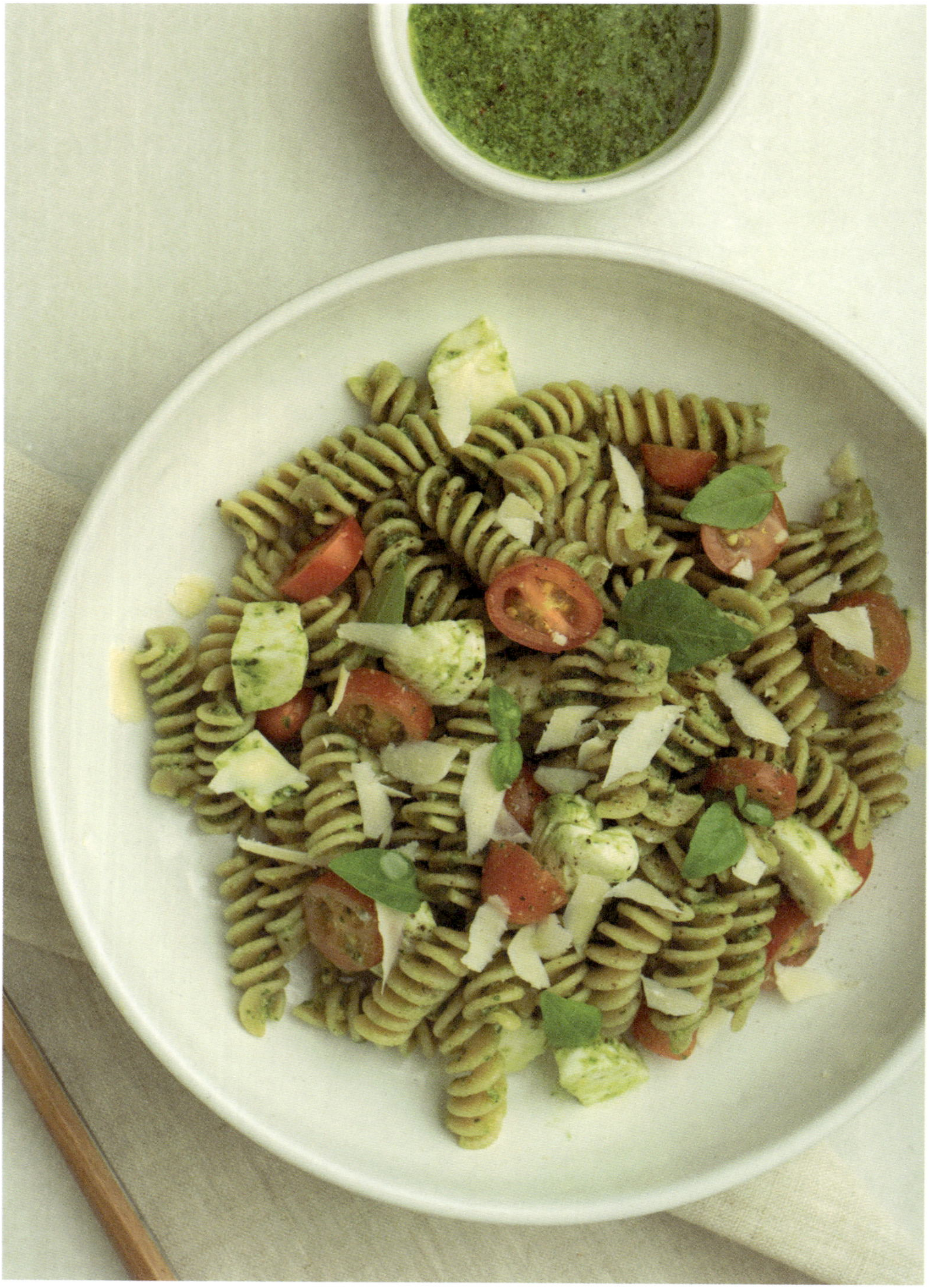

Salada de fusilli caprese com molho pesto

RENDIMENTO: 3 porções

PARA A SALADA
- 250 g a 300 g de fusilli integral
- 1 filé de frango (opcional)
- ½ limão
- Sal e pimenta-do-reino a gosto
- 1 colher (sopa) de azeite
- ¾ de xícara de tomates-cereja cortados ao meio
- ¾ de xícara de minimuçarela de búfala cortada ao meio
- Lascas de parmesão a gosto

PARA O MOLHO PESTO
- 1 xícara de manjericão
- 1 dente de alho ralado
- 1 colher (sopa) de pinoli
- ¼ de xícara de parmesão ralado
- 6 a 8 colheres (sopa) de azeite
- Suco de 1 limão
- Sal e pimenta-do-reino a gosto
- 2 colheres (sopa) de água gelada (opcional)

1. Numa panela, ferva água, tempere generosamente com sal e junte a massa (é importante esperar a água ferver antes de juntar o sal e a massa).

2. Cozinhe conforme as instruções do pacote. Quando estiver *al dente* (cozida, mas ainda com textura ao mastigar), escorra e passe por água gelada corrente para interromper o cozimento e esfriar a massa.

3. Tempere o filé de frango com sal, pimenta e limão. Caso queira, junte outros temperos, como orégano, pimenta calabresa, páprica etc.

4. Esquente bem uma frigideira com azeite, grelhe o frango dos dois lados e reserve. Comece com o fogo alto para caramelizar bem, mas, ao virar o frango, diminua um pouco o fogo para que o filé cozinhe por dentro também.

5. Para o molho pesto, junte todos os ingredientes num liquidificador ou processador e bata.

6. Prove e ajuste o tempero (sal, pimenta e limão).

7. Num pote, misture a massa e o molho pesto e transfira para o prato em que vai servir.

8. Corte o filé de frango em tiras e coloque por cima. Junte o tomate, a muçarela de búfala e as lascas de parmesão.

9. Finalize com folhas de manjericão, um fio de azeite e pimenta-do-reino.

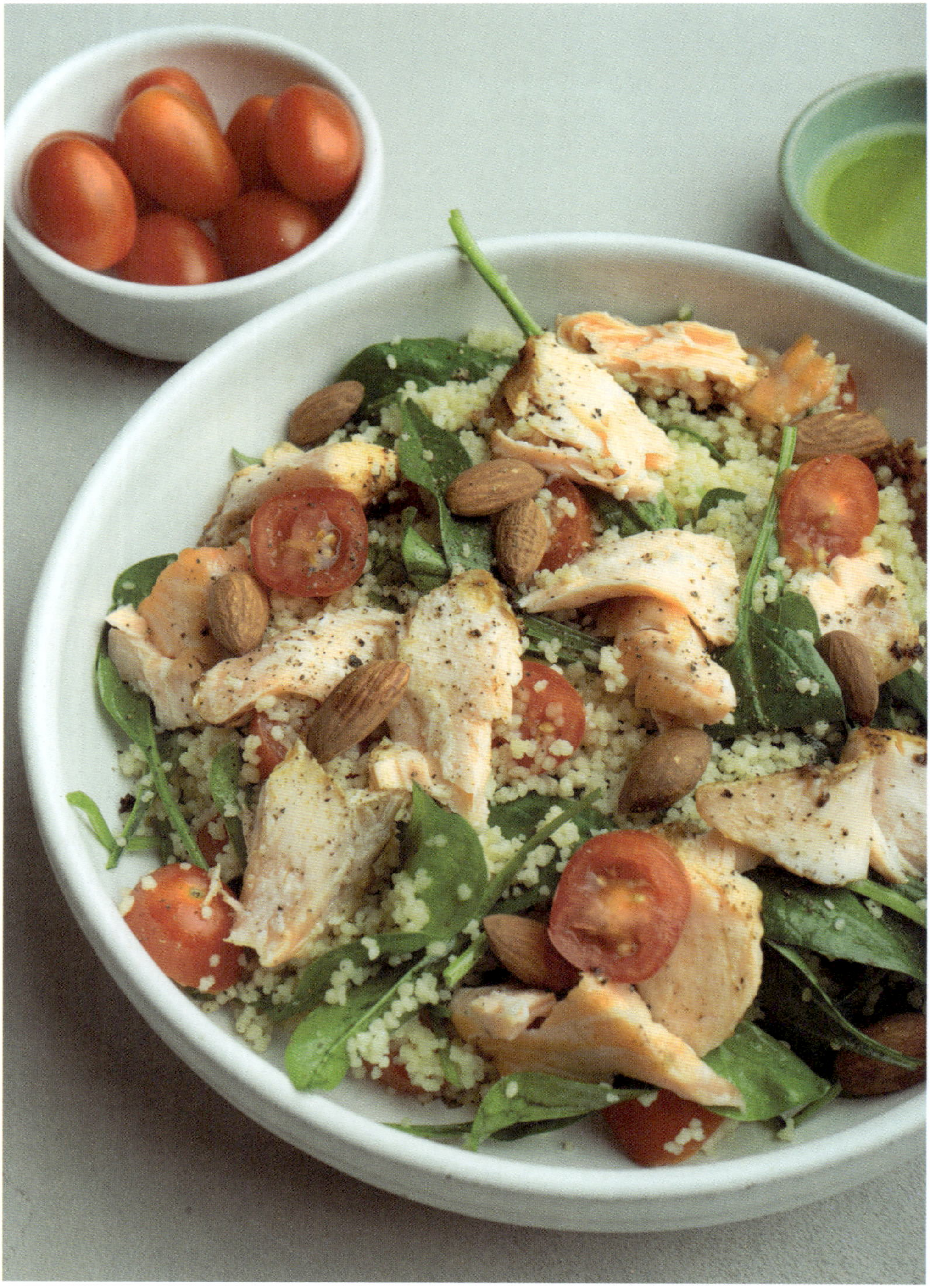

Salada de cuscuz com salmão e espinafre

RENDIMENTO: 2 porções

PARA A SALADA
» 100 g de cuscuz marroquino
» 1 dente de alho pequeno ralado (opcional)
» 1 colher (sopa) de manteiga (opcional)
» 100 ml de água fervente
» 150 g de salmão
» Sal e pimenta-do-reino a gosto
» ½ limão
» 1 colher (sopa) de azeite
» 3 xícaras de espinafre hidropônico baby
» 3 colheres (sopa) de amêndoas tostadas
» ½ xícara de tomates-cereja cortados ao meio

PARA O MOLHO
» 3 colheres (sopa) de azeite
» 1 colher (sopa) de suco de limão
» Sal e pimenta-do-reino a gosto
» ½ colher (chá) de curry (opcional)

1. Coloque o cuscuz em um pote com o alho ralado e a manteiga.
2. Despeje a água fervente sobre o cuscuz e abafe com um pano ou filme plástico por cerca de 5 minutos.
3. Tempere o salmão com sal, pimenta e limão.
4. Esquente bem uma frigideira com azeite, grelhe o salmão de todos os lados e reserve.
5. Para o molho, misture todos os ingredientes, jogue sobre o cuscuz já hidratado e misture.
6. Prove e ajuste o tempero do cuscuz.
7. Junte as folhas de espinafre e misture. Caso queira, reserve algumas para colocar por cima e decorar.
8. Transfira para o prato de servir e coloque por cima os tomates, as amêndoas e o salmão em lascas. Se preferir, sirva o filé de salmão inteiro.

No lugar do cuscuz, você pode usar quinoa, mas respeite as diferenças de cocção dos grãos. No lugar do salmão, pode usar atum, filé de frango ou camarão. No lugar do espinafre, rúcula ou agrião. No lugar das amêndoas, castanha-de-caju, castanha-do-pará etc.

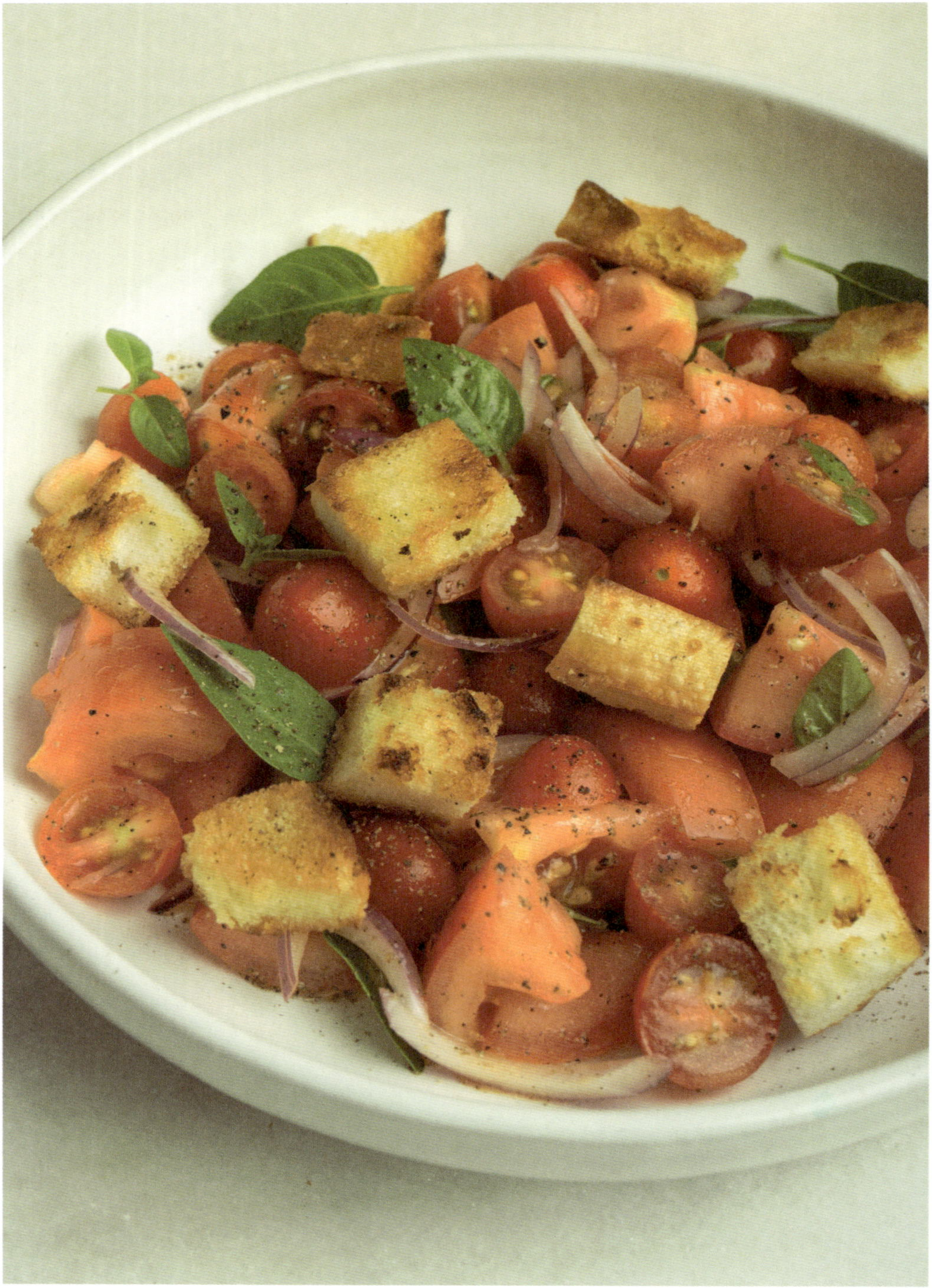

Panzanella

RENDIMENTO: 2 porções

- » 1 xícara de pão dormido cortado em cubos
- » 1 a 3 colheres (sopa) de azeite
- » ½ colher (chá) de mostarda
- » 1 colher (sopa) de limão
- » Sal e pimenta-do-reino a gosto
- » 4 tomates maduros cortados em cubos grandes
- » ¾ de xícara de tomates-cereja cortados ao meio
- » ½ cebola roxa pequena em meia-lua (se quiser, deixe de molho em água gelada)
- » Manjericão a gosto

Com pouquíssimos ingredientes, você faz essa salada simples mas com sabores extremamente complexos. O molho com mostarda traz uma picância para contrabalancear a doçura do tomate, enquanto o pão crocante oferece textura e sabor ao absorver o molho delicioso.

1. Toste o pão em 1 colher (sopa) de azeite na frigideira ou no forno até ficar crocante e dourado.
2. Em um pote, misture a mostarda, o limão, 2 colheres (sopa) de azeite, o sal e a pimenta.
3. Adicione os tomates e a cebola ao molho e mexa para incorporar.
4. Na hora de servir ou comer, junte o pão crocante e o manjericão.

110 | JULIANA GUEIROS

Niçoise

RENDIMENTO: 4 porções

PARA A SALADA
- 12 minibatatas
- 40 vagens
- 3 ovos
- 400 g de atum (fresco ou em conserva)
- 2 a 3 tomates grandes em cubos grandes ou 1 xícara de tomates-cereja cortados ao meio
- 1 cebola roxa em meia-lua ou rodelas
- ¼ de xícara de azeitona
- 3 colheres (sopa) de alcaparra

PARA O MOLHO
- 3 colheres (sopa) de azeite
- 2 colheres (sopa) de vinagre ou suco de limão
- 1 colher (chá) de mostarda
- 2 colheres (sopa) de iogurte ou maionese
- Sal e pimenta-do-reino a gosto

A verdadeira definição de salada como refeição. Proteína, legume, carboidrato — essa salada tem tudo. Robusta e completa. Amo servir em um prato grande com os componentes separados, evidenciando os diferentes ingredientes e cores do preparo.

1. Para o molho, misture o azeite, o vinagre ou limão, a mostarda, o iogurte ou maionese e tempere com sal e pimenta.
2. Cozinhe as batatas em água com sal até ficarem macias.
3. Cozinhe a vagem em água já fervente por 2 a 3 minutos até que estejam *al dente*.
4. Cozinhe o ovo em água já fervente por 10 minutos, escorra e descasque.
5. Se estiver usando atum fresco, sele em uma frigideira quente com um fio de azeite até ficar dourado dos dois lados e semicru por dentro. Em seguida, fatie.
6. Tempere as batatas cozidas e o tomate com o vinagrete (se servir separadamente, tempere separadamente).
7. Monte o prato.
8. Regue o restante do molho por cima e sirva.

Se quiser, pode adicionar folhas.

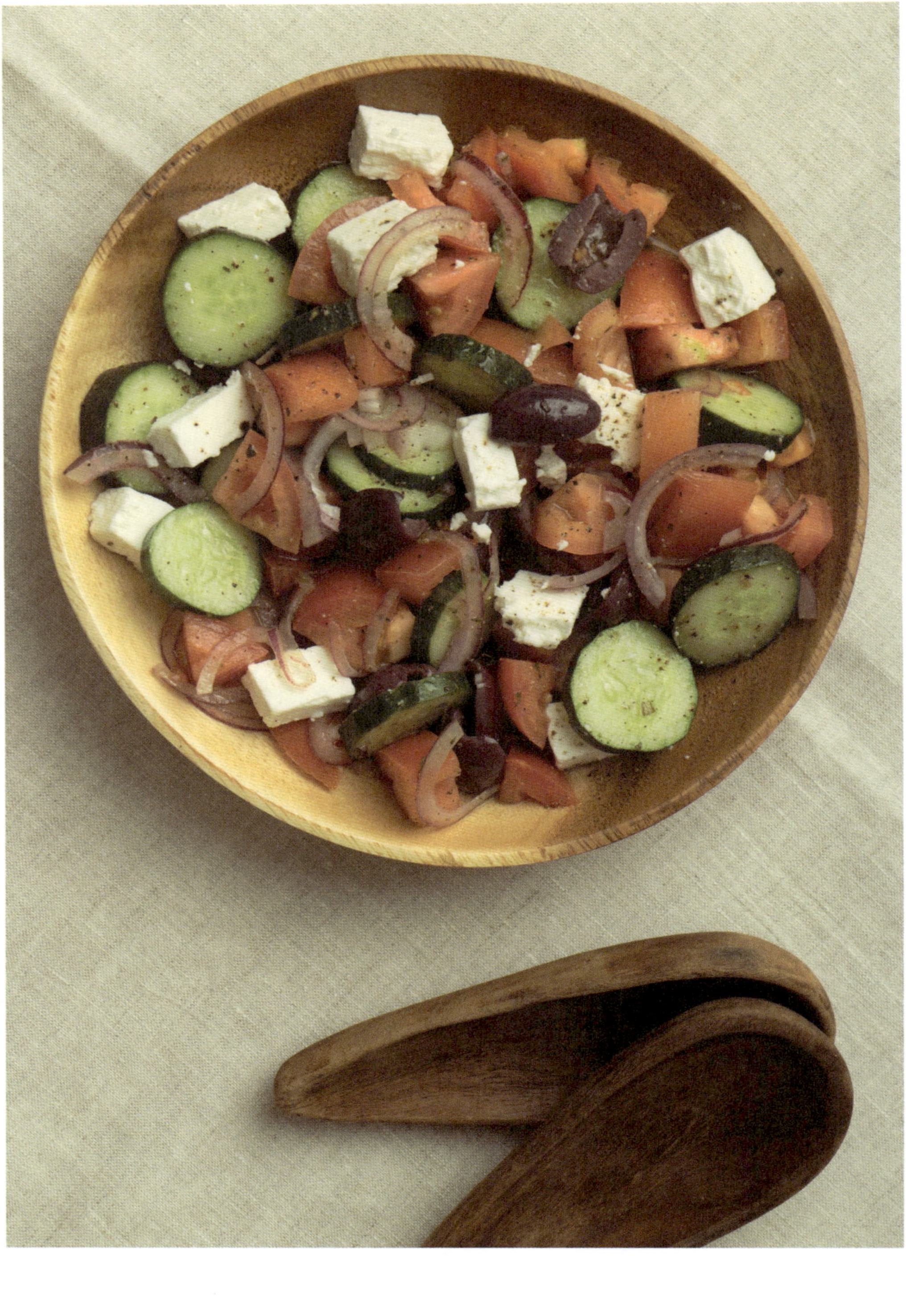

Grega

RENDIMENTO: 4 porções

PARA O MOLHO

» 2 colheres (sopa) de vinagre de vinho tinto
» 1 dente de alho pequeno ralado
» Sal e pimenta-do-reino a gosto
» Orégano a gosto
» ¼ de xícara de azeite

PARA A SALADA

» 3 tomates maduros em pedaços (cortados ao meio e depois cada metade em 4)
» 1 pepino em meia-lua ou rodelas
» ½ xícara de azeitona
» ½ cebola roxa em meia-lua
» 100 g de queijo feta em blocos ou cubos grandes (a tradicional nunca leva o queijo despedaçado)

Refrescante e poderosa: é o que sinto quando penso na salada grega. Uma salada bem simples, mas que une diversos sabores fortes que, juntos, se equilibram e se amenizam. Confesso que não sou a maior fã de pimentão verde, por isso vou omiti-lo nesse clássico. O queijo cremoso e salgado, os tomates doces e o pepino refrescante e crocante são a garantia de uma salada deliciosa e harmoniosa.

1. Misture todos os ingredientes do molho.
2. Junte os ingredientes da salada em um prato e regue com o molho.

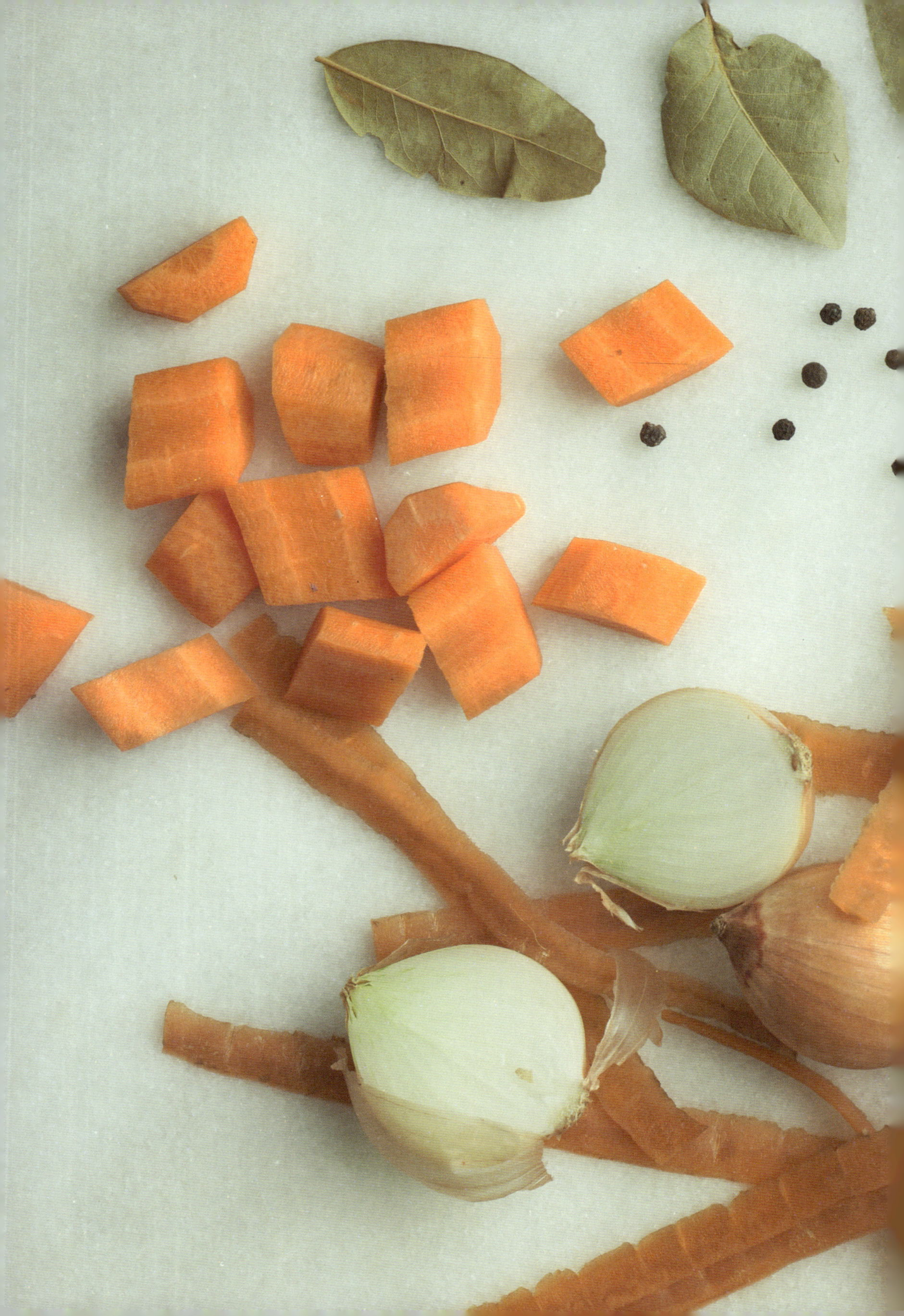

4. Caldos caseiros

Vou ensinar quatro tipos de caldo para você: frango, carne, peixe e legumes.

CALDOS SÃO UMA PEÇA FUNDAMENTAL NA CULINÁRIA FRANCESA. Nada mais são do que uma "água aromatizada" com carne e/ou legumes e algumas ervas. São geralmente a base de sopas, risotos, ensopados, e muitas vezes utilizados para fazer ou finalizar molhos.

Até finalizarmos um prato, passamos por várias etapas, como marinar, grelhar, refogar, e a verdade é que cada etapa serve para ir incorporando sabor ao preparo. Com os caldos não é diferente: trata-se de mais um processo, uma nova etapa para trazer mais sabor ao resultado final. Mas, na maioria das receitas que "pedem" caldo, você pode substituir por água, sim. A maior diferença? Menos sabor.

Os caldos incorporam sabor e nutrientes, mas não deixo de fazer uma sopa no frio por falta de caldo no freezer. Por que estou dizendo isso? Porque as receitas deveriam servir de inspiração, de guia, e não de certeza imutável. Na maior parte das receitas, podemos adaptar e diversificar. É claro que não vamos fazer um suflê sem ovos, mas uma sopa sem caldo pode ficar deliciosa! Inclusive, acho melhor utilizar água num preparo do que um caldo industrializado cheio de conservantes e sódio.

Tradicionalmente, existem dois tipos de caldo: os "claros" e os "escuros". Os caldos claros são aqueles em que os ingredientes são incorporados à água e cozinham lentamente sem terem sido refogados ou assados previamente. São muito comuns na culinária clássica por terem uma cor "clara" e, por isso, podem ser acrescentados em diversos preparos "sem deixar rastro" ou "cor". Pode parecer besteira para a maioria de nós que cozinhamos em casa, mas a alta gastronomia pensa nesses mínimos detalhes.

Há também os caldos "escuros", que são os meus favoritos. Quando assamos os ossos de um frango ou refogamos legumes, estamos extraindo sabor dos ingredientes. Estamos soltando o açúcar natural dos alimentos, caramelizando e, consequentemente, criando mais camadas de sabor. Por isso, em 99% das vezes, opto por caldos escuros.

Vou ensinar quatro tipos de caldo para você: frango, carne, peixe e legumes. Muita gente gosta de colocar legumes nos caldos de carne ou frango, mas trabalhei em um restaurante em Paris cujo chef dizia que caldo de frango deveria ter gosto de frango, não de legumes, então acabei me acostumando com essa ideia.

Regras gerais

- Não ferva vigorosamente seu caldo. Quando começar a ferver, deixe no fogo baixo. Se fervemos muito, acabamos "destroçando" os ossos e liberamos impurezas que deixam o caldo turvo.
- Com o auxílio de uma escumadeira, tire as impurezas da superfície do caldo regularmente.
- Use uma panela grande com fundo grosso, para distribuir calor de maneira uniforme.
- Caldos podem ser feitos tanto na panela de pressão quanto em uma panela normal.
- Os caldos "escuros" devem ser feitos, de preferência, em panelas de inox ou cerâmica, pois os açúcares naturais dos alimentos douram melhor.
- Para os caldos de carne e frango, quanto mais você cozinhar em fogo baixo, mais sabor e colágeno extrairá dos ossos. Se cozinhar por mais de 6 horas, por exemplo, o resultado será bem gelatinoso e concentrado.
- Na culinária francesa, acredita-se que os caldos não devem ser salgados até a hora de serem usados, para que sejam temperados de acordo com o preparo. Muitos caldos são reduzidos significativamente (para finalização de molhos, por exemplo), deixando grande parte da água evaporar. Se, por exemplo, tivermos 1 litro de caldo bem temperado com sal e reduzirmos esse caldo até chegar a 100 ml, o resultado do prato será salgado; afinal, a quantidade de sal para temperar 1 litro deve ser 10 vezes maior do que para 100 ml.

Como armazenar

Depois que seu caldo estiver pronto, peneire e deixe esfriar completamente. Quando estiver em temperatura ambiente, transfira para a geladeira. Como os caldos de carne e frango podem ser mais gordurosos, a gordura deles "sobe" após a refrigeração. Se quiser, pode raspar a superfície.

Meus caldos duram de 3 a 5 dias, mas varia muito da temperatura de cada geladeira, do

Lembre-se de não encher o pote até o topo: deixe 1 dedo de margem, pois o líquido expande no freezer e o pote pode estourar se estiver muito cheio.

número de vezes que abrimos a porta e até do quanto ela está cheia. Por isso, recomendo sempre usar seus sentidos para ver, cheirar e provar o caldo antes de usá-lo.

Outra opção é deixar o caldo ficar bem concentrado, isto é, cozinhá-lo por bastante tempo. Minha sugestão é colocar esse caldo concentrado em fôrmas de gelo e congelar. Quando for usar, basta desenformar um "cubo de gelo" e juntar água fervente para completar a quantidade necessária.

O caldo pode ser usado em risotos e sopas, ao cozinhar grãos como quinoa, cuscuz, arroz, feijão e em molhos como madeira, *beurre blanc* etc.

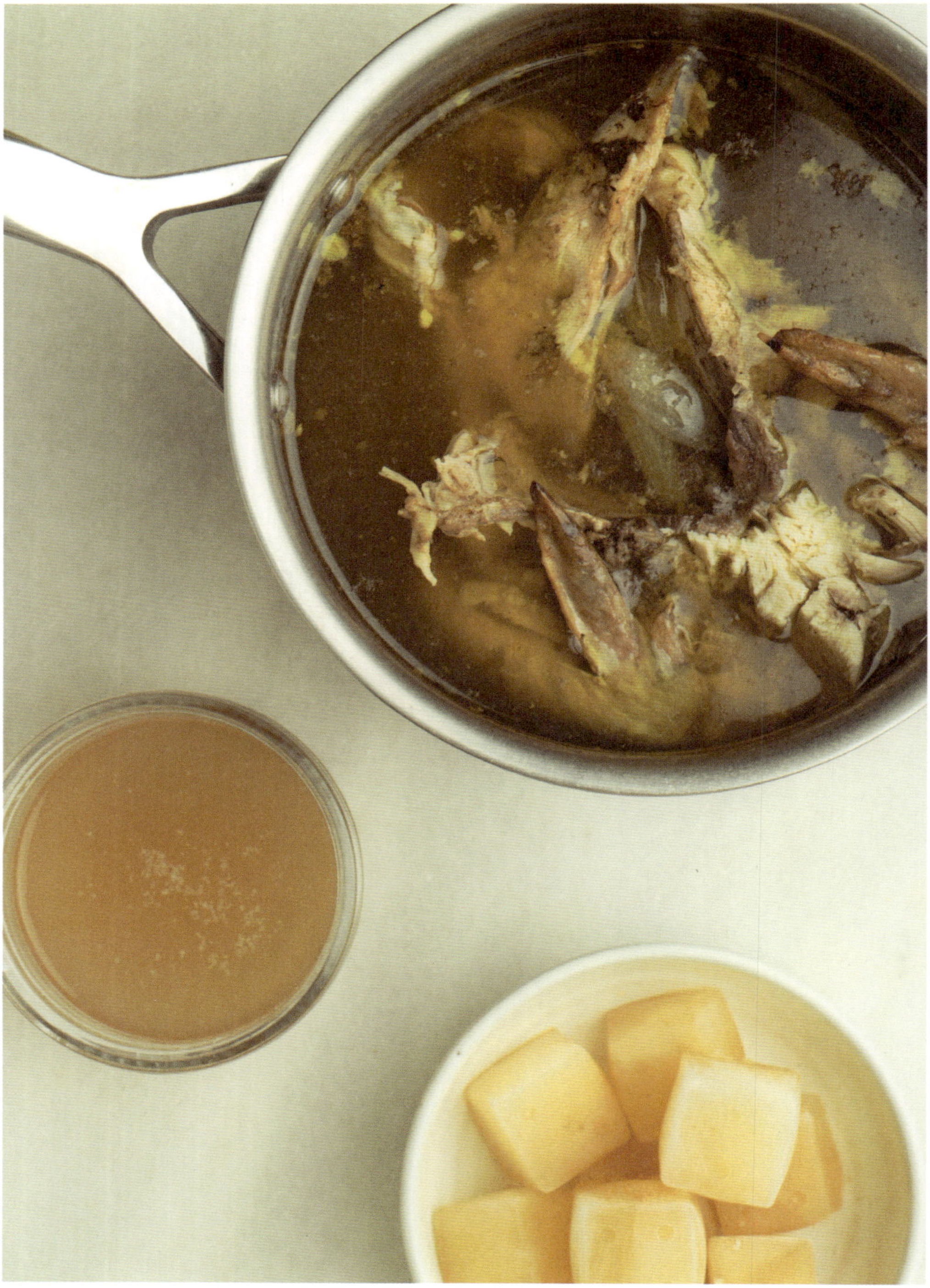

Caldo de frango ou de carne

» Ossos de 1 frango inteiro (nesse caso, você também pode usar apenas as asas, as aparas, os pés, o pescoço etc.) ou 1 kg de ossos de vaca ou aparas de carne
» 1 colher (sopa) de azeite (se for refogar)
» 1 cebola picada grosseiramente
» 1 colher (chá) de extrato de tomate (opcional)
» 4 dentes de alho (levemente amassados com a faca)
» Louro e tomilho a gosto
» Pimenta-do-reino em grãos a gosto
» Legumes, por exemplo, 1 cenoura e 1 pedaço de aipo (opcionais)

1. Comece assando ou refogando os ossos; caso decida assá-los, coloque-os em uma travessa e leve ao forno preaquecido a 200°C até que estejam bem caramelizados e dourados. Caso vá refogá-los, esquente o azeite em uma panela grande e funda e junte os ossos no fogo alto, mexendo de vez em quando para que fiquem bem caramelizados.
2. Caso tenha assado os ossos, transfira-os para uma panela.
3. Abaixe o fogo e junte a cebola, que, por conta da água, vai ajudar a soltar todo o caramelizado do fundo da panela, incorporando ainda mais sabor ao molho.
4. Quando a cebola estiver translúcida, acrescente o alho, as ervas, a pimenta, os legumes e o extrato de tomate (caso esteja utilizando) e refogue por 1 minuto.
5. Cubra com água fria e espere começar a ferver. Abaixe o fogo para o mínimo e deixe cozinhar lentamente por pelo menos 2 horas (quanto mais tempo cozinhar, mais sabor vai extrair dos ingredientes).
6. Quando o caldo estiver pronto, peneire e descarte os ossos e os legumes.
7. Transfira para potes próprios para geladeira/freezer e deixe chegar à temperatura ambiente antes de armazenar.

Caldo de legumes

- » 1 colher (sopa) de azeite
- » 2 cebolas cortadas grosseiramente
- » 4 dentes de alho (levemente amassados com a faca)
- » Louro e tomilho a gosto
- » Pimenta-do-reino em grãos a gosto
- » 2 cenouras
- » 2 pedaços de aipo

1. Esquente o azeite em uma panela grande e funda.
2. Adicione a cebola, o alho, o louro, o tomilho, a pimenta em grãos e os legumes e refogue por uns 5 minutos.
3. Cubra com água fria e leve ao fogo médio.
4. Assim que ferver, abaixe o fogo para o mínimo e cozinhe em fogo baixo por 1 hora (vale lembrar que, no caso do caldo de legumes, não é preciso cozinhar mais do que isso).
5. Quando o caldo estiver pronto, peneire e descarte os legumes.
6. Transfira para potes próprios para geladeira/freezer e deixe chegar à temperatura ambiente antes de armazenar.

Caldo de peixe ou camarão

- » 1 kg de espinha e sobras de peixe (peça no seu peixeiro) ou 1 kg de casca de camarão
- » 1 colher (sopa) de azeite
- » 1 cebola picada grosseiramente
- » 4 dentes de alho (levemente amassados com a faca)
- » Louro e tomilho a gosto
- » Pimenta-do-reino em grãos a gosto
- » Legumes, por exemplo, 1 cenoura e 1 pedaço de aipo (opcionais)
- » ¼ de xícara de vinho branco ou conhaque (opcional)

1. Lave bem as espinhas de peixe ou as cascas de camarão e deixe de molho em água gelada por uns 15 minutos.
2. Esquente o azeite em uma panela grande e funda.
3. Junte as espinhas de peixe ou as cascas de camarão e refogue.
4. Adicione a cebola, o alho, o louro, o tomilho, a pimenta em grãos e os legumes e refogue por uns 5 minutos.
5. Junte o vinho ou o conhaque e deixe evaporar completamente.
6. Cubra com água fria e leve ao fogo médio.
7. Assim que ferver, abaixe o fogo para o mínimo e cozinhe em fogo baixo por 20 minutos (mais do que isso, o caldo pode ficar amargo).
8. Quando o caldo estiver pronto, peneire e descarte os sólidos.
9. Transfira para potes próprios para geladeira/freezer e deixe chegar à temperatura ambiente antes de armazenar.

Caldo de frango "reaproveitado"

» 2 xícaras de ossos de frango (ou o que sobrou do frango assado ou das sobrecoxas assadas)
» Água
» Alho a gosto (opcional)
» Louro e tomilho a gosto (opcional)

Apesar de menos "tradicionais", os caldos "reaproveitados" são com certeza os que eu mais faço e uso. Toda vez que faço frango assado, seja ele inteiro ou em pedaços, aproveito os ossos e o caramelizado da assadeira para fazer esse caldo "improvisado".

1. Raspe bem o fundo da assadeira com água e despeje em uma panela grande.
2. Adicione os ossos, o alho, as ervas e cubra com água.
3. Quando ferver, abaixe o fogo para o mínimo e deixe cozinhar lentamente por pelo menos 1 hora.
4. Quando o caldo estiver pronto, peneire e descarte os ossos.
5. Transfira para potes próprios para geladeira/freezer e deixe chegar à temperatura ambiente antes de armazenar.

Caldo de legumes "reaproveitado"

» 3 xícaras de aparas de legumes
» 2 litros de água
» Alho a gosto (opcional)
» Louro e tomilho a gosto (opcional)

Sabe aquela ponta da cebola, da cenoura ou do aipo que você não utiliza nas receitas? Guarde todas elas em um pote no freezer e vá juntando conforme forem sobrando. Quando tiver uma quantidade boa, aproveite essas aparas para fazer esse caldo.

1. Em uma panela grande, junte as aparas e cubra com água.
2. Quando ferver, abaixe o fogo para o mínimo e deixe cozinhar lentamente por 30 a 40 minutos.
3. Quando o caldo estiver pronto, peneire e descarte os legumes.
4. Transfira para potes próprios para geladeira/freezer e deixe chegar à temperatura ambiente antes de armazenar.

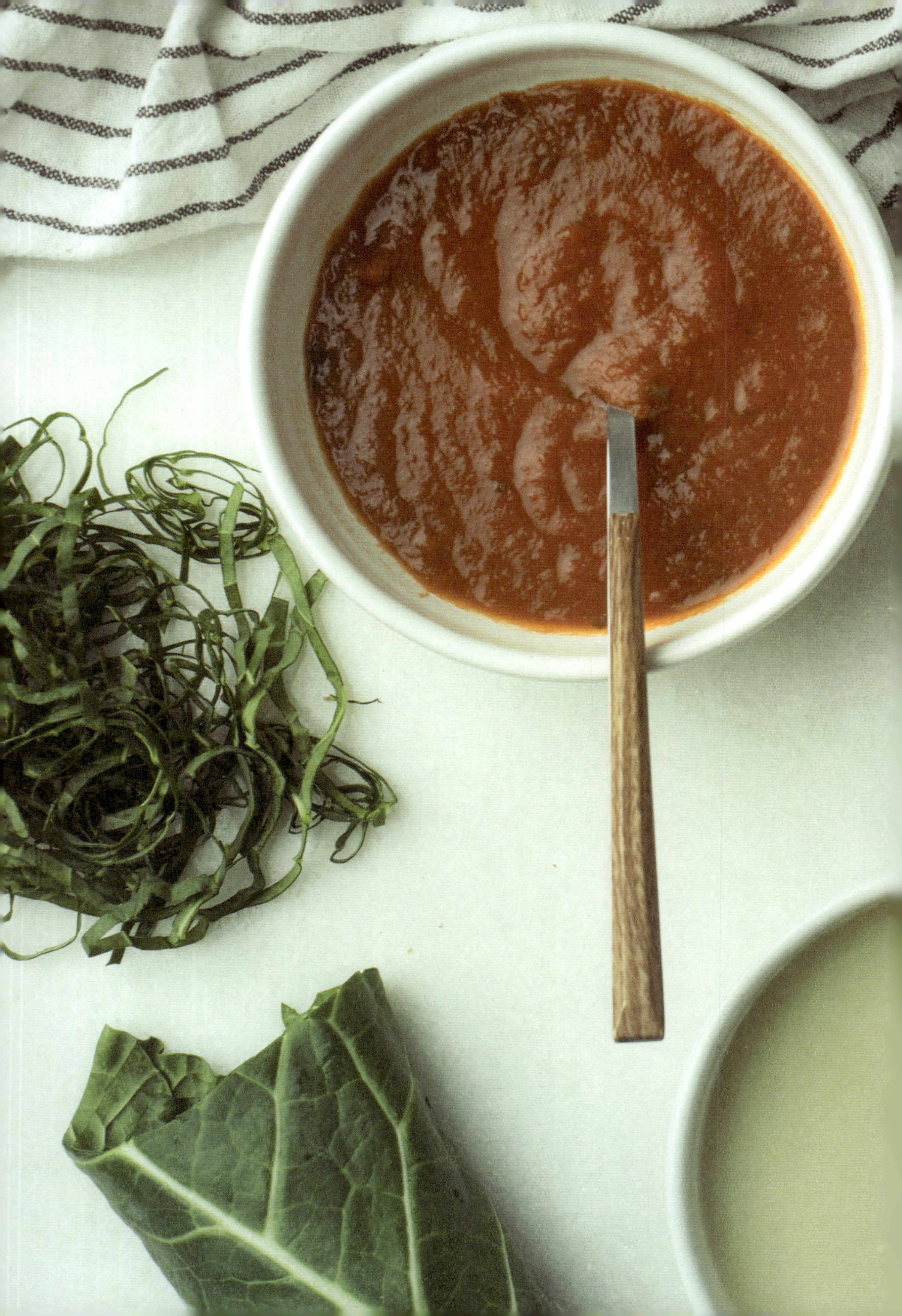

5. Sopas

Vou falar brevemente das sutilezas entre as principais, mas em termos gerais temos dois "tipos": as sopas "ralas" e as sopas "grossas" ou cremosas.

O QUE FALAR DE SOPA? Além de ser uma ótima opção de prato único repleto de sabor, muitas vezes é feita em uma panela só e pode ser preparada com antecedência. O que mais podemos querer? Existem milhares de tipos de sopa com grandes e minuciosas variações entre elas. Vou falar brevemente das sutilezas entre as principais, mas em termos gerais temos dois "tipos": as sopas "ralas" e as sopas "grossas" ou cremosas.

As **sopas ralas** são à base de caldos "ralos" e não contêm espessantes. Na França, pensamos imediatamente na sopa de cebola ou no *bouillabaisse*; na Itália, vem à mente o famoso minestrone; o Japão concorre com seu tradicional ramen; e o Brasil entra no páreo com a canja.

Dentro do universo de sopas tipo "caldo", temos dois caminhos: podemos juntar os ingredientes para cozinharem no caldo e **infundi-lo** com sabores, ou podemos começar **refogando** ingredientes e depois juntar o caldo. Ambas as formas são válidas e dão resultados incríveis.

As **sopas cremosas** têm mais subcategorias, como **purê**, *velouté*, **bisque**, **creme**... Na teoria, as sopas cremosas têm regras bastante específicas, mas, na prática, dificilmente nos atentamos se nossa sopa é um creme ou um *velouté*, por exemplo. Dito isso, vale ressaltarmos as principais diferenças apenas para conhecimento técnico.

- A sopa **purê** fica cremosa porque os ingredientes são batidos ou processados após serem cozidos.
- À sopa *velouté* é acrescentado um *roux*, uma mistura de farinha e manteiga, para garantir uma textura cremosa (falaremos a respeito mais à frente).
- O **bisque** é uma sopa geralmente à base de frutos do mar engrossada com creme *fraîche*.
- Já o **creme** sempre tem leite e/ou creme de leite. Ele pode ser espessado com uma mistura de farinha, manteiga e leite, formando tipo um bechamel, ou pode ser feito com os ingredientes processados e finalizado com creme de leite.

Vou começar pelas sopas claras "**infundidas**", que muitas vezes têm um sabor mais perfumado, aromático, do que as sopas "**refogadas**".

Meu primeiro exemplo é uma das minhas sopas favoritas, principalmente pelo sabor (mas sem dúvida pela praticidade também). Eu chamo de sopa thai, mas tenho plena consciência de que se trata da minha releitura do preparo, pois incorpora sabores e ingredientes de mais fácil acesso, que costumo ter em casa.

Como aprendemos a fazer caldos deliciosos ainda há pouco, vamos aproveitá-los em nossas sopas. Mas lembre-se: também podemos utilizar água no lugar do caldo.

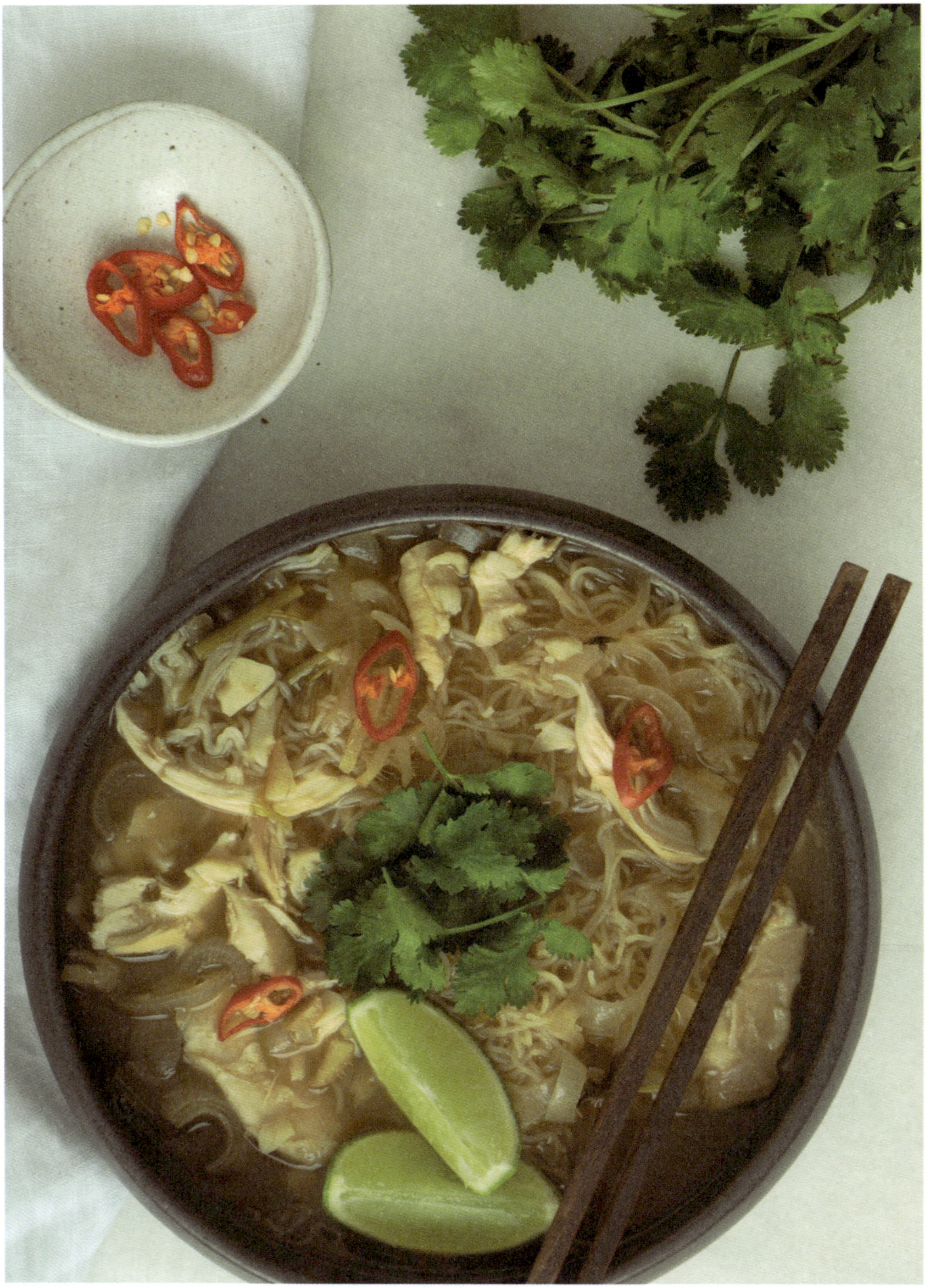

Sopa thai

RENDIMENTO: 2 a 3 porções

- » 4 sobrecoxas de frango ou 2 filés de frango (sem pele, com ou sem osso; eu sempre prefiro sobrecoxa, pois acho mais saborosa e macia)
- » Suco de ½ limão
- » Sal a gosto
- » 1 cebola grande cortada em meia-lua grosseiramente
- » 5 dentes de alho sem casca levemente amassados
- » ½ pimenta dedo-de-moça a gosto (opcional)
- » 1 colher (sopa) de gengibre cortado grosseiramente
- » 1 maço de coentro ou salsinha, com talos e folhas separados (para quem gosta, o coentro faz toda a diferença)
- » 1 litro de caldo de frango
- » 100 ml de leite de coco
- » ¼ de xícara de molho shoyu
- » 70 g de macarrão de arroz

1. Numa panela funda, ainda com o fogo desligado, coloque as sobrecoxas de frango.
2. Tempere com suco de limão e sal.
3. Junte por cima a cebola, o alho, a pimenta, o gengibre e os talos do coentro.
4. Adicione o caldo de frango por cima e ligue o fogo médio.
5. Assim que ferver, abaixe o fogo e cozinhe por uns 30 minutos.
6. Junte o leite de coco e o molho shoyu e cozinhe por mais uns 15 minutos.
7. Prove e ajuste o tempero.
8. Retire o frango da panela e desfie grosseiramente.
9. Eu amo os pedaços de cebola, alho, gengibre etc. que infundiram nosso caldo e agregaram textura ao preparo, mas, se você quiser, pode peneirá-los.
10. Hidrate o macarrão de arroz de acordo com a embalagem. Eu geralmente coloco num pote, jogo água fervente por cima e deixo hidratar por alguns minutos, mexendo de vez em quando com uma pinça.
11. Para a montagem, coloque o macarrão de arroz na base da tigela, um pouco de molho shoyu, uns pedaços do frango desfiado e sirva o caldo por cima. Finalize com umas folhas de coentro frescas e mais pimenta (para quem gostar).

O frango pode ser substituído por camarão ou cogumelos, a serem incorporados perto do fim do preparo. Se quiser, acrescente legumes nos últimos momentos de cocção, como cenoura e ervilha-torta. Se preferir, em vez do macarrão de arroz, use arroz e transforme essa receita em uma variação "thai" de canja.

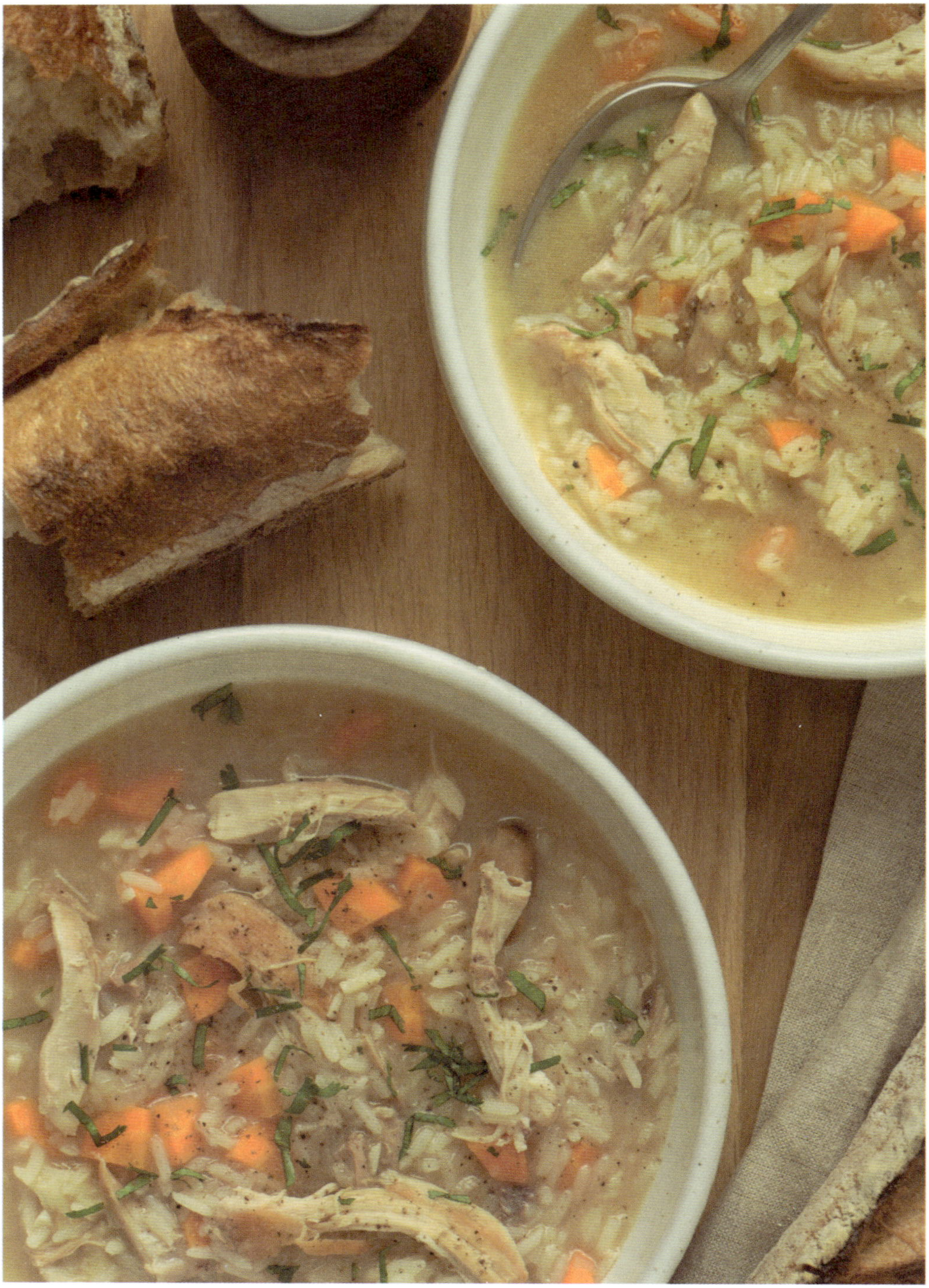

Canja

RENDIMENTO: 2 a 3 porções

- » 4 sobrecoxas de frango ou 2 filés de frango (sem pele, com ou sem osso; vamos desfiar no final)
- » Sal a gosto
- » Suco de ½ limão
- » 1 colher (sopa) de azeite
- » 1 cebola pequena picada
- » 2 dentes de alho picados
- » 1 litro de caldo de frango ou água (junte mais se precisar)
- » ½ xícara de arroz
- » 2 cenouras cortadas em *paysanne*
- » 1 colher (sopa) de salsinha ou coentro picado
- » Sal e pimenta-do-reino a gosto

Que minha mãe me ensinou a cozinhar não é novidade, e tempero de mãe é único em nossos corações, mas nessa receita eu insisto que a minha variação é melhor, e ela insiste na dela (coisa que ela não costuma fazer!). O pior é que, escrevendo isso, me dei conta de que nem sei qual é a diferença entre as nossas canjas!

1. Tempere o frango com sal e limão.
2. Esquente o azeite na panela e doure o frango em fogo alto.
3. Quando estiver dourado de um lado, vire para dourar do outro.
4. Depois que os dois lados estiverem dourados, abaixe o fogo para médio-baixo e junte a cebola picada.
5. Refogue a cebola por uns 3 minutos (ela vai absorver um pouco da caramelização do fundo da panela).
6. Adicione o alho e refogue por 30 segundos.
7. Junte o caldo de frango ou água e cozinhe por uns 15 minutos. Caso esteja usando filé de frango, pode juntar o arroz logo antes do caldo, pois o arroz e o filé vão cozinhar mais ou menos no mesmo tempo.
8. Junte o arroz, tempere com sal, adicione mais água (se necessário, pois vale lembrar que o arroz vai absorver parte da água, então é importante ter o suficiente) e cozinhe por uns 10 minutos.
9. Acrescente a cenoura picada e cozinhe por mais 5 minutos ou até que o arroz e a cenoura estejam no ponto.
10. Retire o frango da panela e desfie grosseiramente para tirar do osso.
11. Volte à panela, ajuste o tempero e finalize com salsinha ou coentro.

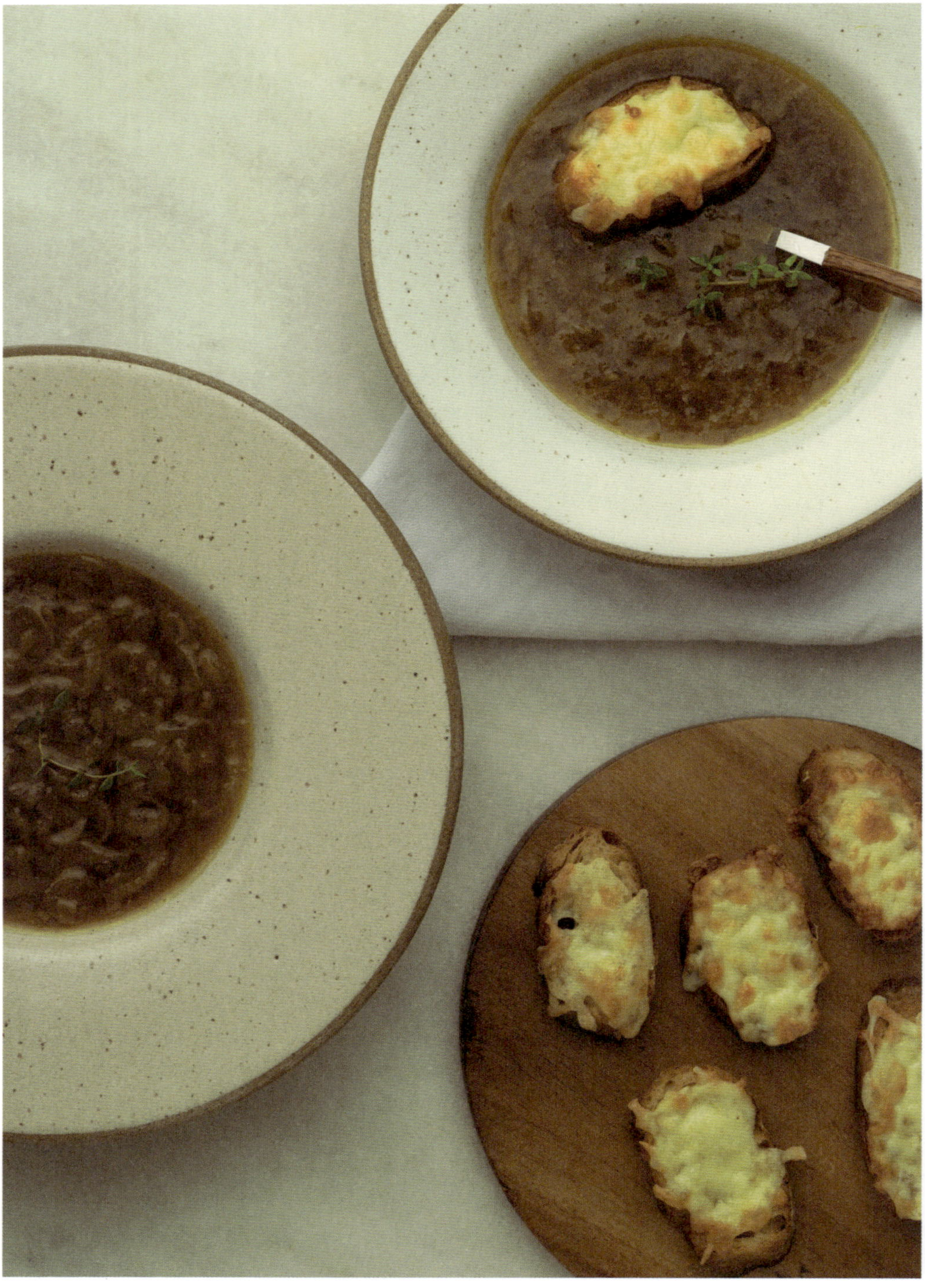

Sopa de cebola

RENDIMENTO: 2 a 3 porções

- » 3 colheres (sopa) de manteiga
- » 4 cebolas médias cortadas em meia-lua
- » ¼ de xícara de vinho branco seco
- » 1 colher (sopa) de farinha de trigo
- » 1 litro de caldo de carne ou frango
- » 1 folha de louro (opcional)
- » 1 ramo de tomilho (opcional)
- » Sal e pimenta-do-reino a gosto

Se a canja é um clássico da culinária brasileira, a sopa de cebola é um patrimônio histórico francês. Com poucos ingredientes e uma pitada de paciência, você prepara uma sopa digna de qualquer bistrô de Paris.

1. Refogue a cebola na manteiga em fogo médio-baixo por 15 a 20 minutos ou até que a cebola fique dourada e macia.
2. Junte o vinho branco e deixe reduzir até a metade.
3. Adicione a farinha de trigo e cozinhe por uns 30 segundos.
4. Acrescente o caldo, o louro e o tomilho.
5. Tempere com sal e pimenta.
6. Cozinhe em fogo baixo com a panela semitampada por 30 minutos.
7. Ajuste o tempero.

O pão gratinado por cima da sopa, que muitos consideram o charme do preparo, não é obrigatório, mas é fortemente recomendado! Aqui vai depender da sua preferência: tem gente que gosta de colocá-lo por cima da sopa, o que deixa a parte de baixo mais molinha e o topo gratinado, e tem gente que prefere que a torrada crocante acompanhe a sopa.

PARA O PÃO GRATINADO
- » Baguete (de preferência, rústica)
- » Azeite
- » Gruyère ou emmental ralado grosso (ou outro queijo que derreta bem)

1. Corte a baguete em fatias de 1 dedo de espessura.
2. Regue com azeite e leve ao forno preaquecido a 200°C por uns 10 a 15 minutos para torrar.
3. Coloque o pão torrado por cima da sopa em uma panela que seja própria para o forno ou, se preferir, continue com o pão em um tabuleiro.
4. Junte o queijo por cima e volte ao forno por mais 5 a 10 minutos.

Agora que já exploramos o mundo das sopas **ralas**, vamos mergulhar de cabeça nas sopas **cremosas**. Sendo muito sincera, as poucas vezes que fiz *velouté* ou **bisque** foram na faculdade de gastronomia. São deliciosas, mas não são o tipo de sopa que me acostumei a fazer em casa. Prefiro variar entre **purês** e **cremes**, e muitas vezes acabo transformando um purê num creme apenas adicionando creme de leite na hora de finalizar.

Agora que já sabemos a teoria e as classificações por trás das sopas, vou dividir com você algumas das minhas receitas favoritas sem me preocupar em preencher todas as categorias.

As sopas batidas nos apresentam uma infinidade de combinações e possibilidades, então aproveite para brincar e descobrir novos sabores. Basta nos atentarmos à combinação de ingredientes de modo a sempre ter um elemento que dará cremosidade. Se não for batata ou couve-flor, que seja creme de leite ou um legume bem cozido e batido.

Creme de cogumelos trufados

RENDIMENTO: 2 a 3 porções

- » 1 colher (sopa) de manteiga
- » 1 cebola pequena picada
- » 400 g de cogumelos portobello e/ou paris cortados ao meio
- » Sal e pimenta-do-reino a gosto
- » Tomilho a gosto (opcional)
- » 1 litro de caldo de legumes ou frango ou de água
- » ½ xícara de creme de leite fresco
- » 1 colher (chá) de azeite trufado

Cogumelos são ingredientes esponjosos que facilmente beiram o "aguado". Por isso, sinto que o creme de leite complementa muito bem essa sopa para deixá-la aveludada, além de saborosa. Vamos dar uma bossa com azeite trufado, que, sinceramente, não sou muito de usar, mas na medida certa pode contribuir demais para alguns preparos.

1. Refogue a cebola na manteiga até ficar translúcida.
2. Junte os cogumelos e envolva-os na manteiga.
3. Tempere com sal, pimenta e tomilho.
4. Refogue por uns 2 minutos antes de adicionar o caldo ou a água.
5. Deixe cozinhar em fogo médio-baixo até que os cogumelos estejam macios.
6. Retire o tomilho, bata a mistura no liquidificar e volte para a panela.
7. Adicione o creme de leite fresco e ajuste o tempero.
8. Finalize com o azeite trufado e sirva.

Se quiser deixar essa sopa ainda mais saborosa, substitua o creme de leite por mascarpone.

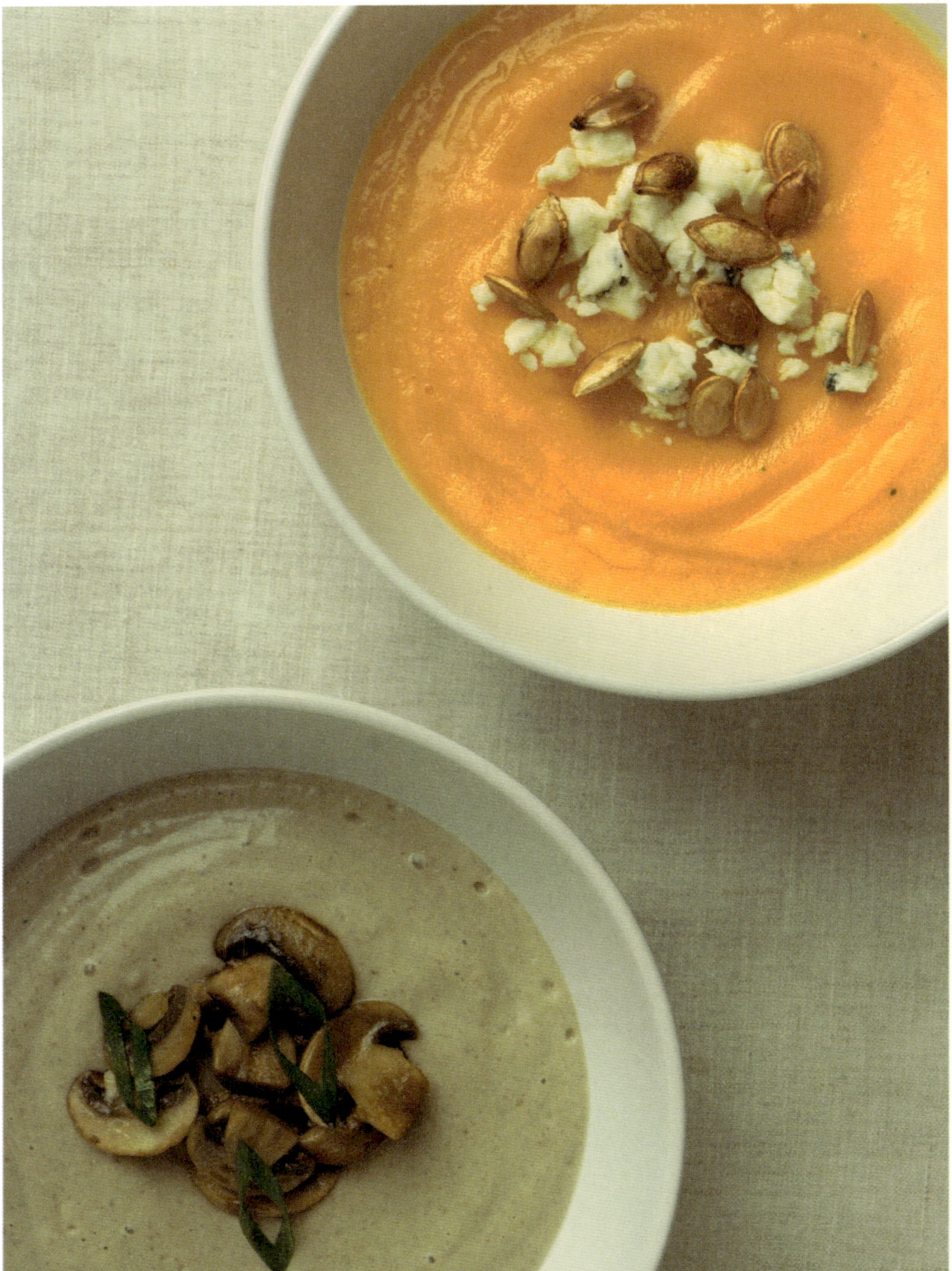

Sopa de abóbora com sementes crocantes e gorgonzola

RENDIMENTO: 2 a 3 porções

- » 1 colher (sopa) de azeite
- » 1 cebola picada
- » 3 xícaras (400 g) de abóbora (costumo usar moranga, mas pode ser a japonesa)
- » Sal e pimenta-do-reino a gosto
- » 3 a 4 xícaras de água ou caldo de legumes
- » Queijo gorgonzola a gosto

Mais um verdadeiro clássico. Aquele ingrediente que traz doçura na medida e sabor em abundância. Vou usar as sementes para acrescentar um crocante e finalizar com uns pedaços de gorgonzola, que complementam a doçura e a cremosidade da sopa. Outra alternativa deliciosa seria omitir o queijo, juntar gengibre na hora de refogar, pôr uma pitada de cominho e/ou curry e finalizar com um toque de leite de coco. Ou seja, temos aqui praticamente uma receita 2 em 1.

1. Em uma panela, refogue a cebola no azeite.
2. Adicione a abóbora, tempere com sal e pimenta.
3. Cubra com água ou caldo e deixe no fogo baixo até que a abóbora esteja cozida.
4. Transfira para o liquidificador e bata.
5. Volte para a panela e ajuste o tempero.
6. Salpique uns pedaços de gorgonzola e as sementes crocantes.

Para fazer as sementes crocantes, lave-as e seque-as bem. Tempere com sal e cominho, regue com azeite e leve ao forno preaquecido a 190°C até que esteja crocante (uns 10 a 15 minutos). Se preferir, pode fazer na *air fryer*.

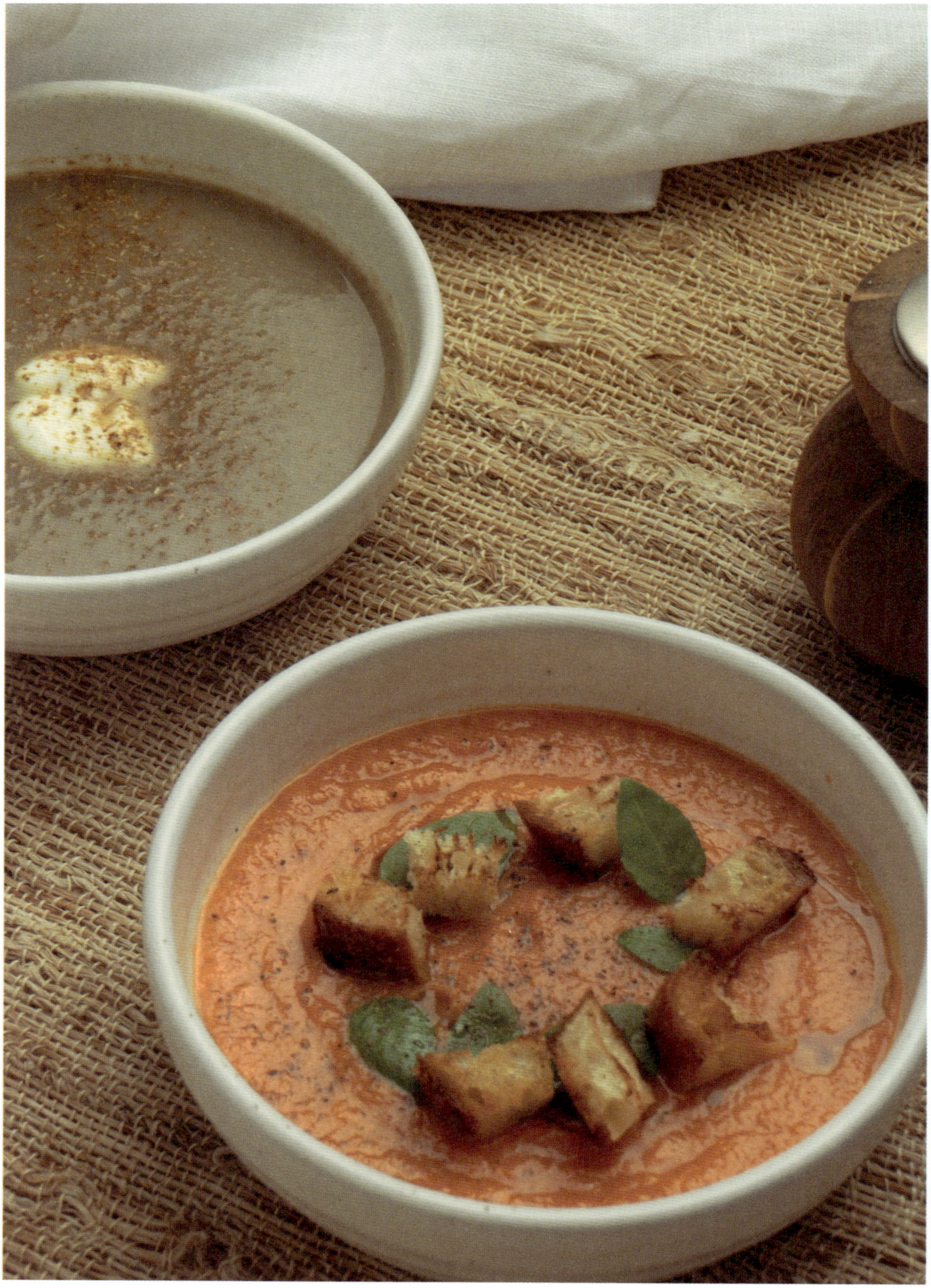

Sopa de tomates assados

RENDIMENTO: 4 a 5 porções

- » 15 tomates maduros cortados em 4
- » 2 cebolas cortadas em 8
- » 4 dentes de alho amassados
- » 3 colheres (sopa) de azeite
- » Sal e pimenta-do-reino a gosto
- » Tomilho a gosto
- » Caldo de frango ou legumes (o suficiente para que tenha líquido até um dedo acima dos legumes)

Esta receita cumpre dupla função: sim, além de sopa, pode virar molho de tomate, que podemos comer com macarrão, usar em ensopados e curries ou até mesmo congelar.

1. Em uma assadeira grande, misture os tomates com a cebola e o alho.
2. Tempere com azeite, sal e pimenta.
3. Junte o tomilho e leve ao forno preaquecido a 195°C por cerca de 40 minutos.
4. Transfira para um liquidificador e bata com um pouco de caldo até chegar na consistência desejada.

Sopa de lentilha

RENDIMENTO: 2 porções

- » 1 colher (sopa) de azeite
- » 1 cebola pequena picada
- » 1 cenoura pequena picada
- » 1 colher (chá) de extrato de tomate
- » 2 dentes de alho
- » 1 xícara de lentilha (deixar a lentilha de molho acelera a cocção)
- » Sal e pimenta-do-reino a gosto
- » 2 xícaras de caldo de legumes ou frango ou água
- » Louro a gosto (opcional)
- » 1 colher (sopa) de iogurte natural (opcional)
- » Coentro a gosto (opcional)

Tenho mais hábito de tomar sopas à base de legumes, mas essa sopa de lentilha não deixa a desejar. Uma receita muito simples e deliciosa.

1. Refogue a cebola no azeite até ela ficar translúcida.
2. Junte a cenoura e o extrato de tomate e refogue por 1 minuto.
3. Adicione o alho e cozinhe por 30 segundos.
4. Junte a lentilha e tempere com sal e pimenta-do-reino.
5. Cubra com caldo e adicione o louro.
6. Cozinhe por 30 a 35 minutos ou até que a lentilha esteja no ponto.
7. Bata no liquidificador.
8. Ajuste o tempero e finalize com uma colher de iogurte natural e coentro.

Sopas à base de batata

Eu amo batata. De todas as formas (e olha que não faltam maneiras de variar o preparo dessa maravilha). A batata como base de sopa é garantia de uma receita cremosa, deliciosa e versátil. A sopa pode ser só de batata, ou o legume pode servir como base para deixar outros ingredientes brilharem. A verdade é que opção é o que não falta. Vou falar das minhas favoritas, mas nunca se esqueça da versatilidade da batata na hora de pensar em variações deliciosas de sopa.

Vou começar com a *vichyssoise*, que tem lugar cativo no meu coração. Eu me lembro vividamente da minha avó fazendo essa sopa. Também me lembro de comer mais do que deveria, *muito* mais do que deveria. Uma vez, quando era criança, cheguei na casa dela e a sopa ainda estava morna (tradicionalmente essa sopa é servida fria, apesar de eu preferi-la morna mesmo). Não resisti e acabei tomando uns cinco pratos de sopa, mesmo tendo jantado antes. Resultado: passei mal a noite inteira. Confesso que fiquei um bom tempo traumatizada, culpando a sopa pela minha gula. Mas isso tudo ficou no passado e hoje em dia amo *vichyssoise* de novo — mas agora com moderação!

Sopas à base de batata ficam bem cremosas quando batidas, e na maioria das vezes nem é preciso usar creme de leite. Esse clássico francês, no entanto, pede poucos ingredientes, entre os quais o creme de leite, que acentua a cremosidade e complementa o sabor.

Nessa sopa, vamos usar também só a parte branca do alho-poró, porque queremos que o resultado final fique bem amarelinho. Além disso, a parte verde é mais fibrosa, o que atrapalha um pouco a cremosidade.

Vichyssoise

RENDIMENTO: 2 a 3 porções

- » 1 colher (sopa) de manteiga
- » 1 xícara de alho-poró em rodelas
- » 4 batatas descascadas e cortadas em cubos
- » Sal e pimenta-do-reino a gosto
- » Caldo de frango ou legumes ou água (o suficiente para que tenha líquido até um dedo acima das batatas)
- » ½ xícara de creme de leite fresco
- » Cebolinha

1. Refogue o alho-poró na manteiga até ficar translúcido.
2. Junte as batatas e tempere com sal e pimenta.
3. Adicione o caldo e deixe cozinhar até que a batata esteja bem macia.
4. Transfira para o liquidificador e bata até ficar cremosa.
5. Junte o creme de leite e ajuste o tempero.
6. Decore por cima com a cebolinha cortada enviesada e sirva com mais creme de leite (opcional).

Sopa de legumes

RENDIMENTO: 2 a 3 porções

- » 1 colher (sopa) de azeite
- » 1 cebola pequena picada
- » 2 batatas em cubos grandes
- » 1 chuchu
- » 1 cenoura
- » ¼ de uma beterraba pequena
- » Sal e pimenta-do-reino a gosto
- » Caldo de legumes ou frango ou água (o suficiente para que tenha líquido até um dedo acima dos legumes)
- » Espinafre cru ou congelado a gosto (opcional)
- » Queijo ralado a gosto (opcional)

Minha sopa favorita na infância e que até hoje eu amo. Gosto de sopa de legumes batida, mas, se preferir com pedaços, basta parar de seguir as etapas antes de bater. Para mim, o importante é entender a proporção entre os ingredientes. Eu, por exemplo, prefiro mais cremosa e menos adocicada, por isso coloco mais batata e chuchu, que, além de neutros, ao serem batidos proporcionam cremosidade. A cenoura e a beterraba, por sua vez, trazem cor e doçura. A receita a seguir é da sopa de legumes que a minha mãe fazia e eu tanto amava, mas você pode adicionar diversos outros legumes e ir variando e brincando com eles.

1. Refogue a cebola no azeite até ficar translúcida.
2. Junte todos os outros legumes.
3. Tempere com sal e pimenta.
4. Junte o caldo ou a água e cozinhe em fogo médio-baixo até que todos os ingredientes estejam cozidos.
5. Transfira para o liquidificador e bata até ficar cremoso.
6. Junte o espinafre e ajuste o tempero.
7. Sirva com parmesão ralado por cima.

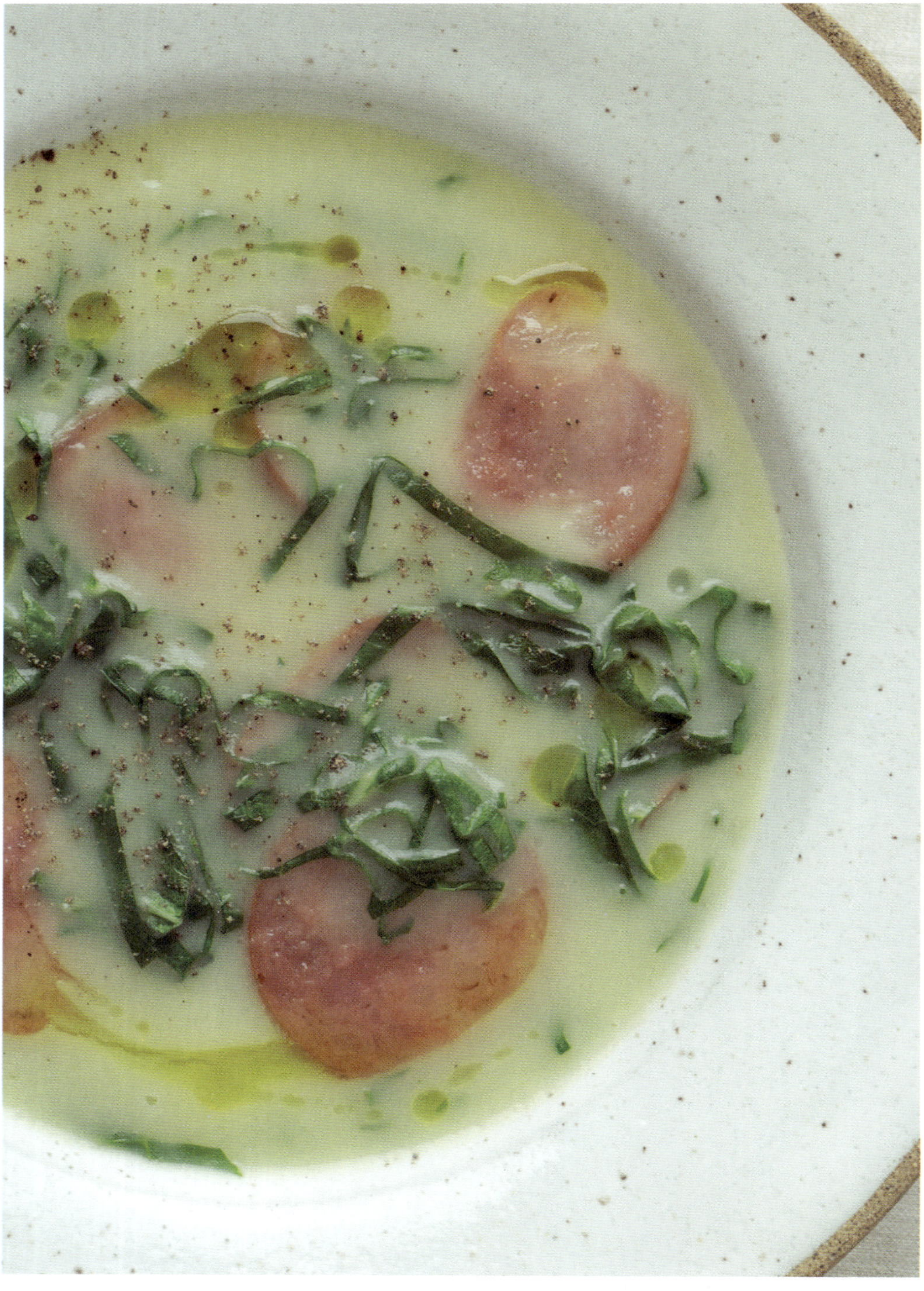

Caldo verde

RENDIMENTO: 2 a 3 porções

- » 1 colher (sopa) de azeite
- » 1 cebola pequena picada
- » 1 paio inteiro (esse é o pulo do gato; pode ser linguiça calabresa, se preferir)
- » 4 batatas médias cortadas em pedaços
- » Sal e pimenta-do-reino a gosto
- » Caldo de frango ou legumes ou água (o suficiente para que tenha líquido até um dedo acima dos legumes)
- » ½ maço de couve fatiada

Vamos para a minha sopa favorita? Modéstia à parte, sinto que essa minha versão traz a praticidade de que precisamos para o dia a dia, mas sem comprometer nem de longe a riqueza de sabores que tanto amamos. Coloco o paio para cozinhar desde o começo na sopa, assim desenvolvemos o sabor. Você vai ver! Uma panela só, muito sabor e muita praticidade.

1. Refogue a cebola no azeite até ficar translúcida.
2. Junte o paio inteiro e as batatas.
3. Tempere com sal e pimenta.
4. Adicione o caldo e cozinhe até que as batatas estejam macias.
5. Retire o paio, transfira as batatas com o líquido para o liquidificador e bata até ficar cremoso.
6. Volte o líquido batido para a panela.
7. Corte o paio e junte novamente à sopa.
8. Adicione a couve cortada e deixe cozinhar por uns 2 minutos.
9. Prove e ajuste o tempero.
10. Sirva com um fio de azeite.

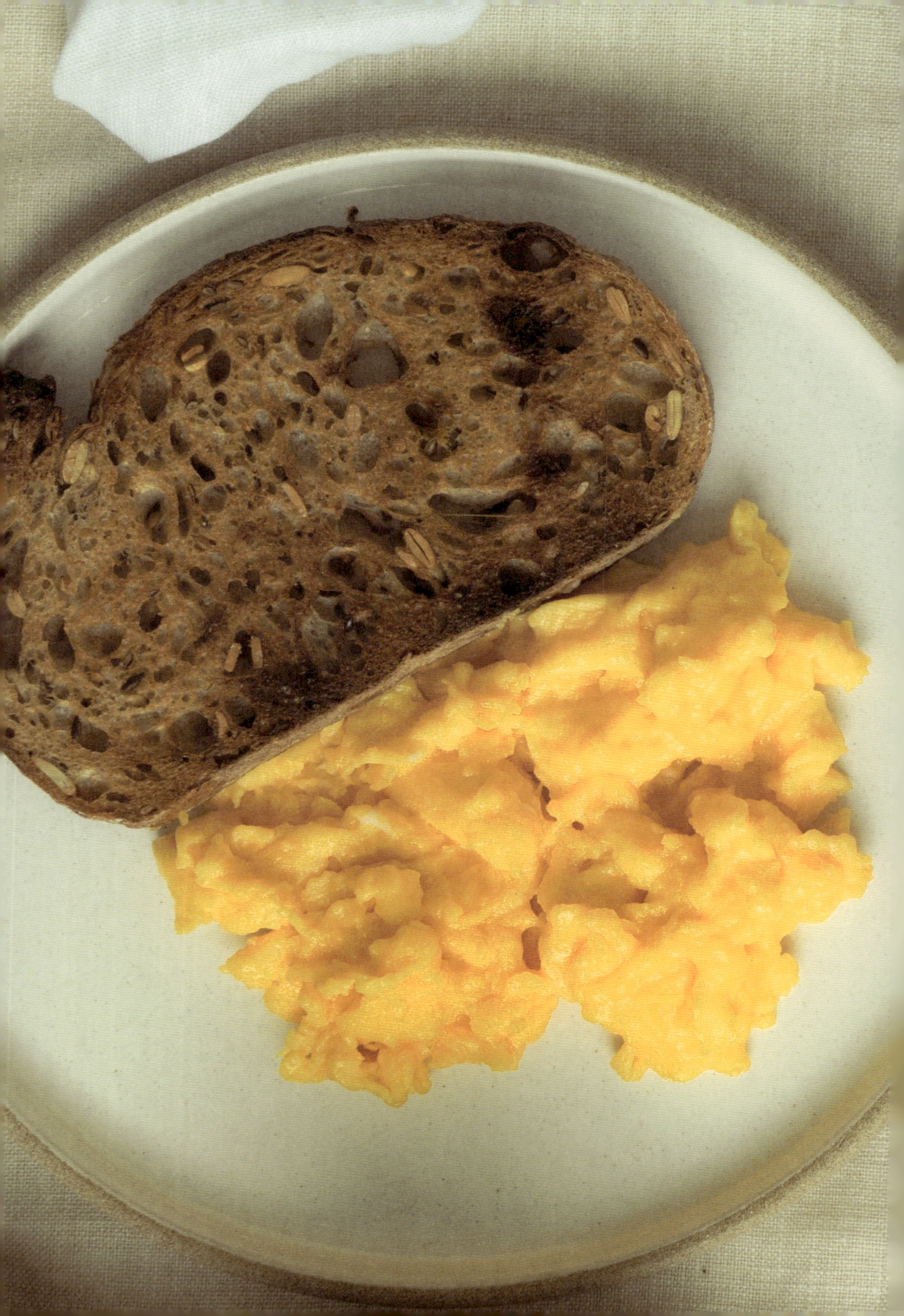

6. Ovos

Juntas, a gema e a clara são praticamente um casal perfeito, mas separadas são igualmente completas.

Para mim, o ovo é o ingrediente mágico da gastronomia. A verdadeira definição de versatilidade. Sozinho, é a estrela de qualquer café da manhã, seja frito, mexido, poché, cozido etc. Mas não podemos esquecer que ele é um ingrediente fundamental em diversos preparos salgados, como quiches, suflês, massas e molhos, e numa quantidade significativa de doces — desde o bolo e os cremes até as tortas, as massas, os recheios.

Um ingrediente aparentemente tão simples, mas ao mesmo tempo tão complexo e completo. Juntas, a gema e a clara são praticamente um casal perfeito, mas separadas são igualmente completas. A gema agrega sabor, gordura e cor, ao passo que a clara pode trazer a leveza do suflê ou a crocância da pavlova.

Modos de usar não vão faltar. O importante é entender como aproveitar esse ingrediente mágico a fim de maximizar suas qualidades.

Dicas básicas

Para saber se o ovo está fresco, encha um copo com água em temperatura ambiente e coloque o ovo dentro. Se afundar, está fresco; se boiar, está podre e deve ser descartado.

Os ovos devem ser guardados na geladeira, o que garante uma temperatura estável e maior durabilidade. Ovos crus abertos devem ser armazenados em potes com fechamento hermético na geladeira e duram até 2 dias. Se estiver guardando só a clara, ela dura até 7 dias e pode ser congelada.

O ovo "puro" e suas variações

OVO COZIDO
Provavelmente o preparo mais simples, mas vou dar algumas dicas, a começar pela água: sempre uso água já fervente. Isso garante maior precisão no tempo de cocção. Se formos cozinhar numa panela com água fria, o tempo que a água demora a ferver vai depender de muitos fatores, como o tamanho da panela, a quantidade de água, a potência do fogo etc. Por isso, se começarmos com água fervente, já eliminamos algumas preocupações.

O ideal é que o ovo esteja em temperatura ambiente quando for adicionado à água, pois isso diminui o efeito do choque térmico. Se o ovo estiver gelado, existe a possibilidade de ele rachar em contato com a água fervente. Usei a palavra "ideal" porque não é obrigatório e eu mesma acabei de sugerir que você guarde os ovos na geladeira... Ao meu ver, temos três opções:

- Tirar o ovo da geladeira na véspera para que fique em temperatura ambiente.
- Usar o ovo gelado mesmo e correr o risco de a casca rachar.
- Tirá-lo da geladeira e colocá-lo num copo com água em temperatura ambiente enquanto a água do cozimento ferve, para diminuir o choque térmico.

Dentro do universo dos ovos cozidos existem algumas variações: há o ovo completamente cozido, que tem gema e clara firmes, o ovo cozido cuja clara está cozida e a gema, cremosa, e algumas variações no meio do caminho. Vou deixar uma tabela com sugestões de tempo de cozimento, mas acho válido ressaltar que nem todos os ovos têm o mesmo tamanho, e isso também influencia no tempo de cozimento. É um capricho, mas pode ajudar a explicar por que aquele ovo que você queria que ficasse com a gema mole está passando do ponto. Estou considerando o tamanho-padrão de 50 g.

PARA GEMA MOLE: 6 minutos
PARA GEMA CREMOSA: 8 minutos
PARA OVO COZIDO: 12 minutos

Assim que os ovos chegarem ao tempo de cozimento, retire-os da água fervente e passe para um pote com água gelada. O choque térmico interrompe o cozimento, mantendo-os no ponto desejado.

Ovo poché

Talvez seja o ovo mais "temido" e o que exige mais técnica. No entanto, existem algumas dicas importantes que ajudam a desmistificá-lo. A forma como prefiro fazer hoje em dia não é a clássica, mas vou explicar como aprendi na faculdade de gastronomia e como prefiro fazer. Assim, você tem acesso a todas as informações.

Ovo poché tradicional

- » 1 ovo
- » Água
- » 1 colher (sopa) de vinagre
- » Sal

Nesse método, fazemos 1 ovo por vez.

1. Ferva água em uma panela (de preferência, rasa).
2. Assim que ferver, diminua o fogo para o mínimo.
3. Quebre o ovo em um recipiente pequeno, como uma concha.
4. Junte 1 colher (sopa) de vinagre na água fervente (isso ajuda a coagular a clara mais rápido).
5. Com um garfo ou uma colher, faça movimentos circulares na água fervente para criar um rodamoinho. Continue até que haja um movimento circular vigoroso e consistente na água.
6. Assim que parar de mexer, despeje o ovo delicadamente no centro do rodamoinho. Aproxime o recipiente da água com delicadeza para proteger o ovo.
7. O rodamoinho só é importante na hora de despejar o ovo, pois o movimento circular ajuda a manter seu formato. Depois a água para de mexer naturalmente enquanto o ovo cozinha.
8. Cozinhe por uns 4 a 5 minutos até que a clara esteja firme.
9. Use uma escumadeira para retirar o ovo da água.
10. Tempere com sal e sirva imediatamente.

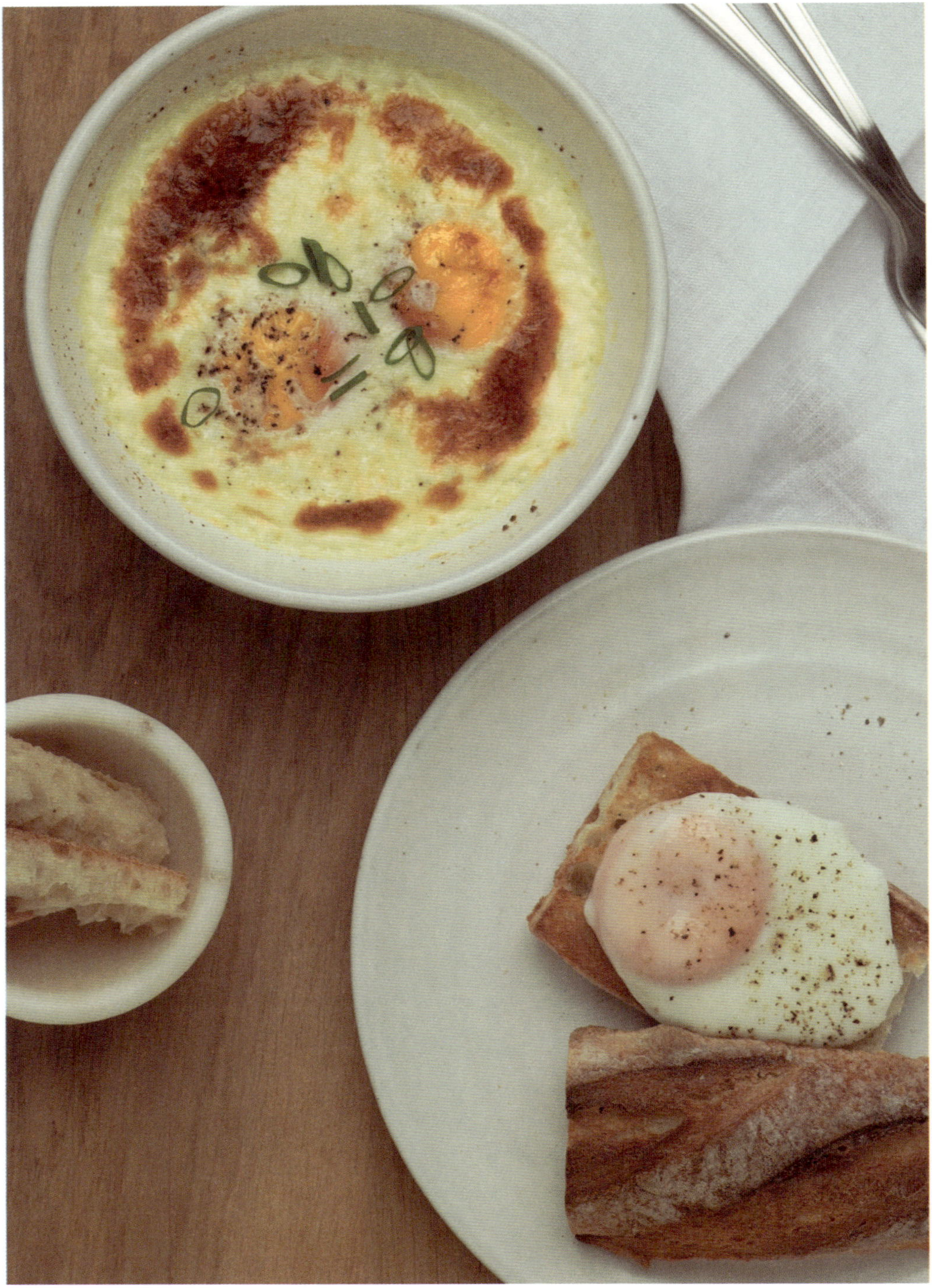

Meu ovo poché favorito

» 1 ovo
» Água
» Sal

Na grande maioria das vezes, você vai perceber que eu opto pela versão mais prática das receitas, mas no ovo poché eu adiciono uma etapa que, na minha opinião, faz toda a diferença para o ovo perfeito.

1. Ferva água numa panela rasa e larga (assim você consegue fazer mais ovos). Quando a água ferver, coloque o fogo no mínimo — não queremos bolhas vigorosas, pois elas podem desmanchar o ovo.
2. Quebre o ovo sobre uma peneira e deixe o excesso da clara escorrer naturalmente, sem mexer no ovo — não sei se você já percebeu, mas, quando está bem fresco, o ovo tem a gema, a clara em um formato oval mais firme e uma clara "mais líquida"; queremos retirar justamente essa parte, para o ovo ficar com formato bem redondinho.
3. Transfira o ovo da peneira para o recipiente pequeno.
4. Na água bem parada fervendo levemente, coloque o ovo com cuidado.
5. Deixe cozinhar por 4 a 5 minutos, controlando sempre a temperatura da água para que não ferva muito.
6. Use uma escumadeira para retirar o ovo da água.
7. Tempere com sal e sirva imediatamente.

Ovos no ramekin (*oeufs en cocotte*)

RENDIMENTO: 1 porção

- » ½ colher (chá) de manteiga
- » 2 colheres (sopa) de creme de leite fresco
- » 1 ou 2 ovos
- » Sal a gosto

Essa receita pode ser incrementada com ervas, espinafre, cogumelos, tomate etc.

Menos conhecidos, mas bem conceituados, os ovos *en cocotte* são uma entrada deliciosa para servir com umas torradinhas ou com um pão de fermentação natural torrado, mas também são uma ótima opção de lanche para a noite. Nesta receita, cozinhamos os ovos em um recipiente pequeno em banho-maria no forno. A adição de creme de leite ajuda os ovos a cozinharem delicadamente e oferece maior profundidade de sabor.

1. Unte um recipiente com manteiga.
2. Coloque uma colher (sopa) de creme de leite na base.
3. Junte o(s) ovo(s) e tempere com sal.
4. Adicione o restante do creme por cima.
5. Leve ao forno preaquecido a 180°C em banho-maria (o recipiente é colocado em uma panela com dois dedos de água fervente) por 7 a 10 minutos, dependendo do ponto desejado.

Ovo frito

O nome é bastante objetivo, mas hoje em dia existem algumas adaptações (ao meu ver, pelo menos). O original é um ovo frito numa quantidade considerável de óleo. Ao entrar em contato com o óleo quente, o ovo cru cozinha praticamente na mesma hora e por isso fica com um formato mais "compacto" e a clara bem crocante. O ponto da gema é adaptável.

Hoje em dia, muita gente faz o ovo frito com azeite e com menos quantidade de gordura. Ou seja, o ovo não frita literalmente, mas fica crocante e dourado. Pessoalmente, eu amo a combinação de ovo e manteiga, por isso gosto do meu ovo feito assim. O sabor é incomparável, mas certamente não fica tão dourado e crocante quanto as alternativas.

O modo de preparo é o mesmo, a questão se resume a escolher entre óleo, azeite e manteiga. Outro fator importante é o ponto de cocção: o tradicional tem a gema e um pouco da clara bem moles.

Como não gosto muito da textura da clara crua, prefiro virar o ovo por uns 30 segundos. Assim, a gema continua mole, mas a clara fica totalmente cozida. O processo requer um pouco de paciência, mas quando você pega a manha, é um caminho sem volta. Uma alternativa para quem não quer virar o ovo, mas prefere ele mais cozido, é tampar a frigideira. Dessa forma, criamos vapor, o que ajuda a cozinhar a superfície do ovo que não está em contato com a frigideira.

> Ah, e não se esqueça de usar uma panela antiaderente, se possível.

Ovo mexido

Anos atrás, trabalhei em uma padaria em Copenhagen. Chegávamos na cozinha pontualmente às seis da manhã para assar os pães e folheados. A padaria abria às sete e meia, e as primeiras horas eram uma dança sincronizada e acelerada entre os cozinheiros. Por volta das dez da manhã, já estávamos trabalhando havia quatro horas, e um dos cozinheiros geralmente se oferecia para fazer o café da manhã. Certo dia foi minha vez e ofereci ovos mexidos.

Fiz duas dúzias por vez para a equipe toda, e eles foram consagrados como os melhores ovos mexidos. Depois desse dia fiquei encarregada do panelão dos ovos mexidos diários.

Existem mil e uma maneiras de fazer ovo mexido. Sinceramente, nem sei dizer qual é o método original. Tem gente que faz sobre banho-maria, alguns adicionam leite ou creme de leite, e por aí vai. Eu coloco manteiga e ovo numa frigideira antiaderente controlando bem a temperatura da panela para que ela não esquente muito e os ovos fiquem cremosos e saborosos.

Omelete

O primeiro passo para aprender a fazer omelete é saber fazer um ovo mexido incrível. O começo do preparo dos dois é praticamente o mesmo, mas com o omelete seguimos mais algumas etapas. E, se você sabe fazer o ovo mexido perfeito, já entendeu que controlar a temperatura da panela e o ponto do ovo é a peça-chave do omelete ideal.

O clássico omelete francês tem formato de charuto, não é dourado por fora, e o meio é levemente cremoso. No entanto, existem diversas variações maravilhosas que têm regras e formas de preparo específicas. A tortilha espanhola, por exemplo, poderia muito bem ser chamada de omelete de batata...

DICA: é mais fácil fazer ovos mexidos em maior quantidade, pois leva mais tempo e assim conseguimos controlar melhor a temperatura e acertar a consistência. Um ovo só em uma frigideira acaba cozinhando muito rápido e precisamos ficar mais atentos. Também é bom usar uma frigideira antiaderente e uma espátula de silicone (o famoso pão-duro) ou, se não tiver, uma colher de pau.

Ovo frito

- ¼ de xícara de óleo ou 2 colheres (sopa) de azeite ou 1 colher (sopa) de manteiga
- 1 ovo
- Sal e pimenta-do-reino a gosto

1. Esquente bem a gordura da sua preferência na frigideira antiaderente.
2. Junte o ovo.
3. Tempere com sal e deixe cozinhar sem mexer.
4. As bordas vão começar a dourar primeiro.
5. Quando a clara estiver firme o suficiente, vire o ovo para cozinhar a película por cima da gema. O importante é pegar o ovo com a espátula, segurando por baixo da gema, e virar com cuidado.
6. Depois de virar, desligue o fogo e deixe uns 30 segundos.

Caso goste da gema mais cremosa ou totalmente cozida, é só adaptar o tempo na frigideira. E, se estiver usando óleo ou azeite e não quiser virar nem tampar a panela, você pode inclinar a frigideira e ir "regando" a parte de cima do ovo com a gordura quente, ajudando a cozinhar a superfície.

Eu amo o tradicional ovo frito, mas queria aproveitar e dar uma dica: o ovo frito com queijo. Minha mãe começou a comer no café da manhã e abriu meus olhos para essa iguaria matinal. O modo de preparo é o mesmo, basta substituir a gordura por uma fatia de queijo que derreta. Pode ser muçarela, prato, meia cura, emmental, gouda, o que você preferir. O queijo é um ingrediente gorduroso por natureza, por isso não é necessário adicionar manteiga, azeite ou óleo.

Comece colocando uma fatia de queijo na frigideira antiaderente e espere começar a borbulhar. Junte o ovo cru por cima da fatia e continue com o passo a passo normal.

JULIANA GUEIROS

Ovo mexido

RENDIMENTO: 2 porções

- » 1 colher (sopa) de manteiga
- » 4 ovos
- » Sal a gosto

É importante prestar atenção na temperatura da frigideira. Caso a panela comece a esquentar muito, desligue o fogo e termine de cozinhar os ovos no calor residual.

1. Derreta a manteiga na frigideira no fogo mínimo.
2. Bata os ovos levemente com um garfo para incorporar gema e clara.
3. Tempere com sal.
4. Junte os ovos na panela e mexa constantemente, trazendo o ovo que está nas extremidades para o centro e vice-versa.
5. Continue até que os ovos fiquem cremosos.

Se quiser, incremente os ovos mexidos juntando queijo, presunto, ervas etc. Como cozinhamos os ovos no fogo bem baixo e é um preparo relativamente rápido, vale só pensar se vai ser necessário cozinhar algum ingrediente antes.

Voltando à padaria: lá não tínhamos frigideira antiaderente, e a solução era usar a de inox mesmo. O resultado ficava incrível, mas a lavagem depois não era nada fácil...

Omelete francês

RENDIMENTO: 1 porção

- » 1 colher (sopa) de manteiga
- » 3 ovos
- » Sal a gosto
- » Queijo para rechear (opcional)

1. Derreta a manteiga na frigideira antiaderente (muito importante) no fogo mínimo.
2. Bata os ovos levemente com um garfo para incorporar gema e clara.
3. Tempere com sal.
4. Junte os ovos na panela e mexa constantemente com um pão-duro, trazendo o ovo que está nas extremidades para o centro e vice-versa.
5. Assim que as extremidades começarem a coagular e cozinhar, pare de mexer. Uniformize a mistura na panela para que não fique com buracos.
6. Adicione o recheio, se houver.
7. Incline a frigideira e comece a enrolar o omelete.
8. Vá enrolando aos poucos até fechar.

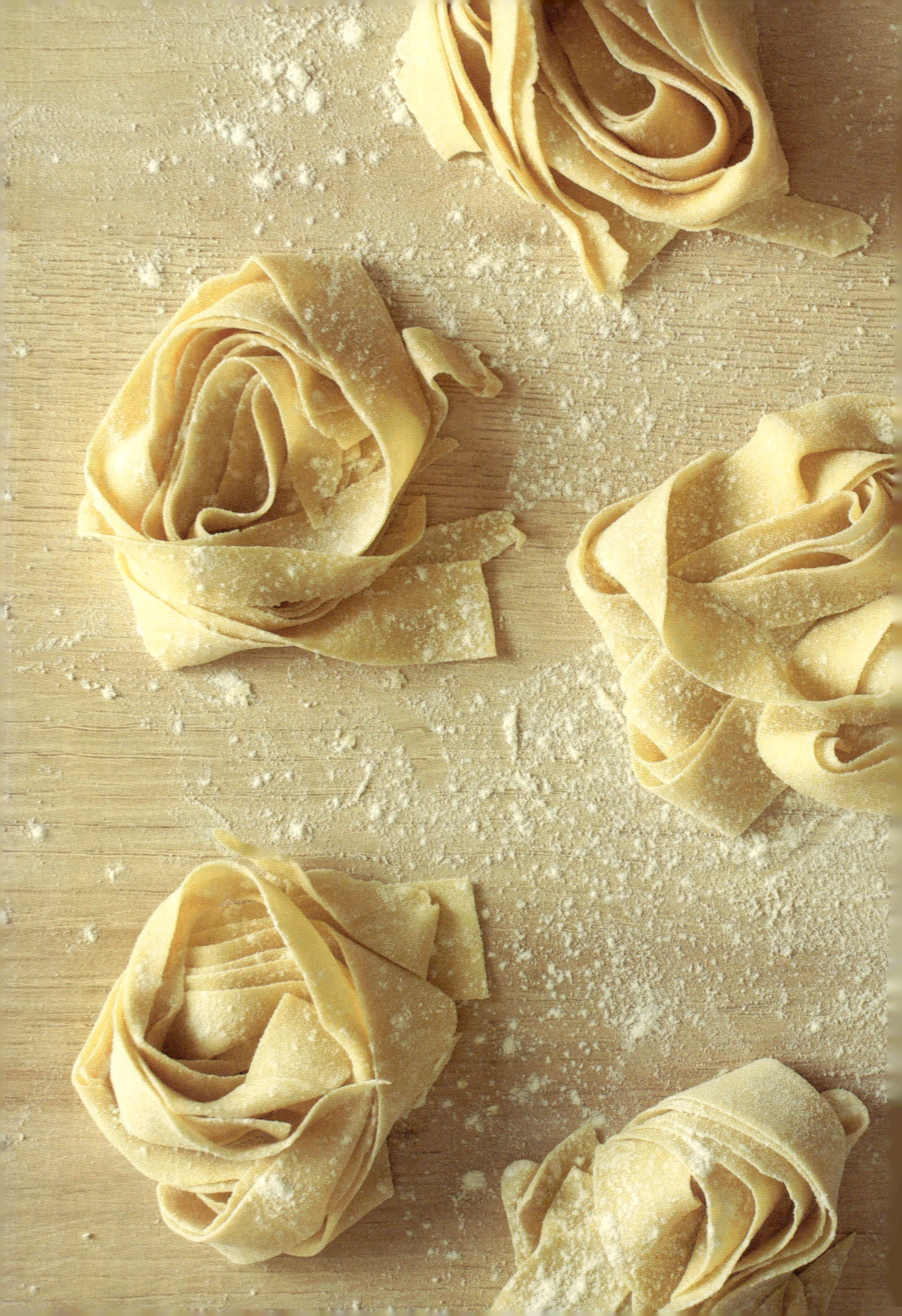

7. Massas

As receitas e técnicas que ensinarei nesta seção são muito diferentes entre si, mas usam dois ingredientes em comum: farinha e ovo.

SINCERAMENTE, ACHEI MUITO DIFÍCIL nomear este capítulo, mas vou explicar meu raciocínio. As receitas e técnicas que ensinarei nesta seção são muito diferentes entre si, mas usam dois ingredientes em comum: farinha e ovo. Essa combinação é a espinha dorsal de receitas como crepe, panqueca, quiche, empadão, macarrão e por aí vai. Quando penso em farinha e ovo, penso em massas, e assim o capítulo ganhou nome!

Crepe e panqueca

Vamos começar pela massa mais fácil e rápida. Na prática, a massa de crepe é a mesma da nossa famosa panqueca, que pode ser recheada de ricota, carne moída, frango, colorida com espinafre, beterraba, cenoura... Ou seja, sabendo fazer a massa do crepe, podemos criar inúmeros preparos diferentes.

Dizem que o primeiro crepe nunca fica bonito, mas o segundo vai dar certo!

A massa pode ser armazenada na geladeira em um pote hermético por 24 horas.

Caso esteja fazendo um recheio que precise derreter ou cozinhar (como queijo), junte o ingrediente ralado assim que virar o crepe e deixe derreter, depois feche o crepe e sirva. Se seu crepe for de Nutella ou doce de leite, acrescente o doce enquanto o crepe estiver quente para que o recheio amoleça. Para rechear com ricota, frango etc. e servir com um molho por cima, sugiro cozinhar todas as massas e depois rechear todas as panquecas.

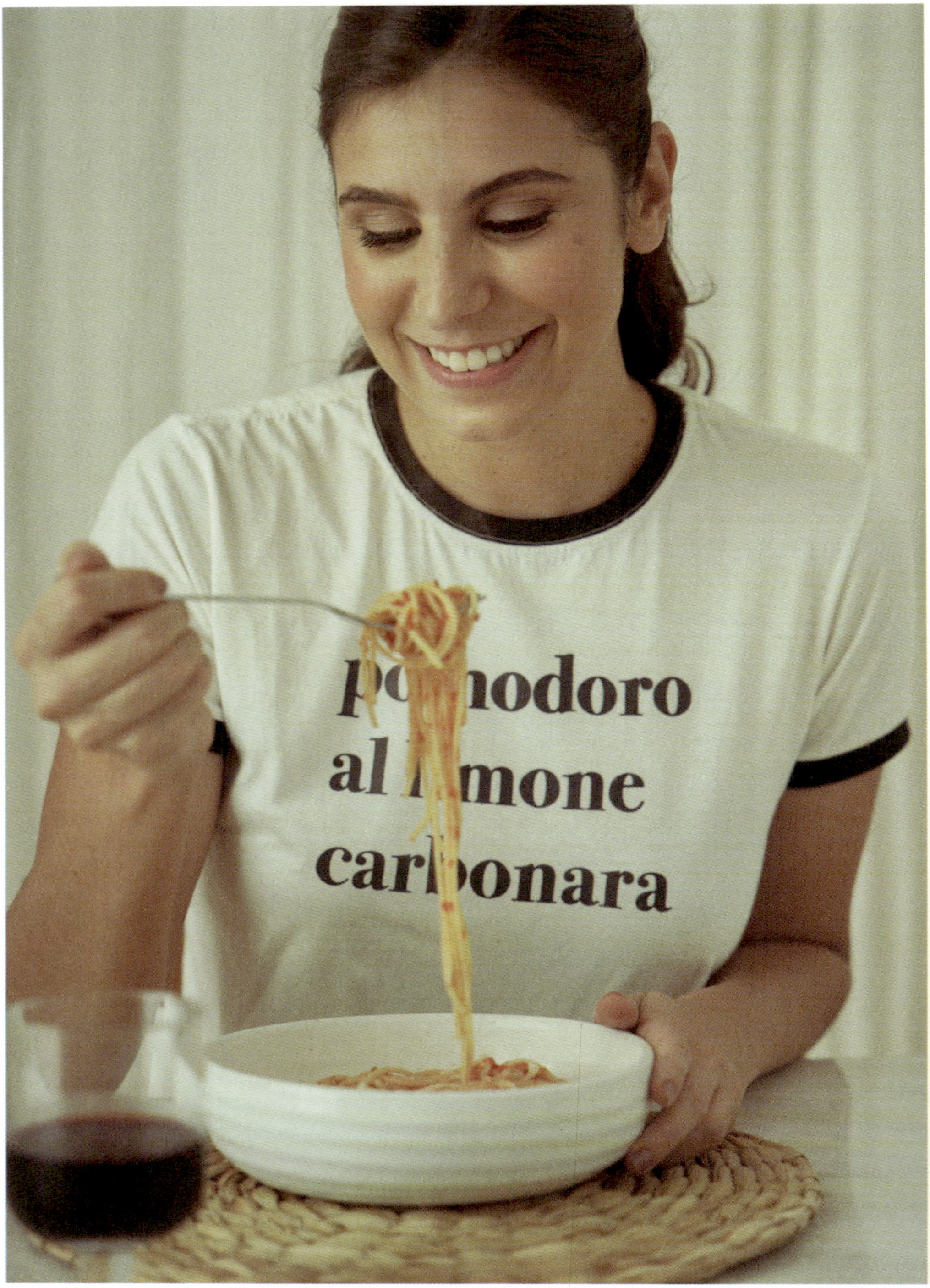
po modoro
al limone
carbonara

Massa clássica de crepe

RENDIMENTO: aproximadamente 12 unidades

- 125 g de farinha de trigo
- 1 pitada de sal
- 2 ovos
- 300 ml de leite
- Manteiga para untar a frigideira

Essa massa vale tanto para preparos salgados quanto para doces, pois não leva açúcar. O que os diferencia é o recheio.

1. Em um pote, junte a farinha de trigo e o sal.
2. Adicione os ovos e mexa com um *fouet* para incorporar.
3. Junte o leite aos poucos, mexendo constantemente com o *fouet*.
4. Se a massa estiver com grumos, passe pela peneira.
5. Na receita clássica, a massa deve descansar coberta na geladeira por um período que pode variar de 30 minutos até 12 horas. Também dá certo sem esse descanso, mas o tempo é uma ótima oportunidade para ir preparando o recheio.
6. Mexa bem a massa antes de usar.
7. Derreta uma colher (chá) de manteiga numa frigideira (de preferência, antiaderente) em fogo alto.
8. Despeje uma concha da massa e faça movimentos circulares inclinando a frigideira para espalhar a massa pela base.
9. Assim que começar a dourar em volta (cerca de 1 minuto em fogo médio-alto), use a espátula para virar o crepe e cozinhar do outro lado por mais 30 a 60 segundos.

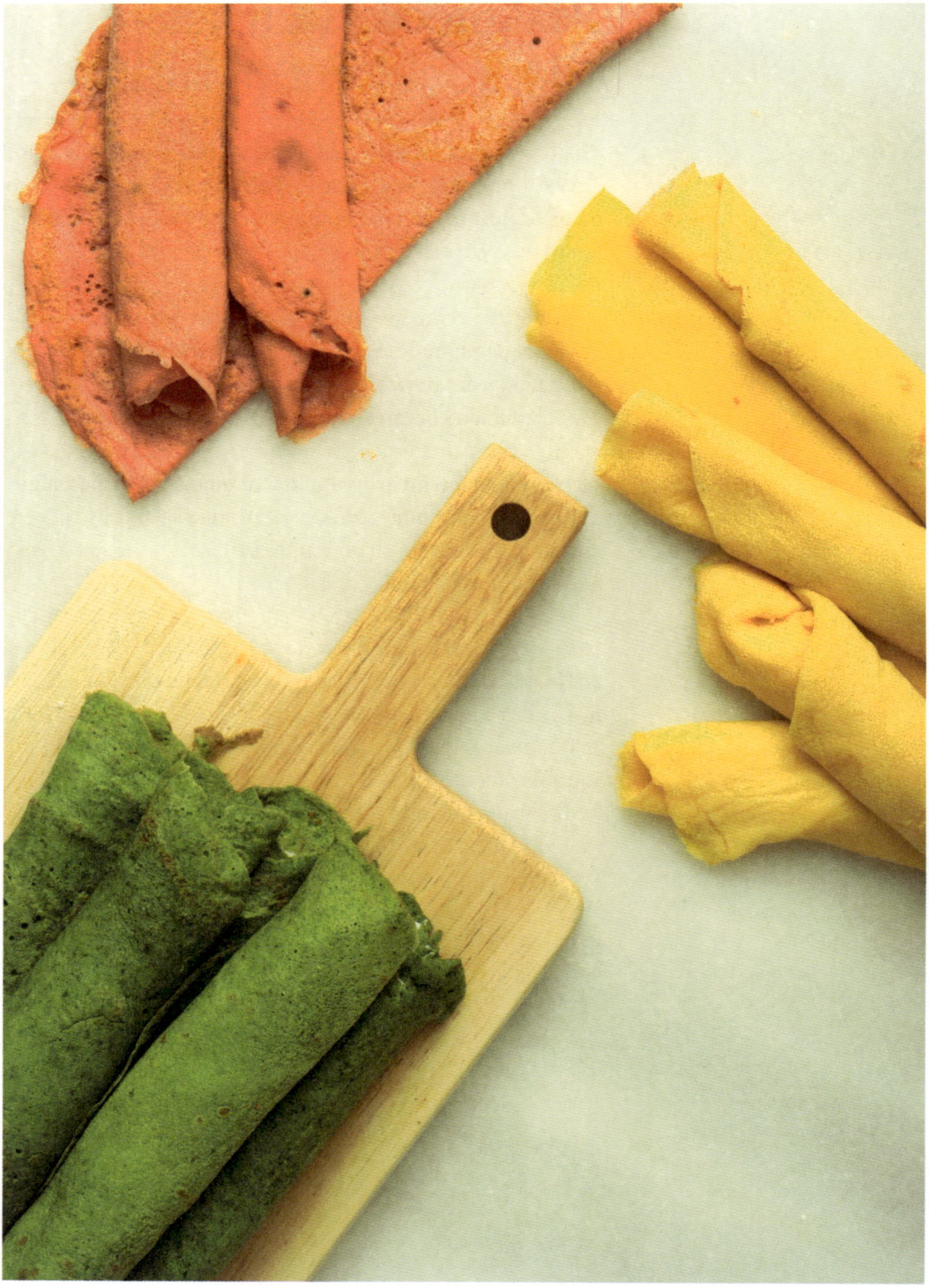

Panqueca colorida com recheio de ricota

PARA O RECHEIO
- 400 g de ricota
- Leite ou creme de leite (opcional)
- Sal e pimenta-do-reino a gosto
- Azeite
- Nozes torradas picadas a gosto
- Parmesão a gosto
- Molho de tomate a gosto

Tingir a massa adiciona sabor, nutrientes e uma cor incrível ao preparo, e adaptar a receita é bem simples. É só bater os 300 ml de leite com o ingrediente desejado no liquidificador.

Opções para cada 300 ml de leite:
- 1 xícara de espinafre branqueado (ver receita na página 73);
- 1 xícara de cenoura crua ralada;
- ¼ de xícara de beterraba crua ralada.

Meu crepe doce favorito é o de Nutella, sem dúvida alguma, e minha panqueca favorita tem massa de espinafre e recheio de ricota. Já dominamos a massa, e o recheio não poderia ser mais fácil.

1. Em um pote, amasse a ricota. Se a que você estiver usando for do tipo mais seca, sugiro adicionar um pouco de leite ou creme de leite.
2. Tempere com sal, pimenta e um fio de azeite.
3. Junte as nozes picadas e o parmesão.
4. Recheie as panquecas com a mistura de ricota em uma extremidade e vá enrolando até formar um charuto.
5. Transfira para uma travessa e regue com molho de tomate (receita na página 197).
6. Leve ao forno preaquecido a 180°C por uns 15 minutos ou ao micro-ondas na hora de servir, só para esquentar.

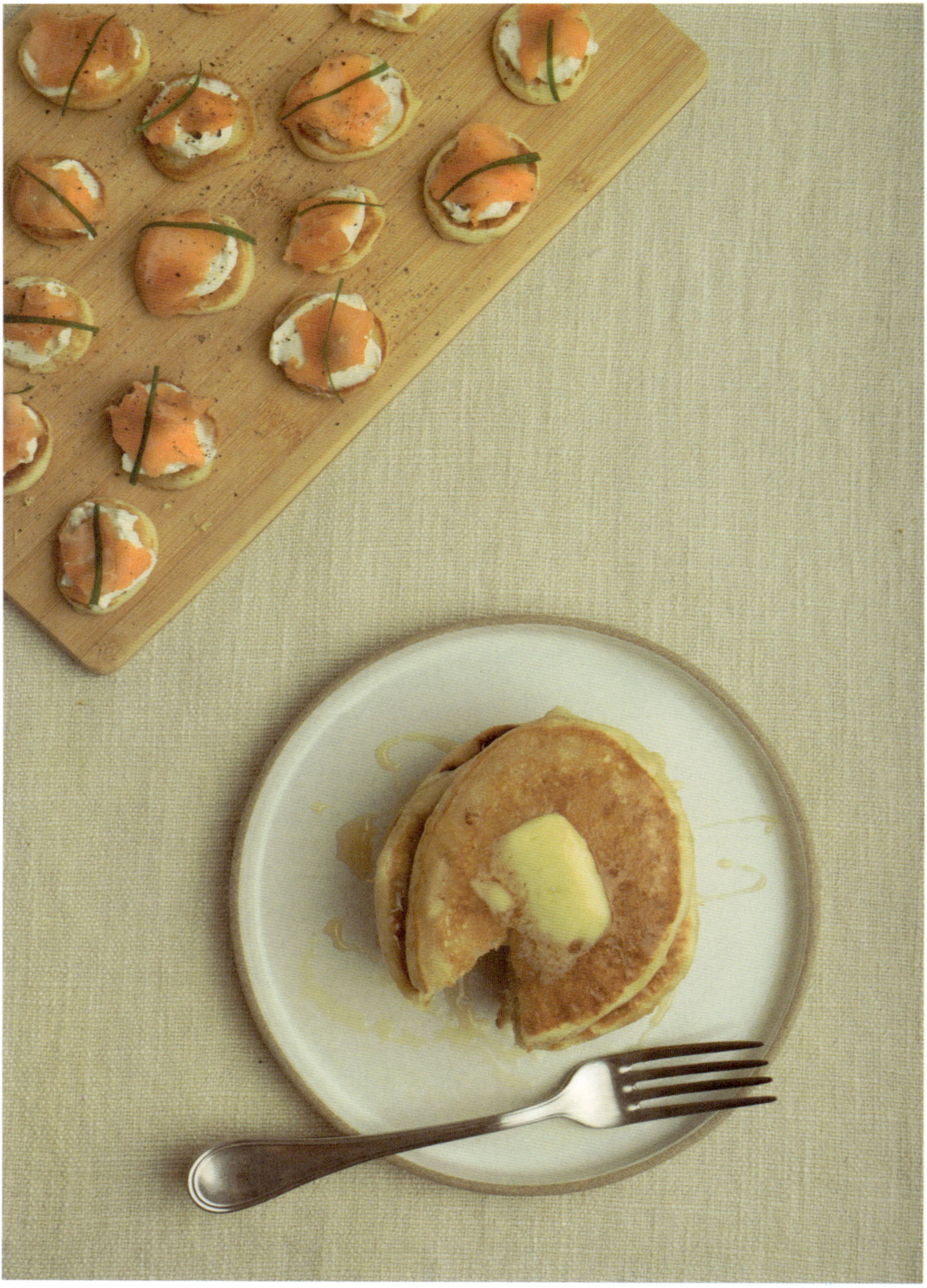

Panqueca americana ou blini

RENDIMENTO: 8 a 10 panquecas ou 40 a 50 blinis

- » 1 xícara de farinha de trigo
- » 1 colher (sopa) de açúcar
- » 1 colher (chá) de fermento
- » 1 xícara de leite
- » 1 ovo
- » 2 colheres (sopa) de óleo ou manteiga derretida

A clássica panqueca do café da manhã americano servida empilhada tem a mesma massa do delicado blini, que é o aperitivo famoso por acompanhar o salmão defumado. A diferença entre os dois é o tamanho. Amo comer com mel e manteiga, mas Nutella, geleia, doce de leite, frutas etc. são ótimas pedidas também. A massa de panqueca pode ser incrementada com chocolate em pó, frutas etc. Quem gosta de panqueca mais "altinha" pode colocar 2 colheres (chá) de fermento. A massa pode ser armazenada na geladeira por 24 horas.

1. Misture os ingredientes secos em um pote.
2. Misture os molhados em outro pote.
3. Adicione os molhados aos secos.
4. Mexa até que tudo esteja bem incorporado.
5. Esquente uma frigideira antiaderente com manteiga (o suficiente para untar).
6. Adicione uma concha da massa. Dependendo do tamanho da frigideira, você pode fazer umas 3 ou 4 por vez.
7. Quando a massa estiver com bolhas no meio e as pontas estiverem cozidas, vire para dourar do outro lado.
8. Sirva quente.

- » ½ xícara de cream cheese
- » 1 colher (chá) de raspas de limão-siciliano
- » Sal e pimenta-do-reino a gosto
- » 1 colher (sopa) de suco de limão-siciliano
- » 2 colheres (chá) de alcaparras ou picles de pepino picados (opcional)
- » 100 g de salmão defumado
- » Cebolinha picada (opcional)

Blini com salmão defumado

1. Misture o cream cheese com as raspas do limão-siciliano.
2. Tempere com sal, pimenta-do-reino, suco de limão e alcaparras/picles.
3. Corte o salmão defumado em cubinhos.
4. Passe o cream cheese no blini.
5. Junte o salmão defumado por cima.
6. Finalize com cebolinha.

Quiche e empadão

Afinal, qual é a diferença entre a famosa quiche e o nosso tão adorado empadão? A quiche tem uma massa crocante e firme que é uma consequência da adição de água e clara de ovo. O empadão, por sua vez, derrete na boca e "esfarela" no prato. O recheio da quiche tem uma base de creme de leite ou leite com ovos, que coagulam no forno, formando uma espécie de flan ao sair; já o empadão pode ser de queijo, bem similar à quiche, ou pode ter um recheio cremoso de frango, palmito, camarão etc., que é praticamente um creme engrossado para recheio.

Após a massa, vamos aprender a fazer o recheio da quiche, e aí podemos incrementá-la com o que quisermos.

A maior dificuldade vai ser entender se os recheios precisam ser cozidos previamente. A experiência vai ser nossa aliada aqui, mas, no geral, se normalmente cozinhamos para comer, deveríamos cozinhar antes de juntar à quiche. Não é uma questão de segurança alimentar, mas de otimização do ingrediente. Por exemplo: se você adicionar bacon, ele estará cozido e seguro para consumo após 30 minutos no forno, mas não estará dourado e caramelizado como na frigideira. Por isso, opto por cozinhá-lo antes. O mesmo vale para alho-poró ou cebola: quando refogados, ficam doces, suaves e deliciosos. Por outro lado, se quisermos fazer uma quiche de 4 queijos ou de presunto e queijo, não precisaremos cozinhar nada, só misturar no recheio mesmo.

Em relação à quantidade, não existe bem uma regra. Acho que o aspecto visual nos ajuda muito: ver o tamanho da massa e adicionar aos poucos a quantidade de recheio costuma ser uma aposta segura.

Massa de quiche

RENDIMENTO: 6 a 8 porções

- 200 g de farinha de trigo
- 100 g de manteiga
- 1 pitada de sal
- 1 ovo
- 2 colheres (sopa) de água (30 ml)

Para esta receita, usei uma fôrma de quiche de fundo removível de 24 cm.

1. Misture a farinha, a manteiga e o sal em um pote até que a manteiga esteja levemente incorporada à farinha. (Se quiser, pode fazer no processador.)
2. Continue no pote ou transfira a massa para a bancada, junte o ovo e a água e mexa até que a massa esteja homogênea. (É importante não misturar muito a massa para que não encolha tanto na hora de assar; se tiver misturando a massa na bancada, use a palma das mãos; se não, use a ponta dos dedos.)
3. Embrulhe em filme plástico e leve à geladeira para descansar por pelo menos 30 minutos.
4. Abra a massa em uma superfície polvilhada com farinha de trigo.
5. Vá abrindo, mexendo e virando a massa para que ela não grude, até chegar à espessura desejada. Polvilhe com mais farinha, caso necessário. Se preferir, pode abrir entre duas folhas de papel-manteiga ou filme plástico para facilitar.
6. Quando a massa estiver na espessura desejada (aproximadamente 2 mm), enrole-a no rolo para ajudar na hora de transportar para a fôrma.
7. Com as mãos, vá preenchendo as laterais da fôrma com a massa para que os cantos fiquem em um ângulo reto.
8. Corte o excesso da massa e, com um garfo, faça vários furinhos na base.
9. Leve ao forno preaquecido a 190°C por 15 minutos para pré-assar a massa (há quem prefira pré-assar com feijões crus em cima; nesse caso, não use os feijões para nenhum outro preparo).

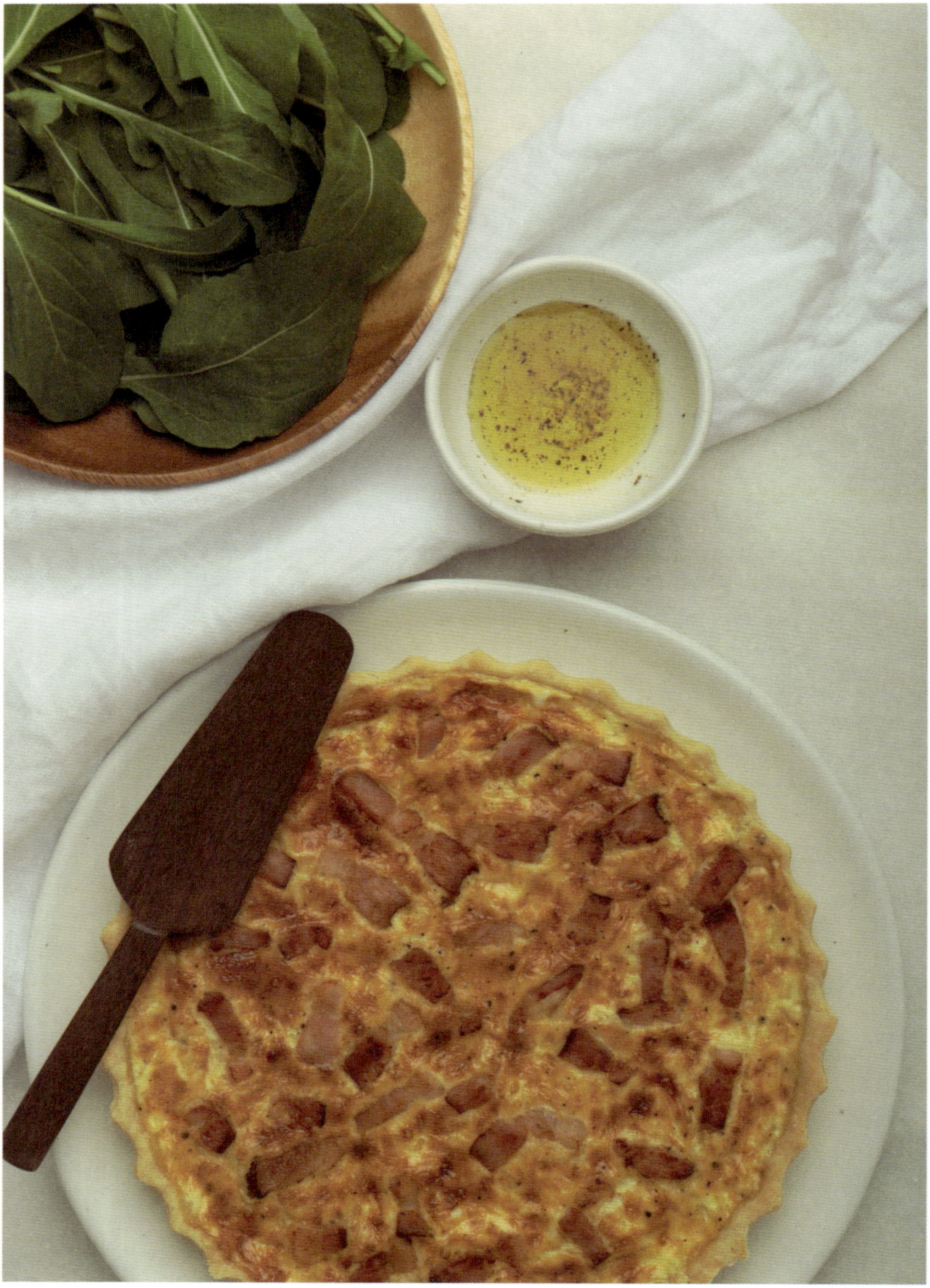

Para o recheio básico de queijo

- » 3 ovos
- » 250 ml de creme de leite ou leite
- » 100 g de queijo ralado (uso uma mistura de gruyère e parmesão, mas pode usar o que preferir)
- » Sal e pimenta-do-reino a gosto

1. Bata os ovos com o creme de leite, o queijo, o sal e a pimenta.
2. Coloque a mistura na base da quiche pré-assada.
3. Leve ao forno para assar por 15 a 20 minutos ou até que esteja cozida.

DICA: na hora de desenformar, coloque a fôrma sobre um copo, assim a lateral da fôrma desce e você desenforma com mais facilidade.

Para a quiche lorraine

- » 3 ovos
- » 250 ml de creme de leite ou leite
- » 100 g de queijo ralado
- » Sal e pimenta-do-reino a gosto
- » 180 g de bacon em tiras

1. Siga os passos da receita do recheio básico.
2. Frite o bacon em uma frigideira.
3. Misture metade no creme do recheio.
4. Despeje o recheio na massa pré-assada.
5. Coloque o restante do bacon por cima para decorar.
6. Leve ao forno.

Para a quiche de alho-poró

- » 3 ovos
- » 250 ml de creme de leite ou leite
- » 100 g de queijo ralado
- » Sal e pimenta-do-reino a gosto
- » 1 colher (chá) de manteiga ou azeite
- » 1 xícara de alho-poró fatiado

1. Siga os passos da receita do recheio básico.
2. Refogue o alho-poró na manteiga ou no azeite.
3. Tempere com sal e pimenta.
4. Misture metade no creme do recheio.
5. Despeje o recheio na massa pré-assada.
6. Coloque o restante do alho-poró por cima para decorar.
7. Leve ao forno.

JULIANA GUEIROS

Empadão

RENDIMENTO: 6 a 8 porções

- » 300 g de farinha de trigo
- » 175 g de manteiga
- » 1 pitada de sal
- » 1 gema

Agora vamos ao empadão, um queridinho da minha avó que acabou virando meu também. Uma massa bem amanteigada que tem menos "etapas" e requer menos cuidados (mas não deixa de ser uma delícia!).

Aqui também usei uma fôrma com 24 cm de diâmetro com fundo removível.

1. Misture a farinha, o sal e a manteiga.
2. Junte a gema e incorpore.
3. Abra a massa na fôrma. Se preferir, abra no rolo entre duas folhas de papel-manteiga ou filme plástico para facilitar.
4. Reserve o restante da massa para fechar o empadão (se não for de queijo).

O recheio do empadão pode ser de queijo (fica bem parecido com a quiche) ou pode ser cremoso e coberto com massa. Vou te ensinar as duas formas! Seja como for, eu não pré-asso a massa.

Recheio de queijo

- » ½ xícara de leite
- » 3 ovos peneirados (para separar a membrana branca que conecta gema e clara)
- » 1 colher (sopa) de manteiga derretida
- » 2 xícaras de parmesão ralado

1. Misture todos os ingredientes.
2. Despeje na massa e leve ao forno preaquecido a 180°C por aproximadamente 20 minutos.

Recheio de frango, camarão ou palmito

- » 500 g de frango em cubos ou camarão ou palmito
- » Sal e pimenta a gosto
- » Suco de limão a gosto
- » 1 colher (sopa) de azeite
- » 1 cebola pequena picada
- » 1 tomate picado
- » 1 colher (sopa) de farinha de trigo
- » 1 xícara de leite
- » Salsinha a gosto
- » 2 colheres (sopa) de requeijão ou catupiry
- » 1 gema de ovo

1. Tempere o frango, camarão ou palmito com sal, pimenta e limão.
2. Em uma panela, refogue a cebola no azeite até ficar translúcida.
3. Em seguida, adicione o tomate e cozinhe por 5 minutos ou até que esteja desmanchando.
4. Adicione o frango, camarão ou palmito e deixe cozinhar.
5. Enquanto isso, dissolva a farinha no leite e junte ao refogado.
6. Deixe ferver para o frango, camarão ou palmito terminar de cozinhar e o molho engrossar.
7. Ajuste o tempero, adicione a salsinha e junte o requeijão ou catupiry.
8. Coloque o recheio dentro da massa crua.
9. Use o restante da massa para tampar o empadão: é só abri-la entre duas folhas de papel-manteiga ou filme plástico.
10. Retire um dos papéis e coloque a massa recém-aberta por cima do recheio. Retire o outro papel.
11. Corte o excesso de massa.
12. Pincele com uma gema e faça um desenho com a ponta de um garfo (opcional).
13. Leve ao forno preaquecido a 185°C por 30 a 40 minutos até que a massa esteja cozida e dourada em cima.

Para o empadão virar empadinha, basta trocar o tamanho da fôrma. Requer um pouco mais de trabalho abrir a massa nas forminhas individuais, mas pode ser um passatempo delicioso enquanto se escuta um podcast ou vê uma série.

Para fechar as empadinhas com mais facilidade, abra a massa entre duas folhas de papel-manteiga ou filme plástico. Junte todas as empadinhas recheadas, de maneira que as forminhas encostem umas nas outras. Retire um lado do papel-manteiga e coloque a massa por cima das empadinhas. Use os dedos para cortar o excesso da massa e fechar as empadinhas.

DICA: esse recheio cremoso de empadão também é excelente para a massa de panqueca que aprendemos na página 163. Além disso, ele pode ser feito para aproveitar um frango já cozido.

Massas frescas

Quem me conhece sabe o quanto eu amo massa, especialmente as "de enrolar". Para mim, é a verdadeira definição de *comfort food*. Amo todos os aspectos do prato: preparar, servir, ralar raspas finas de queijo, enrolar os fios repetidamente até levar à boca... Um ritual lindo e cheio de amor.

Consumo e adoro massa seca — muitas vezes até prefiro —, mas acho incrível saber fazer a fresca, e o processo em si é apaixonante. É uma etapa linda e cheia de carinho que adicionamos ao prato quando temos tempo. Mas vale salientar que nem toda receita de massa pede massa fresca: algumas receitas clássicas, como o carbonara, exigem massa seca.

Existem inúmeras maneiras de fazer massa e diferentes técnicas. Vou falar sobre algumas e explicar a lógica por trás delas para que você possa escolher a sua favorita.

A receita-base é muito simples: 2 partes de ingredientes secos para 1 parte de ingredientes molhados. Ou seja, para cada 200 g de farinha de trigo, precisamos de 100 ml de líquido.

Agora vamos às variáveis. Citei a farinha de trigo porque é o mais comum em nossas despensas, mas na realidade pode ser sêmola ou uma mistura das duas. O que muda é a textura e o sabor da massa. A sêmola traz mais textura, enquanto a farinha de trigo proporciona um sabor mais ameno.

Em relação aos líquidos, pode ser água, gema, o ovo inteiro, uma mistura de ovo e água, e assim por diante. Em algumas receitas bastante específicas, usamos até vinho na massa. O importante mesmo é que seja líquido.

Agora é que vem o xis da questão. Se pode ser tanta coisa assim, como escolher qual usar? Água é a alternativa "mais fácil" e acessível, além de tornar a receita vegana. Em contrapartida, massa fresca feita com gemas oferece mais textura e sabor (por conta da gordura), mas é um pouco mais difícil de trabalhar, pois a gema tem pouca água em sua composição. Por isso, na minha opinião, uma ótima alternativa é uma mistura de gemas e mais algum líquido. A clara do ovo tem cerca de 80% de água, por isso uma receita pode ficar deliciosa se for composta por uma predominância de gema com uma pitada de clara. Assim temos o sabor aliado à praticidade.

Agora vamos ao modo de preparo: a receita original contava com um trabalho braçal que hoje pode ser evitado, mas eu particularmente acho o processo encantador. Ir incorporando os líquidos aos secos, vendo a massa tomar forma antes de abrir e cortá-la... É sempre bom ter alternativa, e uma batedeira com gancho e a máquina de abrir massa são ótimos facilitadores desse processo.

Quem quiser pode fazer a massa fresca colorida com espinafre ou beterraba. Basta bater o espinafre cozido com um pouco de água e usar como parte do líquido. O mesmo vale para a beterraba. A quantidade vai depender, mas diria que ¼ de xícara de espinafre ou beterraba para 200 g de farinha é um bom começo. É importante ir vendo a cor e alterando de acordo com seu gosto.

Massa fresca

RENDIMENTO: 2 a 3 porções

- » 200 g de farinha de trigo
- » ½ colher (chá) de sal
- » 2 gemas (40 g)
- » 1 ovo grande (60 g)

À mão

1. Misture a farinha e o sal.
2. Despeje os ingredientes secos em uma superfície limpa e abra um buraco no meio para acrescentar os ovos.
3. Misture os ovos com um garfo e vá incorporando a farinha.
4. Quando estiver incorporado, trabalhe a massa com a base da palma da mão. Sove por 5 a 10 minutos ou até que esteja homogênea. Se necessário, acrescente um pouco de água, pois a capacidade de absorção de diferentes farinhas pode variar.
5. Enrole a massa com filme plástico ou coloque em um saco e deixe descansar por 30 minutos ou mais.

Na batedeira

1. Misture todos os ingredientes na batedeira.
2. Encaixe o gancho e bata em velocidade média até que todos os ingredientes estejam incorporados.
3. Enrole a massa com filme plástico ou coloque em um saco e deixe descansar por 1 hora.

Abrindo a massa com rolo

1. Retire a massa do filme plástico.
2. Polvilhe a bancada com um pouco de farinha de trigo.
3. Abra a massa aos poucos, girando, virando e polvilhando farinha conforme necessário.
4. Quando a massa estiver na espessura desejada, corte.

Abrindo a massa na máquina

1. Retire a massa do filme plástico e corte em 4.
2. Ajuste a máquina e coloque o medidor na maior grossura.
3. Salpique a massa com farinha de trigo e passe 3 a 4 vezes na grossura máxima.
4. Diminua a grossura e passe mais 2 vezes.
5. Repita até chegar na espessura desejada.
6. Escolha o corte desejado e passe a massa para cortar em espaguete ou papardelle.

Para cozinhar a massa, o processo é simples e rápido, mas requer alguns cuidados especiais.

• Panela grande: na dúvida, opte pela maior, pois a massa precisa ter espaço para ferver e cozinhar sem grudar uma na outra; o único ponto negativo é que vai demorar mais tempo para a água ferver.
• Água fervendo vigorosamente e em abundância (panela cheia até aproximadamente ¾ da altura).
• Água generosamente salgada: a massa vai absorver a água fervente para cozinhar e consequentemente o sal, por isso precisa estar bem temperada.
• Guarde um pouco da água do cozimento para juntar ao molho e deixá-lo mais aveludado.
• Preste atenção no ponto da massa: a fresca cozinha muito rápido, em cerca de 2 minutos. A massa seca demora mais.
• Cozinhe até que esteja *al dente*: ou seja, cozida mas ainda com textura ao mastigar. Assim que estiver nesse ponto, juntamos a massa ao molho (tema do próximo capítulo), ajustamos o tempero e acrescentamos um pouco da água do cozimento para soltar o molho e deixá-lo bem cremoso.

Lasanha e ravióli

Siga o mesmo passo a passo da massa fresca até chegar na espessura de massa desejada. Para a lasanha, se possível, corte em retângulos da largura da travessa para facilitar na montagem. Monte com camadas de massa crua intercaladas com camadas de bastante molho branco e bolonhesa (ou outro recheio da sua preferência). Enquanto a lasanha assa no forno, a massa cozinha no molho, então não precisa pré-cozer.

Para o ravióli, abra a massa na espessura desejada (a mesma da massa de lasanha). O recheio pode ser ricota com nozes, ragu de carne, cogumelos, quatro queijos e por aí vai.

Aprendemos o método para fazer uma massa fresca deliciosa que serve para cortar praticamente qualquer massa de enrolar, como linguine e papardelle, além de lasanha e ravióli. Já para cortes como penne e fusilli precisaríamos de uma máquina específica.

Nhoque

O nhoque original consiste em batata, farinha e sal. Hoje em dia, porém, existem variações maravilhosas, como o de banana-da-terra, ricota, mandioca etc. O modo de preparo é bastante simples, assim como os ingredientes, mas existem algumas peças-chave para o nhoque aveludado, perfeito e que derrete na boca.

Sempre ouvi que o segredo do bom nhoque era pouca farinha na massa, mas discordo desse conselho. Acho que o segredo é a farinha na medida certa: precisamos de farinha o suficiente para que o nhoque tenha textura e não desmanche nem fique gelatinoso. A questão é que é difícil definir quantidade, já que depende de variáveis como umidade, frescor e tamanho da batata. Até a chuva durante a plantação pode influenciar! Como é impossível mensurar, a saída é estimar a quantidade e ir corrigindo no olho.

Na hora de cozinhar a batata, temos duas opções:
• Cozinhar no forno, o que é melhor na questão da umidade.
• Cozinhar numa panela com água, o que garante mais rapidez.

Não existe resposta certa, e sim uma série de pequenas adaptações que teremos que fazer. Se, por exemplo, cozinharmos na água, talvez seja preciso adicionar um pouco mais de farinha de trigo. Na rotina corrida que levamos, prefiro o método mais rápido, mas ambas as opções funcionam.

Nhoque básico

RENDIMENTO: 3 a 4 porções

- » 800 g de batata-inglesa com casca
- » Sal a gosto
- » 100 g de farinha de trigo

1. Junte as batatas com casca (que impede que elas absorvam muita umidade) em uma panela com água em temperatura ambiente.
2. Tempere com sal e cozinhe até que as batatas estejam macias.
3. Escorra e descasque imediatamente, com elas ainda quentes. Use um garfo para espetar as batatas e raspe com a parte traseira da faca para descascar.
4. Amasse as batatas com um garfo ou passe no espremedor ou na peneira.
5. Deixe as batatas esfriarem ainda amassadas. O ideal é adicionar a farinha quando a batata estiver fria para ter uma textura mais aveludada.
6. Tempere as batatas com sal e comece a juntar a farinha de trigo aos poucos.
7. O ideal é garantir uma massa homogênea e bem lisa que não grude na bancada nem na tábua.
8. Quando a massa estiver no ponto desejado, corte em pedaços e faça "cobrinhas" na bancada. Corte cada nhoque do comprimento que preferir (em geral, opto por uns 2 cm).
9. Cozinhe os nhoques em levas numa panela com bastante água fervente e salgada.
10. Assim que os nhoques flutuarem, tire-os com uma escumadeira e transfira para o molho desejado.

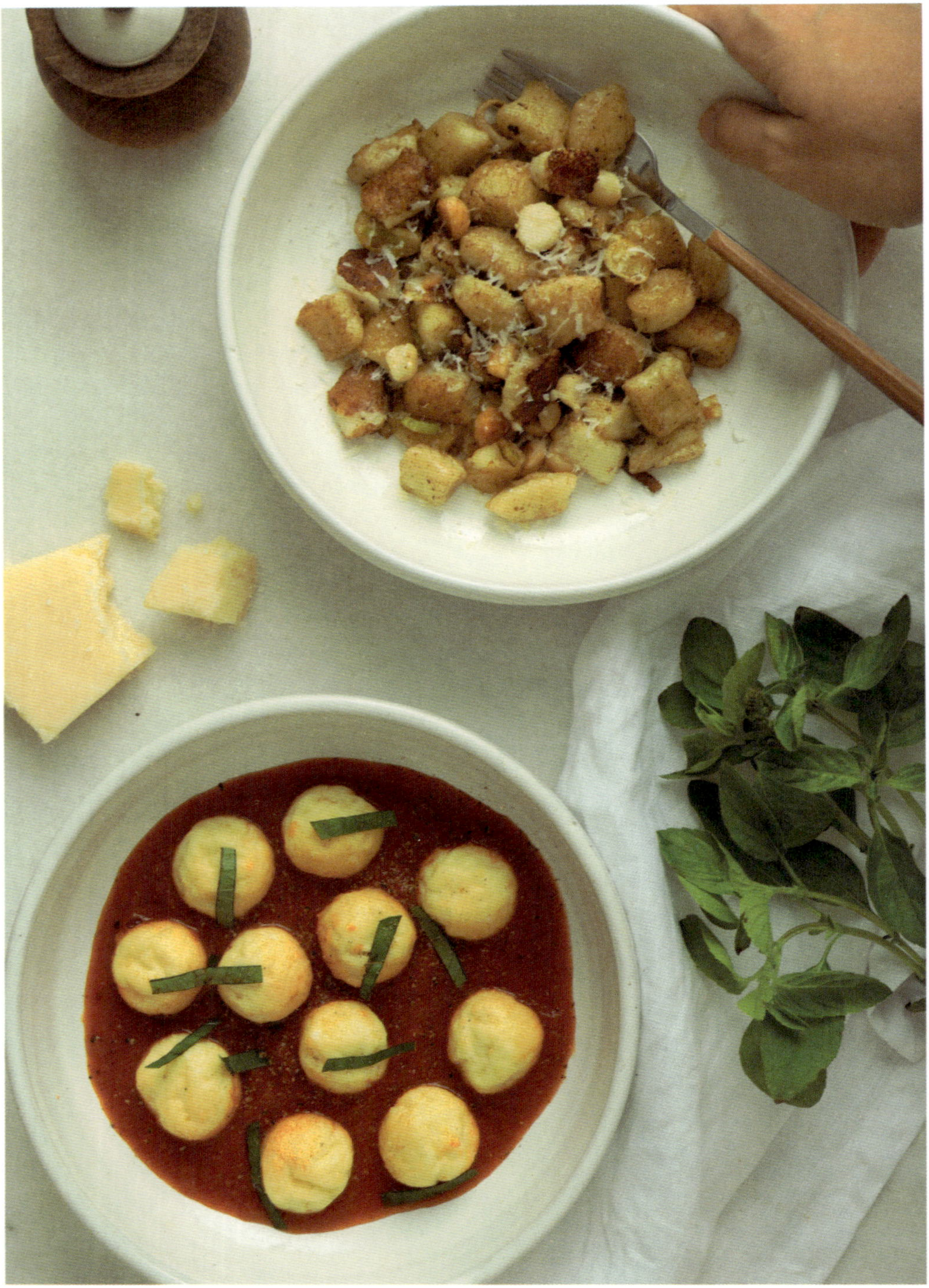

Nhoque grelhado na manteiga com sálvia

RENDIMENTO: 3 a 4 porções

PARA O MOLHO DE MANTEIGA, ALHO-PORÓ E MACADÂMIA
» 2 colheres (sopa) de manteiga
» 1 alho-poró fatiado
» 2 colheres (sopa) de macadâmia (ou a noz da sua preferência)
» Sal e pimenta-do-reino a gosto
» Parmesão a gosto

1. Numa frigideira antiaderente, derreta e esquente bem a manteiga.
2. Junte o alho-poró e a macadâmia e refogue.
3. Escorra o nhoque e junte em uma camada única na frigideira, sem que toquem uns nos outros.
4. Deixe dourar bem de um lado antes de dourar do outro.
5. Prove e ajuste o tempero.
6. Sirva imediatamente com parmesão ralado por cima.

Já que falamos em variações, vamos aproveitar e fazer um nhoque de ricota.

Nhoque de ricota

RENDIMENTO: 3 a 4 porções

» 400 g de ricota
» 2 ovos
» 40 g de parmesão
» 60 g de farinha de trigo
» Sal e pimenta-do-reino a gosto
» Noz-moscada a gosto

1. Misture todos os ingredientes.
2. Use uma colher de chá para pegar um pouco da massa. Em seguida, com outra colher, retire a mistura e transfira para um tabuleiro untado com azeite (se preferir, use as mãos, mas a massa é levemente grudenta, então não aplique força ao moldar).
3. Repita até acabar toda a massa.
4. Leve ao forno preaquecido a 190°C por 15 a 20 minutos, até que estejam ligeiramente dourados.
5. Sirva puro ou com o molho da sua preferência.

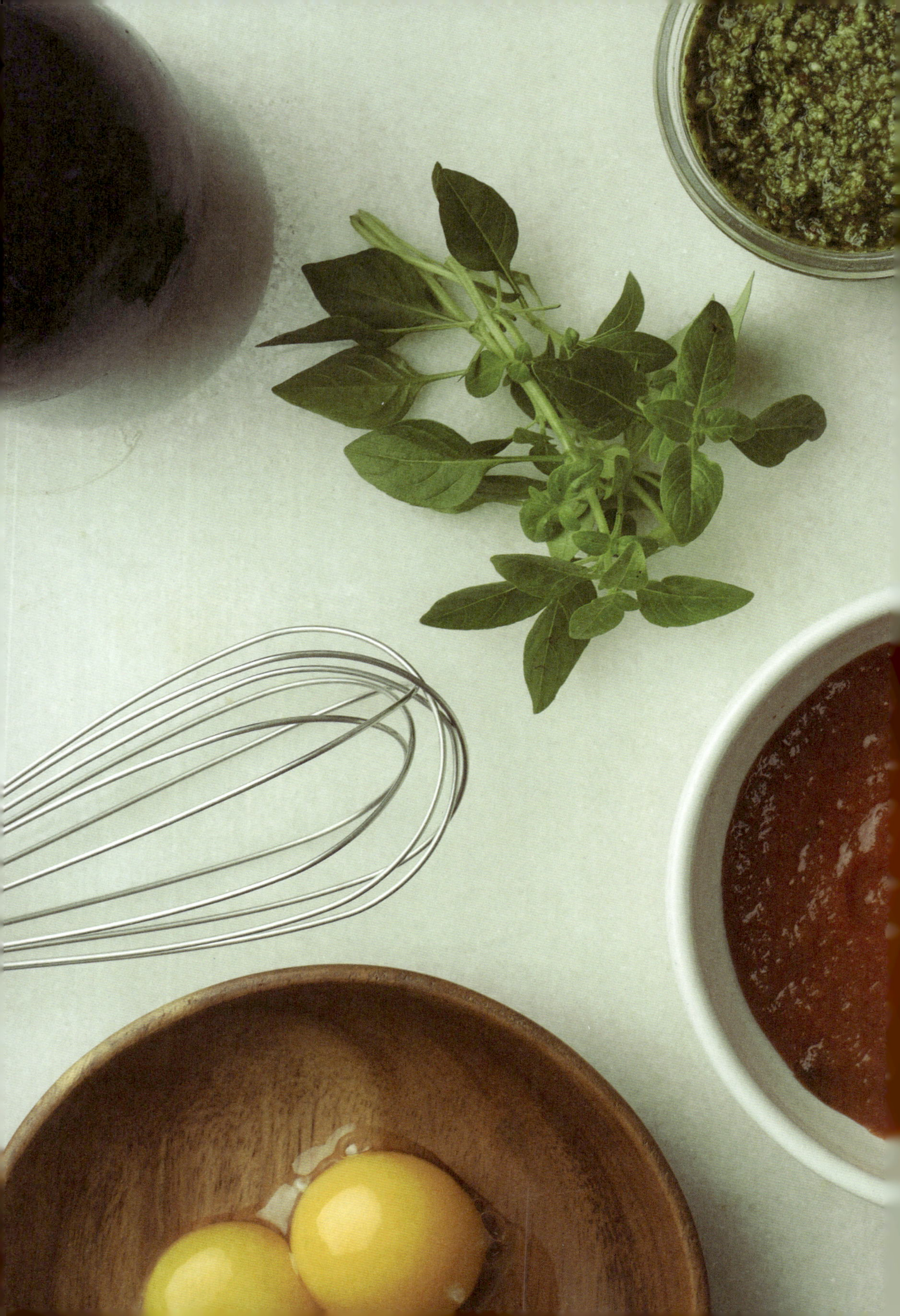

8. Molhos e seus derivados

Massa + molho = perfeição, pelo menos no meu dicionário.

Passamos um capítulo inteiro aprendendo sobre massas diferentes e deliciosas, e agora é hora de transformar o maravilhoso em estupendo! Afinal, massa + molho = perfeição, pelo menos no meu dicionário. Os molhos que vou ensinar neste capítulo vão muito além de molho de macarrão. Na realidade, me vejo em uma encruzilhada, pois a verdade é que há tantos molhos incríveis que poderíamos escrever um livro inteiro só sobre esse tema...

Mas vamos por partes. Vou começar com uns clássicos e aí vemos para onde isso nos leva, que tal?

De acordo com Auguste Escoffier, considerado por muitos o pai da gastronomia francesa, existem cinco molhos clássicos que são os "molhos-mãe" da culinária francesa. Para ele, a definição de molho é um líquido engrossado com algum espessante como farinha, gema, amido de milho (que não tem glúten), *roux* etc. Os molhos-mãe são: bechamel, *velouté*, *espagnole*, tomate e *hollandaise*. Vou falar brevemente de cada um, pois acho importante conhecermos, mas não vou me ater a eles exclusivamente, até porque alguns são pouco usados na culinária caseira que a maioria de nós pratica.

Molho bechamel

Esse, sim, é um clássico muito utilizado até hoje. Ele é o protagonista e por vezes a base de diversos pratos típicos mundo afora. Cremes de espinafre ou de cenoura, suflês e lasanhas são feitos com bechamel, além de muitos pratos gratinados. Até o *mac and cheese* começa com ele! Ele é um coringa, oferece versatilidade para quem cozinha e, apesar do que alguns podem achar, é muito simples.

O molho bechamel é essencialmente leite engrossado com *roux*, uma mistura de partes iguais de gordura (geralmente manteiga) e farinha, que engrossa e dá uma consistência aveludada e cremosa a um líquido. O *roux* pode ser quente ou frio. No caso do bechamel, ele é quente, pois refogamos a farinha na manteiga e depois juntamos o leite, cuja quantidade pode variar, a depender do uso. Para fazer um suflê, precisamos que o molho esteja mais encorpado, de modo que fique estruturado quando for ao forno. Em contrapartida, se for usado como molho de espaguete, precisamos que ele esteja mais fluido, o que conseguimos ao adicionar mais leite. Na culinária francesa, entretanto, também é muito comum misturar manteiga em temperatura ambiente com farinha e juntá-las a líquidos que estejam fervendo para engrossá-los, como sopas, caldos etc.

Na receita clássica, colocamos o leite numa panela com uma cebola inteira e uma folha de louro. Assim que ferver, desligamos o fogo, retiramos a cebola e o louro e aí usamos o leite para fazer o bechamel. Foi assim que aprendi no Le Cordon Bleu. Dito isso, minha mãe sempre fez refogando a cebola na manteiga, o que adiciona aquele sabor fenomenal de refogado que tanto amamos. O único ponto negativo é que o bechamel não fica liso, pois os pedaços da cebola não somem, mas eu, particularmente, não ligo muito para isso.

Aprendi tudo isso na faculdade de gastronomia, mas a verdade é que consumo molho bechamel há muito mais tempo. Minha mãe cozinha muito bem, e suflês, cremes e gratinados sempre fizeram parte do nosso cardápio. A única diferença é que chamávamos de molho branco. Vou aproveitar e nomear a receita de "molho bechamel da minha mãe", pois foi de fato com ela que aprendi a comer e a fazer. Para quem preferir a receita clássica, será muito simples fazer as alterações necessárias com as informações já fornecidas nesta seção.

Molho bechamel da minha mãe

RENDIMENTO: 4 porções (como molho)

- » 50 g de manteiga
- » 1 cebola picada
- » 50 g de farinha de trigo
- » 1 litro de leite
- » Sal e pimenta-do-reino a gosto (tradicionalmente se usa pimenta-branca)
- » Noz-moscada a gosto

1. Refogue a cebola na manteiga até que esteja translúcida.
2. Acrescente a farinha e cozinhe uns minutos para tostá-la, até que a mistura comece a borbulhar levemente.
3. Junte o leite e mexa com um *fouet* constantemente para que o *roux* dissolva. Prefiro juntar o leite em temperatura ambiente ou frio, mas quente também funciona.
4. Cozinhe em fogo baixo até que o leite ferva e engrosse.
5. Ferva por mais uns minutos.
6. Tempere com sal, pimenta e noz-moscada.

Couve-flor ou chuchu gratinado

RENDIMENTO: 2 a 3 porções

- » 25 g de manteiga
- » 1 cebola pequena picada
- » 25 g de farinha de trigo
- » 500 ml de leite
- » Sal e pimenta-do-reino a gosto
- » Noz-moscada a gosto
- » Muçarela ou o queijo da sua preferência (opcional)
- » 2 xícaras de couve-flor ou chuchu cru
- » Parmesão a gosto

Amo colocar o molho bechamel por cima de legumes, salpicar com queijo e levar ao forno para gratinar. Os mais comuns por aqui são chuchu gratinado e couve-flor gratinada, mas você pode usar os legumes que quiser. O único ponto de atenção é se precisamos ou não pré-cozer os legumes antes de levá-los ao forno. Geralmente prefiro omitir uma etapa e deixá-los mais tempo no forno, se necessário. Uma exceção seria a batata, mas só a cozinho antes para tirar o excesso de amido.

1. Siga os passos da receita do bechamel.
2. Junte a muçarela, prove e ajuste o tempero.
3. Adicione a couve-flor ou o chuchu e mexa para envolver.
4. Transfira para uma travessa própria para forno e salpique com o queijo parmesão.
5. Asse no forno preaquecido a 190°C por 20 a 30 minutos.

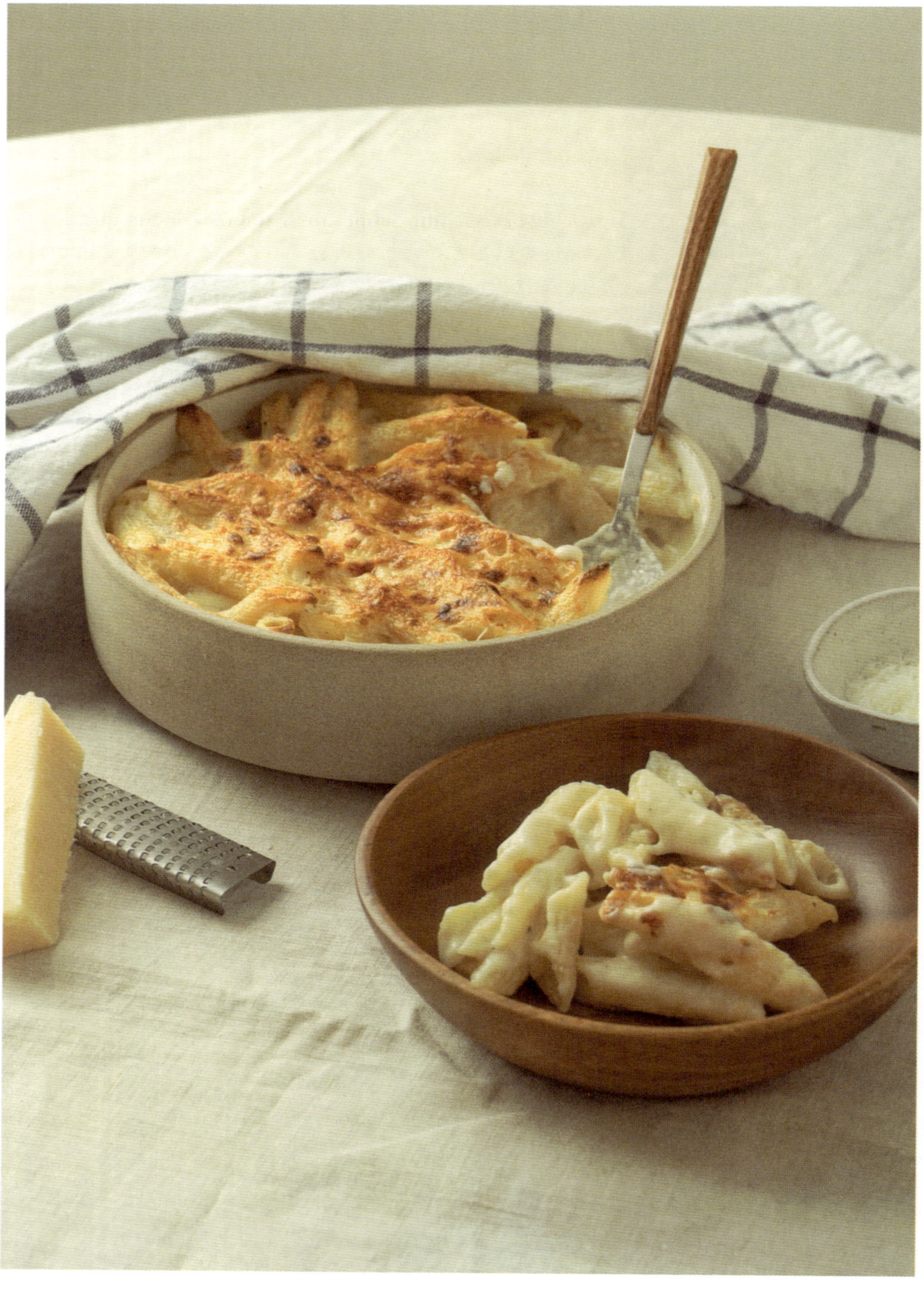

Mac and cheese

RENDIMENTO: 2 porções

PARA O MOLHO
» 25 g de manteiga
» 25 g de farinha de trigo
» 400 ml de leite
» 1 xícara de queijo ralado (gosto muito de usar uma mistura de gruyère e cheddar, mas você pode seguir a sua preferência)
» Sal e pimenta-do-reino a gosto
» Noz-moscada a gosto

PARA A MASSA
» 200 g de massa (de preferência caracolino, mas qualquer macarrão curto, como penne ou fusilli, serve)
» Queijo ralado para gratinar (opcional)

Como já disse, acredito com veemência que clássicos não são clássicos por acaso, por isso teremos uma receita de *mac and cheese*, um ícone dos Estados Unidos que é feito com essa base francesa. Para esse prato, não costumo usar cebola, nem infundida nem refogada, mas faça como preferir. Uso um pouco menos de *roux*, porque o queijo também ajuda a engrossar e não gosto do molho muito espesso.

1. Siga os cinco primeiros passos da receita do bechamel.
2. Quando o molho estiver no ponto, junte o queijo ralado e mexa até que derreta.
3. Tempere com sal, pimenta e noz-moscada.
4. Cozinhe o macarrão em bastante água fervente e salgada, de acordo com as instruções do pacote.
5. Quando estiver *al dente*, transfira a massa para o molho e mexa para incorporar.
6. Caso necessário, junte um pouco da água do cozimento do macarrão para afinar o molho.
7. Prove e ajuste o tempero.

Se quiser, transfira a massa para uma travessa própria, coloque queijo ralado por cima e leve ao forno preaquecido, de preferência na função "gratinar", por uns 2 minutos (fique atento, pois queima com facilidade), ou a 200°C na função comum até que esteja crocante em cima.

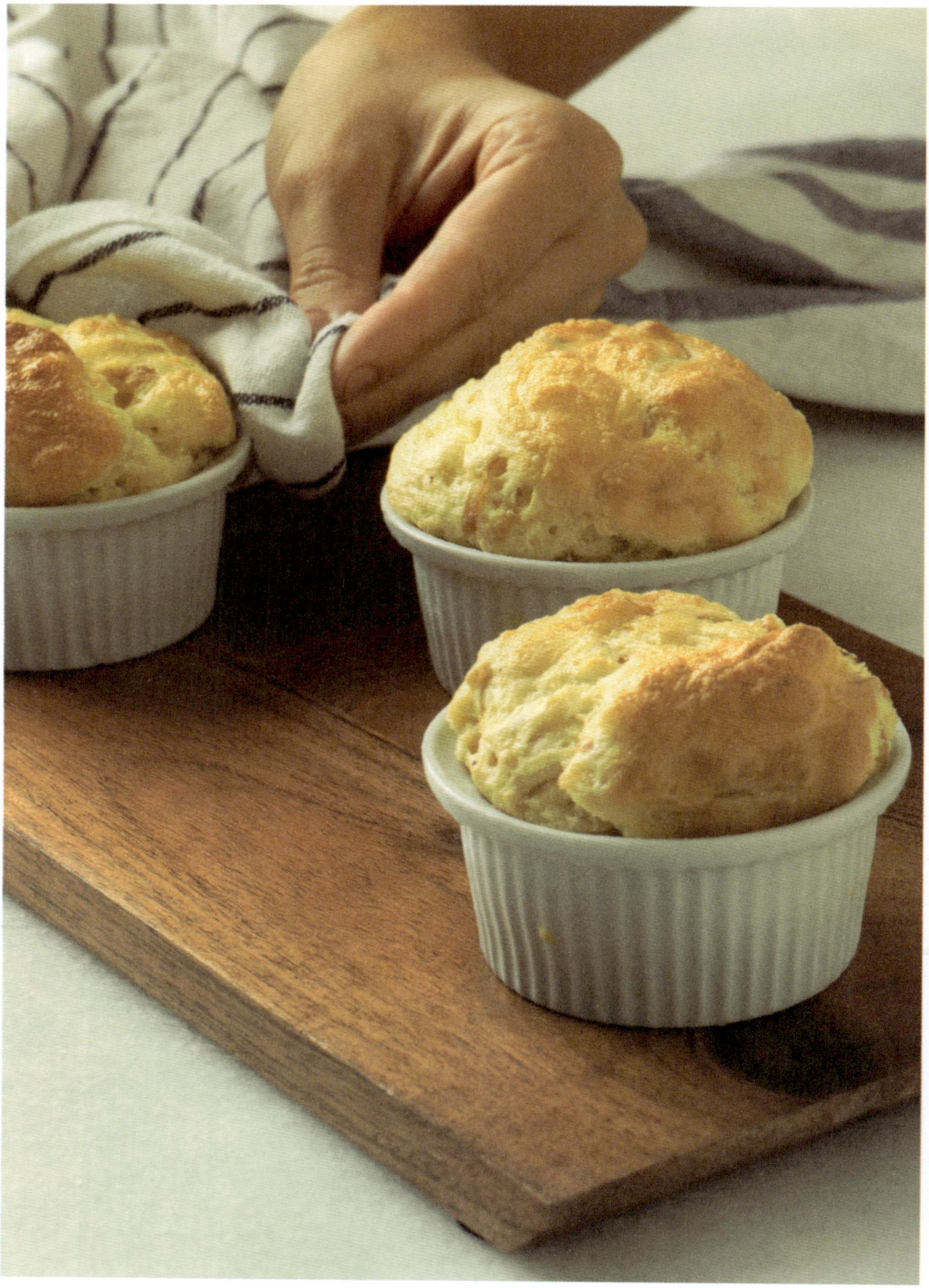

Suflê de queijo com cebola caramelizada

RENDIMENTO: 2 a 3 porções

PARA A CEBOLA CARAMELIZADA
» 2 colheres (sopa) de manteiga
» 2 cebolas em meia-lua

PARA O SUFLÊ
» 50 g de manteiga
» 50 g de farinha de trigo
» 500 ml de leite
» Sal e pimenta-do-reino a gosto
» Noz-moscada a gosto
» Cebola caramelizada
» 1 xícara de queijo ralado
» 3 gemas
» 5 claras
» Parmesão a gosto

Ao contrário do que muitos imaginam, o suflê é um prato muito versátil. Eu, particularmente, amo fazer ao longo da semana. Podemos preparar suflê com quase todos os legumes: brócolis, couve-flor, milho, cenoura, espinafre, abobrinha etc. Assim como os cremes, podemos fazer suflês "lisos" ou "com pedaços", a depender do nível de processamento do(s) ingrediente(s).

1. Derreta a manteiga em uma panela rasa e larga.
2. Junte a cebola e cozinhe, mexendo constantemente no fogo médio para que os açúcares naturais da cebola derretam e caramelizem.

1. Siga os passos da receita do bechamel.
2. Quando ferver, mexa mais 1 minuto e desligue o fogo.
3. Transfira o bechamel para um pote grande e espere esfriar (a panela quente pode começar a cozinhar os ovos, então, se preferir fazer na panela mesmo, é importante ter cuidado).
4. Junte o queijo, a cebola caramelizada e as gemas ao molho e misture imediatamente para incorporar bem.
5. Bata as claras em neve.
6. Incorpore as claras em neve em 3 adições. Na primeira adição, queremos apenas misturar para aproximar as texturas do bechamel e das claras.
7. Nas outras duas, queremos ser delicados para não tirar o ar das claras ao misturar. Opte por movimentos circulares, indo de baixo para cima e incorporando com delicadeza.
8. Unte e enfarinhe um refratário próprio para o forno (pode fazer em porções individuais ou em porção única) e coloque a mistura.
9. Rale um pouco de parmesão por cima e leve ao forno a 190°C por 20 a 30 minutos.

Batata gratinada

RENDIMENTO: 2 a 3 porções

- » 25 g de manteiga
- » 1 cebola pequena picada (opcional)
- » 25 g de farinha de trigo
- » 500 ml de leite
- » Sal e pimenta-do-reino a gosto
- » Noz-moscada a gosto
- » Muçarela ou outro queijo da sua preferência (opcional)
- » 4 batatas médias (aproximadamente 350 g) descascadas e cortadas em rodelas finas
- » Parmesão a gosto

No caso da batata gratinada, eu faria duas adaptações: cozinharia antes para tirar o excesso de amido e faria um molho bechamel mais ralo, pois, mesmo tirando o excesso, a batata ainda tem bastante amido, o que ajuda a engrossar o molho.

1. Coloque as batatas em uma panela com água. Assim que ferver, conte 3 minutos e escorra.
2. Siga os passos da receita do bechamel.
3. Junte a muçarela, prove e ajuste o tempero.
4. Faça camadas de batata na base da travessa, cubra com um pouco do molho e, em seguida, com queijo parmesão ralado. Repita as camadas terminando com o queijo por cima.
5. Asse no forno preaquecido a 190°C por 30 a 40 minutos.

Molho *velouté*

O *velouté* foi um molho muito relevante no século passado, mas a realidade é que hoje em dia vejo ele sendo pouco usado fora das cozinhas de gastronomia clássica francesa. Nada mais é do que um caldo engrossado com *roux*. O modo de preparo é o mesmo do bechamel, com a diferença de que substituímos o leite pelo caldo. Alguns pratos clássicos, como *velouté de veau*, são feitos com esse molho e são ícones franceses, mas não ganharam tanta visibilidade internacional como o *bourguignon*, por exemplo.

Alguns molhos derivados famosos são:
SAUCE ALLEMANDE: *velouté* de vitela finalizado com algumas gotas de limão-siciliano, creme de leite e gema de ovo.
SAUCE POULETTE: *velouté* com cogumelos, salsinha e suco de limão.
SAUCE SUPREME: *velouté* de frango finalizado com creme.

Molho *espagnole*

Diferentemente do que o nome sugere, o molho *espagnole* não surgiu na Espanha, mas na França. Trata-se de uma mistura de caldo de carne com extrato de tomate e *roux*. Durante uma época, ele foi comum como base de molhos para carnes — por exemplo, o demi-glace, que originalmente usa 1 parte de *espagnole* e 1 parte de caldo, ou o molho madeira, que é uma variação com vinho da região da Madeira. Hoje em dia, porém, o *espagnole* costuma ser substituído pela versão atual do demi-glace, que consiste num caldo de carne reduzido até uma consistência de "xarope".

Molho de tomate

Provavelmente meu molho favorito! O molho de tomate é um clássico icônico em praticamente todos os cantos do mundo. É a base para diversos molhos incríveis, como o *alla vodka*, o bolonhesa e muitos mais.

A verdade é que existem inúmeras formas de fazer molho de tomate, das mais complexas às mais simples: algumas passam horas no fogo, outras ficam prontas em minutos, algumas levam tomate fresco, outras levam tomate pelado ou passata. O molho de tomate francês "original" — se é que podemos chamar assim — era feito com pedaços de porco, caldo de carne, legumes variados e uma pitada de farinha, e depois cozido lentamente em fogo baixo. Por sua vez, Marcella Hazan, autora italiana consagrada, usava apenas tomate pelado, manteiga e uma cebola cortada ao meio. Digo isso apenas para demonstrar como existem inúmeras formas de fazer essa maravilha culinária.

A fim de explorar variações e dar opções para você, vou ensinar duas receitas: uma com tomate fresco e uma com tomate pelado. Duas opções deliciosas com pequenas diferenças que podem ser adaptadas de acordo com a sua preferência.

Muitos reclamam da acidez no molho de tomate, mas eu, que adoro esse gosto, não me incomodo. Há quem junte açúcar, bicarbonato de sódio etc. para cortar a acidez, mas prefiro usar cebola e cenoura. Outra opção incrível é a adição de algum laticínio, como leite, creme de leite ou queijo cremoso.

Refeições a jato à base de molho de tomate

RAGU DE LINGUIÇA — Doure bem a linguiça da sua preferência sem a pele numa panela com azeite e junte o molho de tomate pronto (da geladeira ou do freezer). Deixe cozinhar por uns 10 minutos. Prove e ajuste o tempero.

SHAKSHUKA — Para esses ovos cozidos no molho, escolha o molho de tomate da sua preferência e coloque numa panela rasa e larga. Quando ferver, abra alguns espaços com a colher e quebre um ovo em cada cavidade, dependendo de quantos quiser. Tempere os ovos com sal e pimenta-do-reino. Tampe a panela e cozinhe por uns 3 a 4 minutos, dependendo do ponto desejado do ovo. Finalize com um pouco de ricota, cottage ou feta e ervas frescas e coma com pão.

CANELONE DE ABOBRINHA COM RICOTA — Corte fatias de abobrinha no sentido do comprimento e grelhe rapidamente para torná-las maleáveis. Tempere a ricota com sal, pimenta-do-reino e azeite, coloque-a em uma extremidade da abobrinha e enrole. Cubra com o molho de tomate da sua preferência e leve ao forno coberto por uns 15 minutos.

Molho de tomate fresco

- » 4 colheres (sopa) de azeite
- » 3 dentes de alho picados
- » 6 a 8 tomates italianos maduros picados
- » Sal e pimenta-do-reino a gosto
- » Manjericão a gosto

São pouquíssimos ingredientes para preparar esse molho caseiro delicioso, que é um complemento perfeito para massas, panquecas, shakshuka etc.

Não tiro a pele nem as sementes do tomate, pois gosto do aspecto rústico e da acidez que elas proporcionam, além de achar que o trabalho adicional não compensa. Caso queira descascar o tomate, siga os passos indicados na página 25.

1. Esquente o azeite na panela e refogue o alho por 30 segundos, até que comece a borbulhar.
2. Junte os tomates picados e cozinhe em fogo médio por 15 a 20 minutos.
3. Tempere com sal e pimenta.
4. Se quiser, use um mixer para deixar o molho mais liso.
5. Finalize com manjericão.

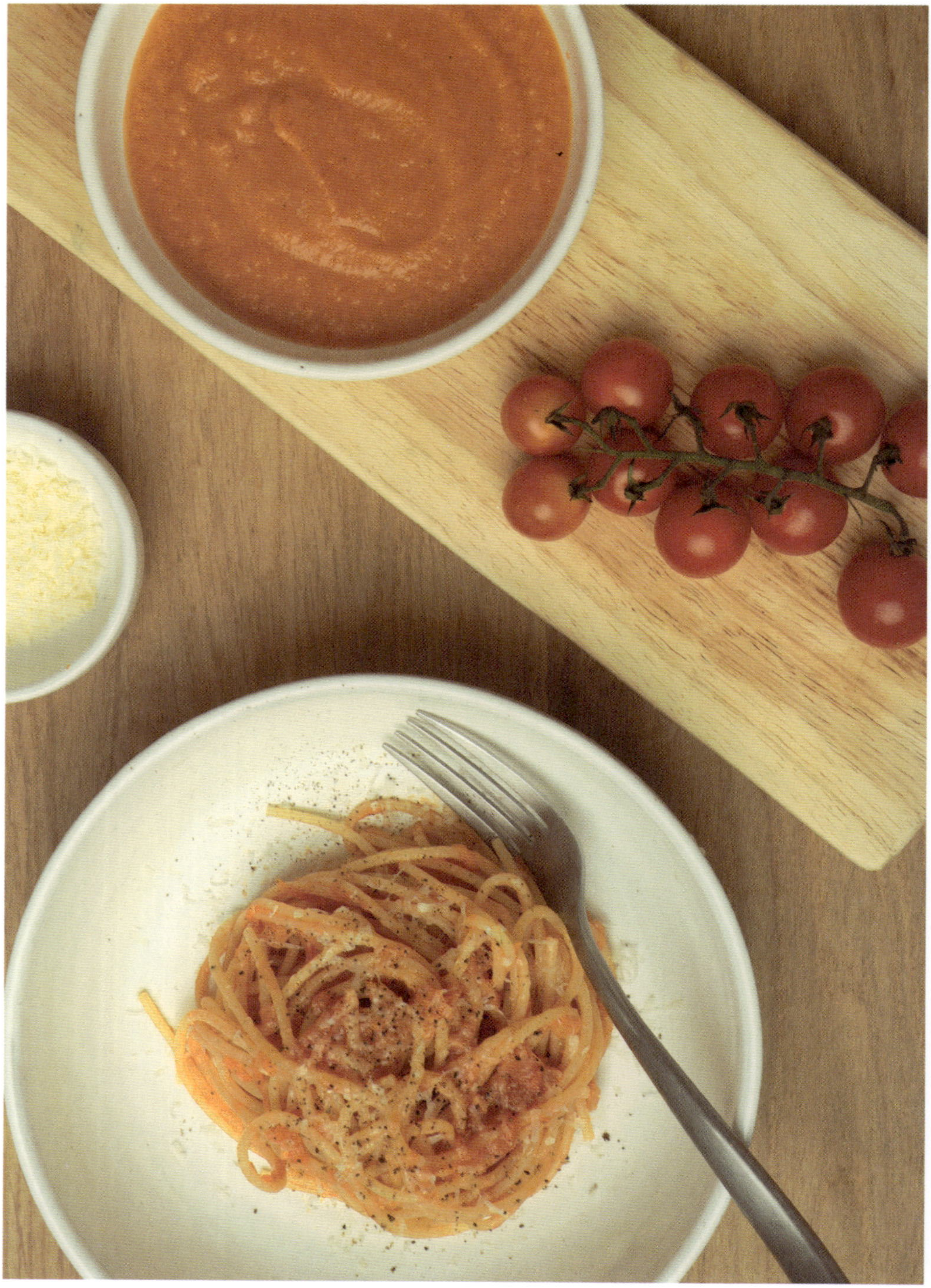

Molho de tomate pelado ou passata

RENDIMENTO: 2 porções

- » 3 colheres (sopa) de manteiga
- » 1 cebola picada
- » 1 cenoura pequena ralada
- » 2 dentes de alho picados
- » Pimenta calabresa a gosto
- » 1 lata de tomate pelado
- » 1 folha de louro
- » Sal e pimenta-do-reino a gosto
- » Parmesão a gosto

Esse é o molho de tomate que eu mais faço em casa. A passata é o tomate pelado batido ou passado pela peneira, e o resultado é um produto mais líquido e muitas vezes sem a semente. A cebola e a cenoura trazem uma doçura que corta um pouco da acidez tão controversa do tomate. Acredito, porém, que a cebola cumpre bem essa função sozinha. Quem prefere um molho mais rústico deve optar pelo tomate pelado; quem acha melhor um molho mais liso, basta usar a passata. Já o extrato é a passata concentrada ou reduzida a uma pasta, por isso uma ótima opção para dar cor ou sabor a pratos em porções pequenas, pois podemos adicionar bem pouco.

1. Refogue a cebola em 2 colheres (sopa) de manteiga até que esteja translúcida.
2. Junte a cenoura ralada e refogue por mais 1 minuto.
3. Adicione o alho picado e a pimenta calabresa e refogue por 30 segundos.
4. Entre com a lata de tomate pelado, meia medida da lata de água e o louro.
5. Deixe cozinhar em fogo médio por uns 15 minutos.
6. Tempere com sal e pimenta.
7. Finalize com parmesão e mais 1 colher (sopa) de manteiga.

Se usar como molho para macarrão, sempre finalize com um pouco da água do cozimento da massa, pois ela traz uma textura mais cremosa e aveludada devido ao amido.

Ambas as receitas de molho de tomate podem ser congeladas ou refrigeradas.

Para transformar o molho de tomate em *alla vodka*, basta omitir a cenoura, adicionar ¼ de xícara de vodca depois do alho, esperar evaporar e, no final, juntar ½ xícara de creme de leite fresco.

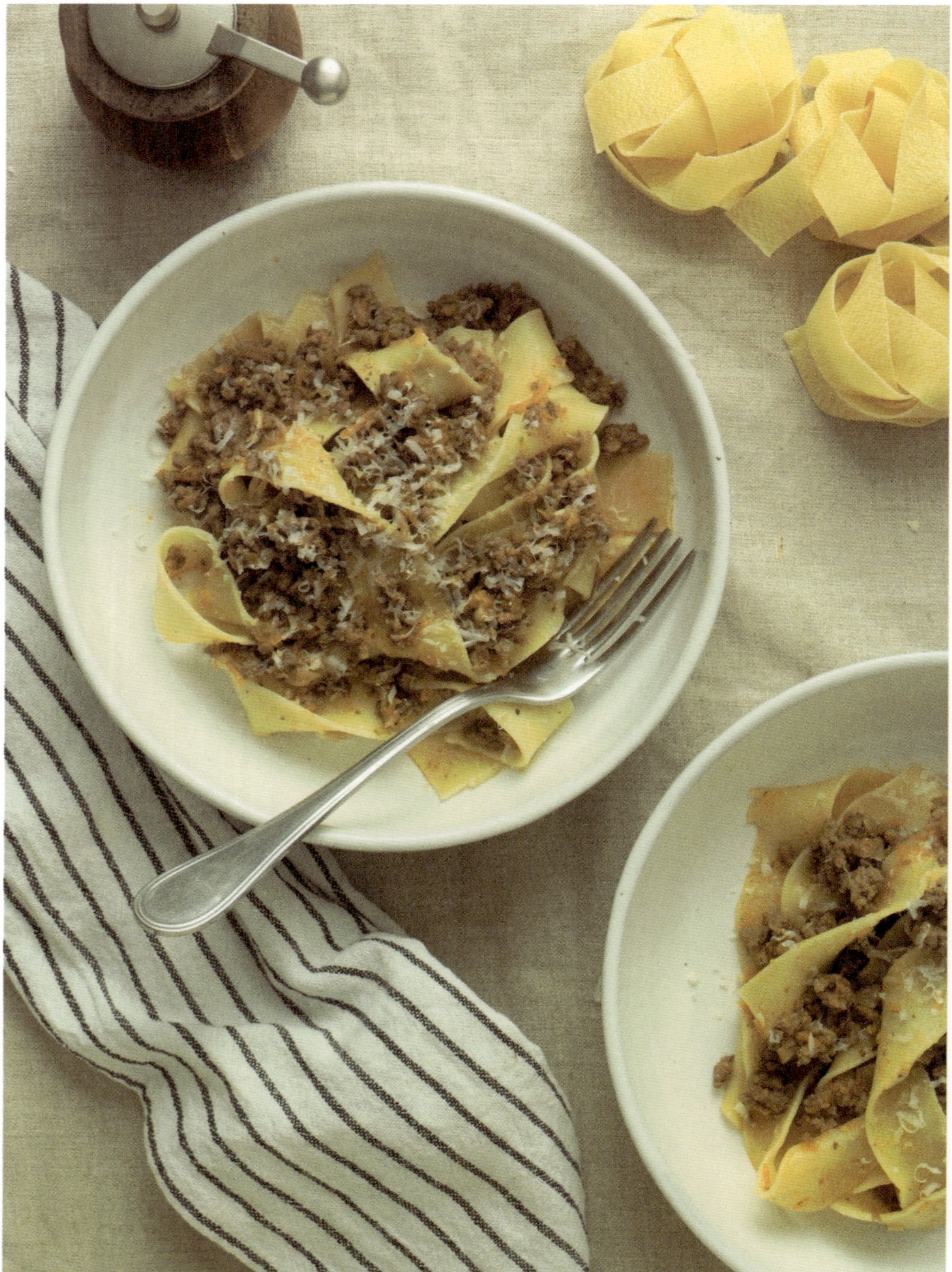

Molho à bolonhesa

RENDIMENTO: 2 a 3 porções

- » 1 colher (sopa) de azeite
- » 1 colher (sopa) de manteiga
- » 400 g de patinho moído (se quiser, pode substituir 100 g de patinho por carne de porco)
- » 1 cebola picada
- » ½ xícara de cenoura ralada
- » ½ xícara de abobrinha ralada (originalmente seria aipo)
- » 2 a 3 dentes de alho picados
- » ¼ de xícara de leite
- » ¼ de xícara de vinho branco
- » Sal e pimenta-do-reino a gosto
- » 1 pitada de noz-moscada ralada fresca na hora
- » 1 lata de tomate pelado

Poderíamos interpretar o molho à bolonhesa como o ragu de linguiça — dourar bem a carne e depois colocar o molho de tomate e deixar cozinhar em fogo baixo por uns 30 minutos para apurar. Ficaria uma delícia.

No entanto, não posso omitir as sugestões de Marcella Hazan de juntar leite e vinho branco. Esses ingredientes trazem ainda mais sabor ao prato, arredondam muito bem todos os componentes do molho e produzem um resultado incrível. Não vou seguir a receita à risca, mas vou deixar minhas adaptações explicitadas para quem quiser a receita original.

1. Esquente o azeite e a manteiga na panela.
2. Junte a carne, desmanche levemente com a colher e deixe fritar bem.
3. Depois mexa para cozinhar do outro lado.
4. Caso a carne solte água, espere secar e ficar bem "fritinha".
5. Abaixe o fogo e adicione a cebola picada para refogar.
6. Junte a cenoura ralada e a abobrinha e cozinhe por uns 2 minutos.
7. Acrescente o alho picado e refogue por 30 segundos.
8. Adicione o leite e deixe evaporar completamente, mexendo de vez em quando.
9. Junte o vinho e deixe cozinhar até evaporar.
10. Tempere com sal, pimenta e noz-moscada.
11. Entre com o tomate pelado, a medida da lata de água e deixe cozinhar em fogo baixo.
12. Quando ferver, feche a panela parcialmente e continue cozinhando.

Marcella Hazan refoga primeiro os legumes, como cebola, cenoura e aipo, e depois junta a carne. Prefiro dourar a carne antes para que ela caramelize bem, o que faz derreter seus açúcares naturais e dá mais uma camada de sabor.

Outra alteração que faço é em relação ao tempo. Não vejo necessidade de deixar o molho cozinhando por 3 horas e meia. Acho que 30 a 40 minutos já são o suficiente.

Além de tudo, essa receita é um coringa para diversos preparos na cozinha. Minha forma favorita de comer é com massa, cozinhando 100 g de massa por pessoa, mas aqui vão outras ideias maravilhosas.

ESCONDIDINHO — Coloque o molho à bolonhesa bem reduzido na base de uma travessa própria para o forno. Em seguida, cubra com o purê da sua preferência: pode ser de batata, mandioca, inhame, couve-flor... Pincele com uma gema de ovo, polvilhe queijo e leve ao forno para gratinar.

ABOBRINHA OU CHUCHU RECHEADO — Corte o legume ao meio, retire o excesso do miolo e dê uma pré-cozida no forno (ou na panela de vapor, no caso do chuchu). Recheie com o molho à bolonhesa, polvilhe com queijo parmesão e leve ao forno para gratinar.

LASANHA — Monte uma lasanha maravilhosa intercalando molho bechamel, massa fresca crua, molho à bolonhesa, molho bechamel novamente, queijo muçarela, queijo parmesão e repita até encher a travessa. Leve ao forno por 30 a 40 minutos.

PANQUECA — Recheie a massa de panqueca com a carne do bolonhesa e cubra com o molho da sua preferência.

Molho *hollandaise*

O molho *hollandaise* é o quinto molho entre os "molhos-mãe" da gastronomia francesa. Trata-se de uma emulsão de gema com manteiga clarificada, produzindo um molho cremoso, untuoso e delicioso, a cobertura perfeita para diversos legumes grelhados ou ovo poché. Usando o *hollandaise* como base, fazemos o famoso *béarnaise*, icônico complemento do filé. A receita é bastante temida, mas a realidade é que o preparo é simples. Precisamos apenas nos atentar aos momentos "cruciais" que vou ressaltar aqui.

Para a manteiga clarificada

Manteiga clarificada nada mais é do que a manteiga derretida sem os sólidos de leite e a água, ficando apenas a gordura. A manteiga clarificada não tem lactose, o que faz com que ela demore mais a queimar quando é aquecida. Vamos ao passo a passo de como fazê-la.

1. Derreta a manteiga em fogo baixo até que esteja líquida, e então desligue o fogo.
2. Use uma escumadeira para tirar os sólidos de leite (a espuma) da superfície com delicadeza.
3. Passe o líquido por um pano de prato limpo ou um pano de algodão fino.
4. Deixe esfriar e armazene na geladeira.

Hollandaise

RENDIMENTO: 3 a 4 porções

- » 2 gemas de ovo
- » 2 colheres (sopa) de água
- » 75 g de manteiga clarificada levemente morna
- » Suco de limão a gosto
- » Sal e pimenta-branca a gosto

1. Misture as gemas com a água em uma tigela e coloque sobre banho-maria (recipiente em cima de uma panela com dois dedos de água fervendo; o fundo do recipiente não deve encostar na água).

2. Mexa com o *fouet* constantemente em banho-maria até que as gemas comecem a espumar e dobrar de tamanho.

3. Caso a panela esteja muito quente, desligue o fogo ou tire a tigela do banho-maria por uns instantes. Queremos cozinhar as gemas lentamente, mas é importante que não virem ovos mexidos.

4. Sabemos que está no ponto certo quando, ao fazer um rastro com o *fouet* no meio da mistura, ela demora para se unir novamente.

5. Retire do banho-maria e coloque um pano de prato em volta da tigela. Isso dá estabilidade na hora de juntar a manteiga.

6. Junte a manteiga em fio lentamente com uma mão e continue mexendo constantemente com o *fouet* (se tiver alguém para ajudar, melhor ainda).

7. Quanto mais manteiga juntar, mais firme seu *hollandaise* vai ficar. A quantidade pode variar de acordo com a sua preferência, mas o ideal é que o molho seja fluido sem ser líquido.

8. Quando estiver no ponto desejado, tempere com sal e pimenta e umas gotinhas de limão (que vão soltar um pouco o molho).

Béarnaise

RENDIMENTO: 3 a 4 porções

- » ¼ de xícara de vinagre
- » ½ cebola
- » ½ colher (chá) de pimenta-do-reino em grãos
- » 1 colher (sopa) de estragão e salsinha
- » 2 gemas
- » 75 g de manteiga clarificada levemente morna
- » 1 colher (chá) de estragão ou cebolinha
- » 1 colher (chá) de salsinha picada
- » Sal e pimenta a gosto
- » Suco de limão a gosto

1. Em uma panela, junte o vinagre, a cebola, a pimenta em grãos e a colher de sopa de ervas.
2. Reduza até aproximadamente 1 colher de sopa da mistura.
3. Coe a redução e adicione às gemas em um pote, mexendo imediatamente com o *fouet*.
4. Mexa com o fouet constantemente em banho-maria (recipiente em cima de uma panela com dois dedos de água fervendo, sem encostar o fundo na água) até que as gemas comecem a espumar e dobrar de tamanho.
5. Caso a panela esteja muito quente, desligue o fogo ou tire a tigela do banho-maria por uns instantes. Queremos cozinhar as gemas lentamente, mas é importante que não virem ovos mexidos.
6. Sabemos que está no ponto certo quando, ao fazer um rastro com o *fouet* no meio da mistura, ela demora para se unir novamente.
7. Retire do banho-maria e coloque um pano de prato em volta da tigela. Isso dá estabilidade na hora de juntar a manteiga.
8. Junte a manteiga em fio lentamente com uma mão e continue mexendo constantemente com o *fouet* (se tiver alguém para ajudar, melhor ainda).
9. Quanto mais manteiga juntar, mais firme seu *béarnaise* vai ficar. A quantidade pode variar de acordo com a sua preferência, mas o ideal é que o molho seja fluido sem ser líquido.
10. Quando estiver no ponto desejado, tempere com sal, pimenta, limão e as ervas picadas.

JULIANA GUEIROS

Maionese

RENDIMENTO: 3 a 4 porções

- 1 ovo ou 1 gema (se estiver fazendo à mão)
- 1 colher (chá) de mostarda dijon
- Suco de limão a gosto
- ¾ de xícara de óleo neutro
- Sal e pimenta-do-reino a gosto

Já exploramos alguns dos molhos mais clássicos da gastronomia francesa e suas variações, mas, ao meu ver, faltaram alguns bastante relevantes, que são incríveis sozinhos, mas também são a base de outros molhos espetaculares. Estou me referindo à maionese e ao molho cremoso (de creme de leite, na página 209).

A maionese é uma emulsão de gema de ovo com óleo até formar um creme consistente. Originalmente é feita com um *fouet* enquanto se junta o óleo aos poucos, mas algumas versões mais modernas da receita incluem o mixer, o liquidificador ou até mesmo o processador.

1. Em um pote, junte a gema, a mostarda e umas gotinhas de limão. Se estiver usando mixer, liquidificador ou processador, use a clara também, pois ela ajuda a emulsionar a mistura.
2. Acrescente o óleo em fio até chegar à consistência desejada.
3. Tempere com sal e pimenta.

Algumas dicas e informações sobre a maionese:

• Maionese leva ovo cru, por isso é importante comprar ovos de boa procedência. Ou então compre ovos pasteurizados.

• Além de adicionar sabor, a mostarda proporciona maior estabilidade, por isso ela é recomendada (mas a maionese pode ser feita sem esse ingrediente).

• O limão também oferece sabor e estabilidade ao preparo.

• Algumas pessoas preferem usar uma mistura de óleo neutro e azeite. Não recomendo usar apenas azeite, pois tem um gosto muito forte e pode amargar a maionese.

• Se, por algum motivo, a sua maionese talhar, há dois truques para ajudar a emulsionar de novo: adicionar mais mostarda aos poucos e ir mexendo para reincorporar a maionese, ou colocar uma gema em um pote e ir juntando à maionese aos poucos, até misturar novamente.

• Você também pode saborizar a maionese com vários outros ingredientes: raspas de limão-siciliano, molho de pimenta, alho (para fazer aioli), curry, ervas frescas picadas etc.

"Maionese" de ovo cozido

RENDIMENTO: 2 porções

» 1 ovo cozido
» ½ colher (chá) de mostarda
» Gotinhas de limão
» Sal e pimenta-do-reino a gosto
» 2 a 3 colheres (sopa) de azeite

Não sou muito de brincar com clássicos, pois acredito que não são clássicos por acaso. Dito isso, entendo que algumas pessoas não gostam de consumir ovo cru ou consideram maionese pesada por levar uma quantidade significativa de óleo.

A próxima receita é uma "falsa maionese" que resolve essas duas questões. Não é como a maionese tradicional, pois oferece menos cremosidade e um sabor levemente diferente, mas vale conhecer.

1. Bata tudo no processador, mixer ou liquidificador.
2. Ajuste o tempero.

Molho cremoso com creme de leite

RENDIMENTO: 2 a 3 porções

- » 1 colher (sopa) de manteiga
- » 2 dentes de alho picados
- » ¼ de xícara de vinho branco (opcional)
- » 2 xícaras de creme de leite
- » Sal e pimenta-do-reino a gosto

Eu amo um bom molho bechamel, mas sei que há quem prefira um molho à base de creme de leite. O segredo é dar tempo para o creme de leite reduzir e, consequentemente, engrossar, trazendo uma cremosidade incrível para o preparo.

A receita pode ser feita com limão-siciliano, parmesão, queijo azul ou até mesmo quatro queijos. É um molho maravilhoso para acompanhar massas, além de ser uma ótima opção para frango e carne.

Gosto sempre de começar refogando o alho para construir mais uma camada de sabor no preparo, mas essa parte é opcional. Podemos ou não incluir um pouco de vinho branco para trazer sabor e acidez. Vai depender do que você preferir ou do que tiver em casa.

1. Refogue o alho na manteiga por uns 30 segundos.
2. Adicione o vinho e deixe reduzir pela metade para o álcool evaporar.
3. Acrescente o creme de leite e deixe reduzir em fogo baixo por 10 a 15 minutos.
4. Tempere com sal e pimenta.
5. Junte as adições que preferir.

Você pode fazer as seguintes adições, se quiser:
- Suco e raspas de limão-siciliano (se usar, junte o suco no final do preparo), perfeitos para massas com camarão, cavaca, lagostim e vieira.
- 1 colher (sopa) de mostarda e ½ xícara de parmesão, ótimo para carne ou frango — com ou sem massa.
- ½ xícara de queijo que derreta bem, para fazer um molho cremoso de queijo.

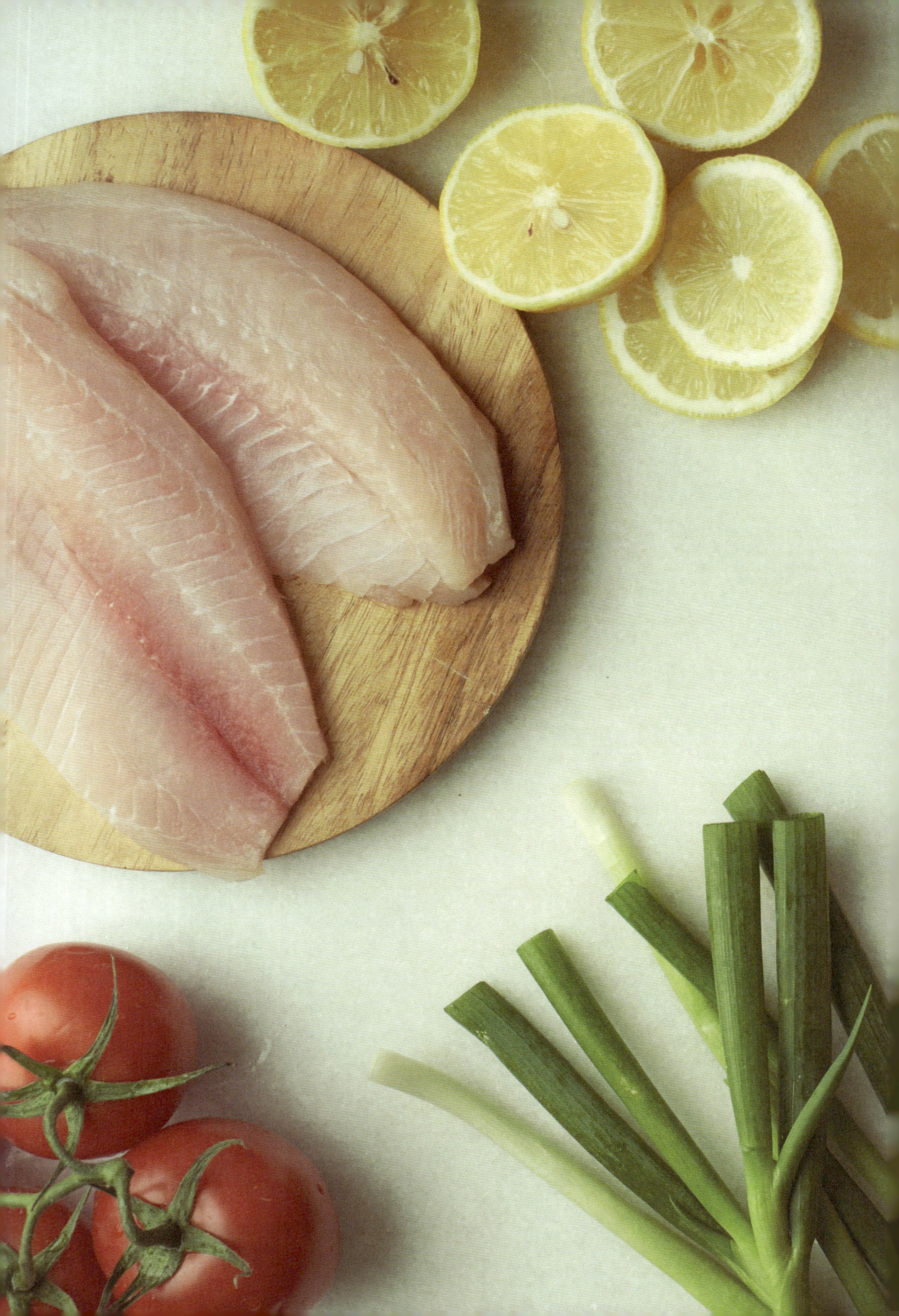

9. Peixes e frutos do mar

Prefiro comprar o peixe já filetado e pronto para usar; raramente compro inteiro, a não ser que eu queira assá- -lo no forno com sal grosso, por exemplo.

ADORO A VERSATILIDADE, o sabor e a leveza desses ingredientes. Além disso, peixes geralmente cozinham rápido, o que é imprescindível na correria do dia a dia. Existem diversos tipos de peixes e frutos do mar e ainda mais maneiras de prepará-los. Neste capítulo, vou falar sobre alguns e as melhores formas de fazer cada um deles.

Vamos começar pelo peixe inteiro. Pessoalmente, prefiro comprar o peixe já filetado e pronto para usar; raramente compro inteiro, a não ser que eu queira assá-lo no forno com sal grosso, por exemplo. Apesar disso, acho importante explicar como comprar e avaliar o frescor do peixe inteiro.

- O peixe deve ter os olhos brilhantes (não esfumados nem opacos).
- As guelras devem estar vermelho vivo e não escuras.
- O peixe deve estar firme.
- A pele deve estar brilhante.
- O cheiro deve ser de mar.

Peixe fresco ou congelado?

Depende. Se o peixe é congelado de maneira apropriada enquanto ainda está fresco, o congelamento preserva os nutrientes, o sabor e a textura. Portanto, é melhor ter um peixe congelado de boa qualidade do que um peixe resfriado há alguns dias na geladeira.

Hoje em dia, existem muitas tecnologias eficientes que permitem o ultracongelamento, que consiste em congelar o peixe extremamente rápido, preservando sabor, textura e cor. Em alguns casos, desde a pesca até o congelamento, transcorrem apenas minutos ou poucas horas, o que garante um peixe fresco e delicioso após o degelo.

Se eu for usar o peixe em alguns dias, compro fresco mesmo.

Degelo

A melhor forma é tirá-lo do freezer e transferir a embalagem para a geladeira em um prato ou pote por 12 a 24 horas. Assim, o peixe descongela lenta e gradualmente.

Caso se esqueça de descongelar com antecedência na geladeira, a melhor alternativa é tirar o peixe do freezer e colocar a embalagem hermética submersa em um pote com água gelada. Assim o peixe descongela mais rápido e de forma mais segura do que se ficasse na bancada da cozinha ou na pia.

Lembre-se: temperaturas altas são o ambiente propício para a proliferação de bactérias, então prefira sempre descongelar pescados em ambientes "frios", como a geladeira ou água gelada.

Nunca descongele e recongele o peixe no mesmo estado. Ou seja, se descongelar um pescado, mas desistir de prepará-lo, você tem duas opções: preparar e congelar o peixe cozido ou deixar na geladeira e preparar no dia seguinte.

Como cozinhar

Sempre descongele seu peixe antes de cozinhá-lo. Além de ser a forma mais segura, é uma etapa imprescindível para garantir que ele vai cozinhar uniformemente. Se colocar o salmão congelado ou semicongelado na panela para grelhar, ele vai começar a descongelar, soltar água e, no final, ficará cozido em vez de grelhado. **A quantidade por pessoa é de aproximadamente 200 g.**

Para peixes grelhados, uma boa frigideira vai auxiliar e muito na hora de cozinhá-lo. Para grelhar ou selar, use azeite ou manteiga (não se corre tanto risco de queimar, pois peixe cozinha bem mais rápido do que frango e carne).

A panela antiaderente é a opção mais segura. Estando quente, ela garante um caramelizado bonito, e conseguimos virar para cozinhar do outro lado sem grandes riscos de despedaçar. Também podemos usar uma panela de ferro, mas é muito importante que ela esteja preaquecida e com gordura o suficiente. Se o seu peixe aparentar estar grudando, dê mais um ou dois minutos: ele soltará naturalmente da panela quando estiver pronto para virar. A espátula específica para peixes também ajuda muito a dar estabilidade para virá-lo.

DICAS GERAIS

Esquente bem a panela antes de colocar o peixe ou fruto do mar, para caramelizar os açúcares naturais e dourá-los bem.

Nunca encha muito a panela, para que ela não esfrie. Caso contrário, corre-se o risco de cozer em vez de grelhar. Deixe espaço entre cada pedaço. Se precisar grelhar muita quantidade, faça em levas.

Para peixe ensopado, gosto de usar uma panela de inox. Para peixe frito, panela de inox ou ferro. Para papelote ou assado, assadeira. Para grelhado, frigideira antiaderente.

Como saber se o peixe está cozido? Depende do peixe. Falaremos de cada caso.

Salmão

O salmão é um peixe extremamente saboroso e versátil, popular no mundo inteiro. Pode ser comprado em pedaços grandes, tipo lombo, ou em filés individuais. É mais gorduroso, o que contribui para o seu sabor. A parte da barriga é mais fina — e mais gordurosa — do que o restante do peixe.

Dá para comer cru, inteira ou levemente grelhado, em papelote, no vapor, assado etc. Nada impede que ele seja feito ensopado ou frito também, mas, por causa do percentual maior de gordura, não acho a melhor opção para tais preparos. O ponto de cocção é ainda úmido e suculento por dentro, levemente cru no centro. Ao cortarmos, deve se separar em lascas. Se cozinhamos demais, o salmão fica menos macio e mais seco.

Peixes brancos

A variedade de peixes brancos é enorme: alguns são mais finos, outros mais grossos, e a textura varia bastante dependendo do peixe. Vou falar dos meus favoritos e a melhor maneira de preparar cada um.

Peixes brancos mais finos, como tilápia e linguado, são extremamente versáteis e ficam deliciosos grelhados, fritos, assados e cozidos. Apesar disso, na maioria das vezes opto por grelhar ou fritar os filés mais finos. Em termos de como grelhar ou assar o peixe branco, o método se assemelha muito ao preparo do salmão. Precisamos apenas nos atentar à grossura e ao tamanho do filé, pois ambos os fatores interferem diretamente no tempo de cocção.

Na minha opinião, peixes mais grossos, como namorado, robalo e cherne, ganham destaque ao serem cozidos ou assados. Os filés mais "altos" se beneficiam de uma cocção um pouco mais suave e demorada para garantir um cozimento uniforme até o centro.

Gosto muito de fazer ensopados com peixe branco, seja de inspiração brasileira em uma moqueca, seja de inspiração indiana em um curry. Amo a ideia de preparar um caldo aromático e saboroso e infundir o peixe lentamente nos últimos minutos de cocção para garantir o sabor e o ponto perfeitos.

Em geral, tempero peixes logo antes de usar, pois a carne é muito delicada. Inclusive, para fazer ceviche, utilizamos o peixe cru de boa procedência e marinamos ele em uma mistura ácida que o cozinha levemente.

TILÁPIA — Para mim, o peixe branco mais versátil. Dá para usar no ceviche, fazer grelhado, à milanesa, frito, assado, em papelote e ensopado.

LINGUADO — Gosto de fazer grelhado ou frito.

PESCADA-AMARELA — Fica uma delícia assada ou ensopada.

ROBALO — Ótimo para ceviche, assado, ensopado ou em papelote.

NAMORADO E CHERNE — Ótimos assados, ensopados ou em papelote.

Quanto ao ponto de cocção, pode ser consumido cru (em um ceviche ou carpaccio, por exemplo) ou totalmente cozido. Não gosto de usar peixe branco para uma cocção de meio-termo. Para preparos crus, opto pelos filés mais firmes, assim eles cozinham com o limão, mas não se desmancham.

Uma boa dica para ver se o peixe está cozido ou no ponto é se atentar à cor. O peixe cru tem um aspecto um pouco mais translúcido, já quando cozinha fica com uma cor mais opaca. Para filés mais altos, uma boa dica é inserir devagar uma faca pequena afiada no centro do peixe e depois encostar com cuidado na faca para ver a temperatura. Se estiver fria, o peixe ainda está cru por dentro. Se estiver quente, está cozido.

Atum

Quando bem-feito, o atum é um peixe muito saboroso. Na minha opinião, existem apenas três formas de prepará-lo de modo a valorizar a textura dele:
- Cru, em tataki, carpaccio ou tartare.
- Grelhado superficialmente, só para criar uma crosta em volta, mantendo o miolo cru.
- Confitado, ou seja, cozinhando lentamente em gordura, preparo que se assemelha ao famoso atum em conserva que muitas vezes temos na despensa.

O atum não é um peixe naturalmente gorduroso, por isso tende a ficar seco se for cozido demais. A exceção é o tipo *confit*, já que a gordura traz sabor e umidade.

Para receitinhas com atum (ou sardinha) em lata, um coringa na salada, no molho de macarrão, na pastinha e até na torrada, prefiro a conserva no óleo do que na água. Acho a textura e o sabor melhores, mas descarto o óleo antes de usar.

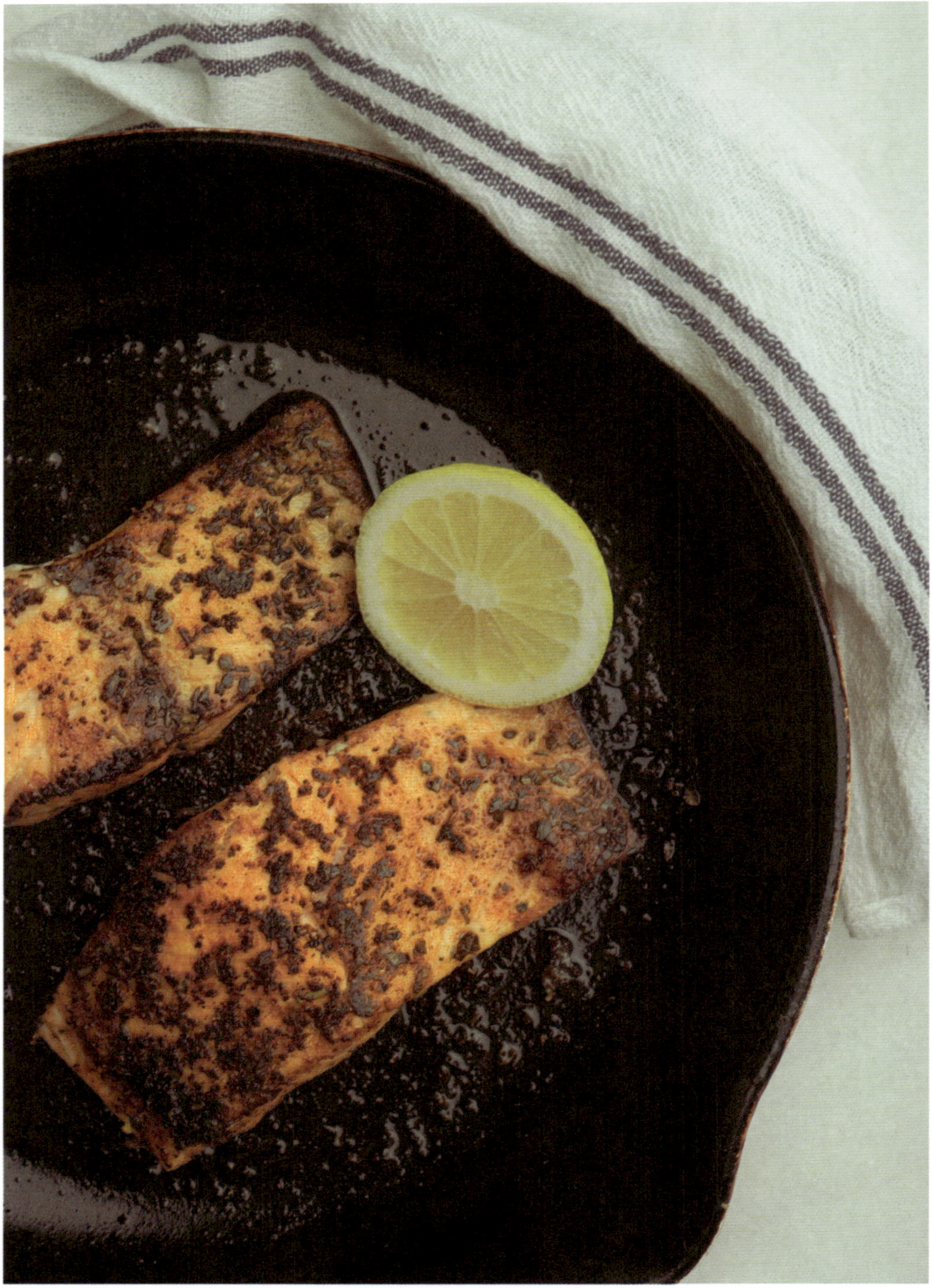

Salmão grelhado com especiarias

RENDIMENTO: 4 porções

- » 4 filés de salmão
- » Sal e pimenta-do-reino a gosto
- » Suco de limão a gosto
- » 1 colher (sopa) de azeite

PARA O MIX DE ESPECIARIAS
- » 1 colher (sopa) de orégano
- » 2 colheres (chá) de páprica
- » 2 colheres (chá) de cominho
- » 1 colher (chá) de pimenta calabresa

É uma forma rápida e deliciosa de deixar o salmão extremamente saboroso e suculento, eu amo! Gosto de variar sempre os temperos para dar uma cara nova, por isso vou ensinar esse salmão com especiarias, mas você pode fazer só com sal e limão ou ir variando os temperos de acordo com a sua preferência.

1. Misture os temperos para o mix de especiarias.
2. Tempere o salmão com sal, pimenta e limão.
3. Passe os filés de salmão no mix de especiarias dos dois lados.
4. Esquente bem o azeite em fogo médio-alto na panela e junte o filé de salmão (coloque a parte que você quer servir para baixo primeiro).
5. Deixe dourar bem por uns 3 minutos, depois vire usando uma espátula para dourar do outro lado. Agora diminua o fogo para médio.
6. Deixe cozinhar até que esteja no ponto desejado.

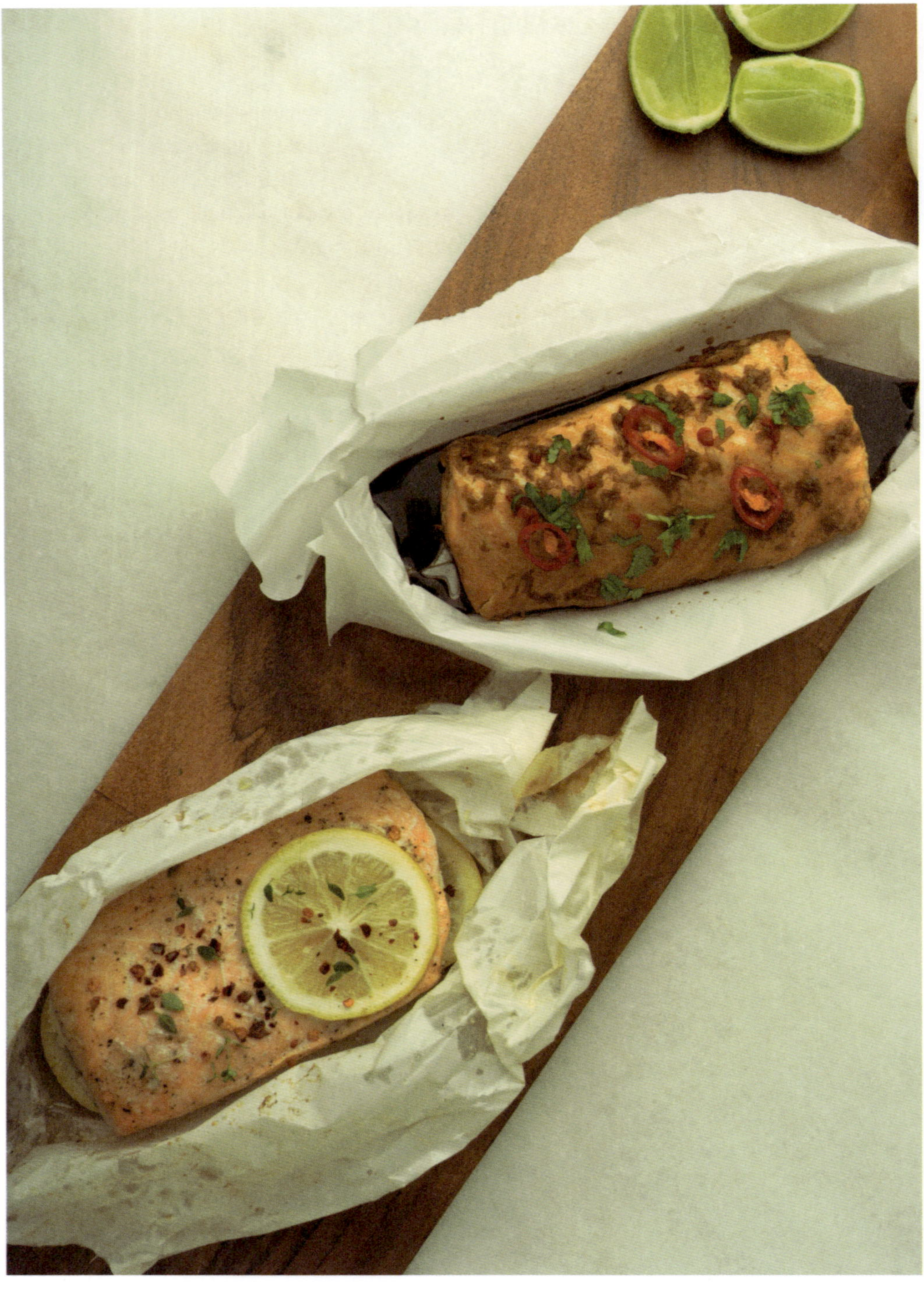

Em papelote ou no vapor

Para cozinhar em papelote, fechamos bem o peixe com temperos e um pouco de líquido em um papelote feito com papel-manteiga ou papel-alumínio, de modo a criar um "casulo". Quando o líquido aquece, o vapor não pode escapar, o que garante uma cocção delicada e levemente úmida que traz suculência ao preparo. No segundo método, o vapor vem da água fervendo embaixo, e o resultado é um peixe bem macio e suculento.

Salmão com vinho branco
RENDIMENTO: 1 porção

» 1 filé de salmão
» Sal e pimenta-do-reino a gosto
» Rodelas de limão-siciliano
» 1 fio de azeite
» 2 colheres de vinho branco
» Pimenta calabresa a gosto (opcional)

Nesta receita, você pode variar as ervas e o tempero, e uma boa dica é colocar legumes que cozinhem rápido junto com o peixe no papelote. Fica ótimo servido com o molho da salada niçoise (página 111).

1. Tempere o peixe com sal, pimenta, limão, azeite e vinho.
2. Feche no papelote e asse a 190°C por uns 15 a 18 minutos.

Salmão com molho asiático
RENDIMENTO: 2 porções

» 2 filés de salmão
» 3 colheres (sopa) de molho shoyu
» 1 colher (sopa) de limão
» ½ colher (chá) de gengibre ralado
» 1 dente de alho pequeno ralado
» Pimenta dedo-de-moça a gosto (opcional)
» Coentro a gosto (opcional)

1. Misture todos os ingredientes exceto o salmão, prove e ajuste o tempero.
2. Regue o peixe com metade do molho e leve à panela de vapor ou feche em um papelote.
3. Cozinhe por 10 a 12 minutos até que esteja suculento.

Esse molho é um ótimo complemento não só para peixes no vapor ou em papelote, mas também para grelhados ou assados.

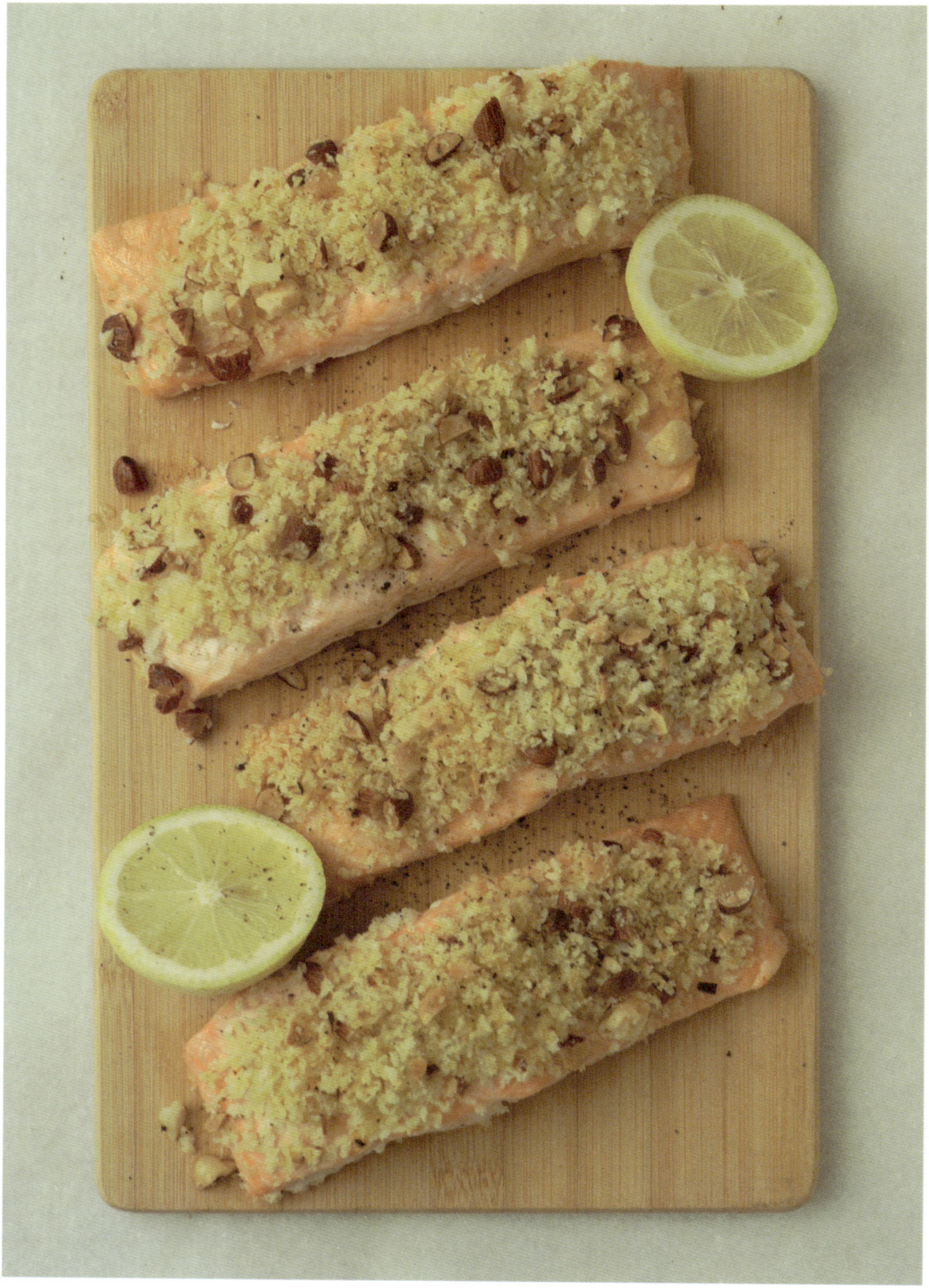

Salmão assado com crosta de castanha

RENDIMENTO: 4 porções

- » 4 filés de salmão
- » Sal a gosto
- » Suco de limão a gosto
- » 1 colher (sopa) de azeite

PARA A CROSTA DE CASTANHAS
- » ½ xícara de farinha panko
- » ¼ de xícara de amêndoas
- » Pimenta calabresa a gosto
- » 2 colheres (sopa) de azeite
- » Sal a gosto
- » 1 colher (sopa) de raspas de limão-siciliano

Outra forma de usar o forno para cozinhar o salmão é assando sem papel, o que garante caramelização e sabor únicos. Você pode fazer um pedaço inteiro de salmão ou filés. O tempero básico é sal, pimenta-do-reino, azeite e limão, mas sinta-se à vontade para experimentar com ervas e especiarias, de modo a garantir sabor e versatilidade ao preparo, ou até aplicar uma crosta saborosa por cima.

1. Tempere o salmão com sal, limão e azeite.
2. Misture a farinha panko, as amêndoas, a pimenta calabresa, o azeite, o sal e as raspas de limão-siciliano.
3. Coloque a mistura de castanhas por cima do salmão.
4. Leve ao forno preaquecido a 200°C por 15 minutos.

Se preferir, use nozes ou castanhas no lugar das amêndoas. Também fica delicioso com ervas frescas picadas em vez de nozes.

JULIANA GUEIROS

Ceviche

RENDIMENTO: 2 porções (entrada)

- » 200 g de tilápia em cubos de aproximadamente 1 cm
- » Sal a gosto
- » 1 colher (sopa) de azeite
- » Suco de ½ limão
- » ¼ de cebola roxa picada em *brunoise*
- » 1 colher (sopa) de coentro picado (pode ser salsinha ou cebolinha, mas, se você gosta de coentro, vale muito a pena)
- » Pimenta dedo-de-moça a gosto (opcional)

Meu peixe favorito para fazer ceviche é a tilápia. Apesar de ser um peixe desvalorizado por muita gente, é um dos meus preferidos. O ceviche também fica delicioso com robalo.

O preparo deve ser feito um pouco antes de ser servido, pois o limão continua cozinhando o peixe e ele pode ficar meio ácido. Para mim, o ideal é misturar os temperos uns 30 minutos antes de servir e mantê-lo na geladeira.

1. Coloque o peixe em cubos em um pote.
2. Tempere com sal, azeite e suco de limão.
3. Junte a cebola picada, o coentro e a pimenta.
4. Misture para incorporar tudo.
5. Prove e ajuste o tempero.

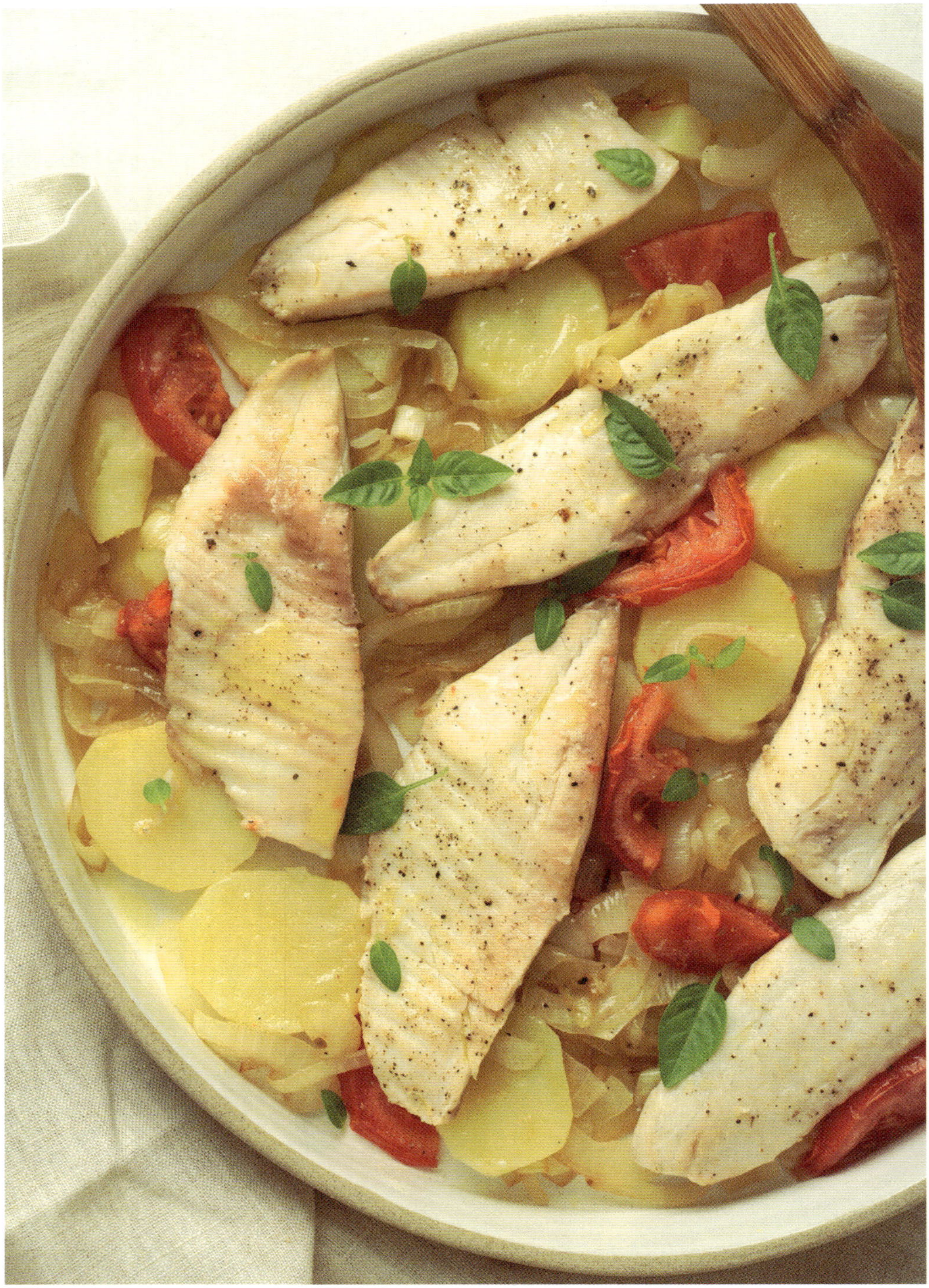

Peixe assado com batata e cebola

RENDIMENTO: 2 porções

- » 4 batatas cortadas em rodelas
- » 2 tomates em meia-lua
- » 4 colheres (sopa) de azeite
- » 2 cebolas em meia-lua
- » 400 g de peixe (tilápia, namorado ou robalo)
- » Sal e pimenta-do-reino a gosto
- » Suco e raspas de limão-siciliano (opcional)
- » Manjericão a gosto

1. Ferva as batatas em uma panela com água e sal.
2. Assim que levantar fervura, desligue o fogo e escorra a batata.
3. Transfira para uma assadeira junto com os tomates.
4. Esquente uma colher (sopa) de azeite na panela e refogue a cebola para ela minguar levemente.
5. Transfira a cebola para a assadeira com as batatas e os tomates.
6. Coloque o peixe por cima.
7. Regue generosamente com o restante do azeite.
8. Tempere com sal e pimenta.
9. Acrescente um pouco das raspas e do suco do limão-siciliano.
10. Leve ao forno preaquecido a 190°C por uns 20 a 30 minutos, até que o peixe esteja cozido e a batata e a cebola, levemente douradas. Dependendo da altura do peixe, o tempo pode variar: a tilápia, por exemplo, é mais fina, por isso fica pronta mais rápido.
11. Junte o manjericão fresco.

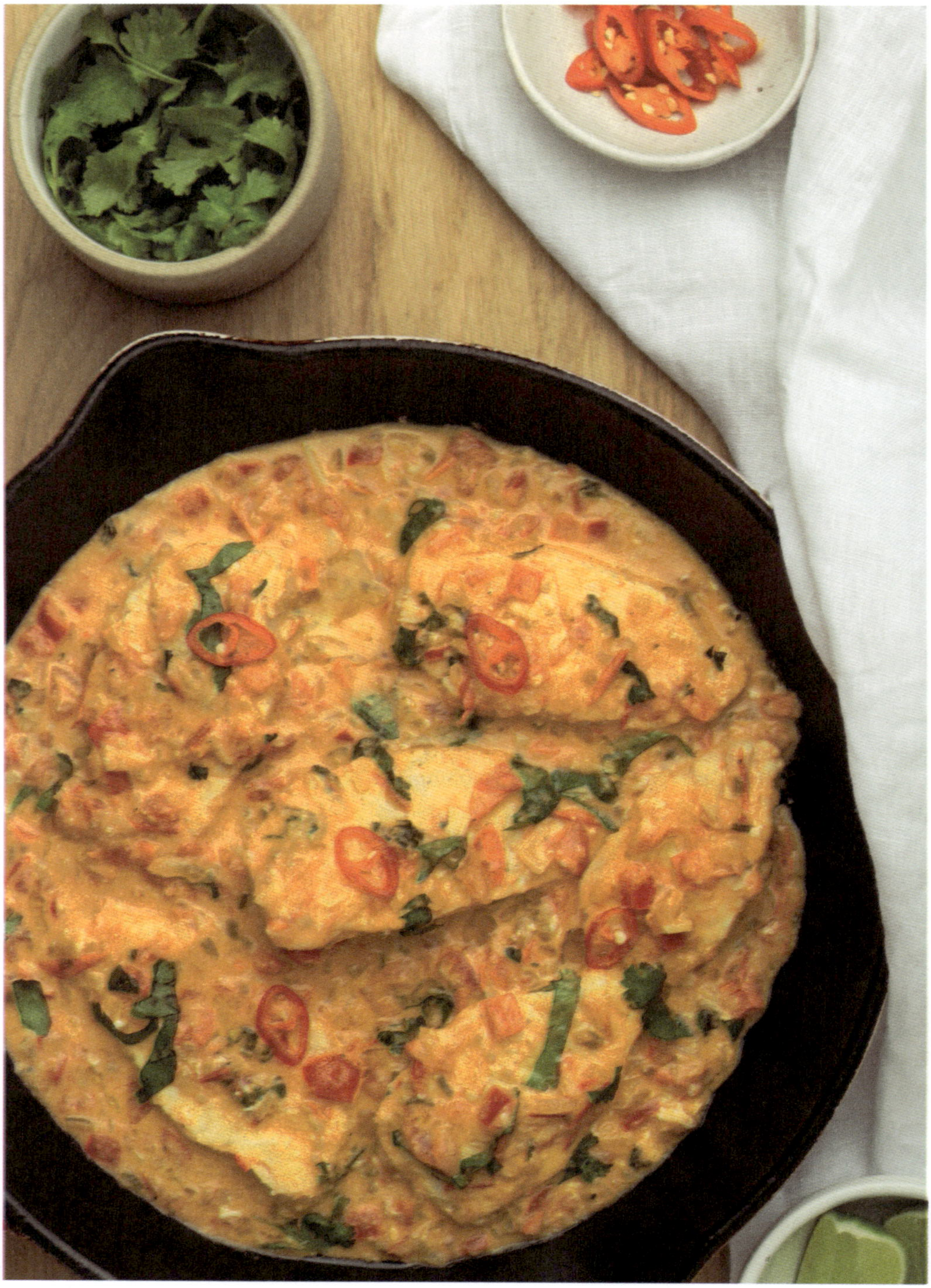

Moqueca à minha maneira

RENDIMENTO: 2 a 3 porções

- » 1 colher (sopa) de azeite
- » 1 cebola picada
- » ½ xícara de pimentão vermelho em cubos
- » 1 colher (chá) de pimenta dedo-de-moça picada (opcional)
- » 3 dentes de alho picados
- » 3 tomates italianos maduros picados
- » 200 ml de leite de coco
- » Sal e pimenta-do-reino a gosto
- » 400 g de cherne ou pescada-amarela
- » Suco de limão
- » Coentro
- » 2 colheres (sopa) de dendê

Essa é mais uma daquelas receitas em que todo mundo tem a sua variação favorita! Aqui vou oferecer a minha, mas, como sempre, adapte de acordo com o seu gosto.

Gosto de usar peixes mais altos, como pescada-amarela ou cherne, mas também funciona com outros. A diferença vai ser o tempo de cocção. Vale lembrar que também podemos usar camarão no lugar do peixe.

1. Refogue a cebola no azeite até ficar translúcida.
2. Acrescente o pimentão e a pimenta dedo-de-moça e cozinhe por 3 minutos.
3. Junte o alho picado e refogue por 30 segundos.
4. Adicione o tomate picado e cozinhe até ele perder a forma.
5. Junte o leite de coco e tempere com sal e pimenta-do-reino.
6. Tempere o cherne ou a pescada-amarela com limão e sal.
7. Junte o peixe ao molho e mexa para incorporar.
8. Adicione coentro e tampe a panela para ajudar o peixe a cozinhar por igual.
9. Depois de uns 2 a 3 minutos, vire o peixe para cozinhar do outro lado.
10. Cozinhe mais uns 2 a 3 minutos ou até que o peixe esteja no ponto.
11. Prove, ajuste o tempero e finalize com dendê e coentro.

Peixe grelhado em crosta de fubá

RENDIMENTO: 2 a 3 porções

- » 3 filés de tilápia (cortados ao meio)
- » Sal e pimenta-do-reino a gosto
- » Suco de limão a gosto
- » 2 dentes de alho ralados
- » ¼ de xícara de fubá
- » ¼ de xícara de farinha de trigo
- » 3 colheres (sopa) de azeite

Gosto de fazer essa receita com peixes mais finos, como tilápia ou linguado, assim a casquinha fica crocante e o meio, macio.

1. Tempere a tilápia com sal, pimenta, limão e alho.
2. Misture a farinha e o fubá e passe o peixe na mistura dos dois lados.
3. Esquente o azeite na frigideira antiaderente e grelhe o peixe dos dois lados até ficar dourado por fora e bem úmido por dentro, de 1 a 2 minutos de cada lado.

Se preferir, use só fubá ou só farinha de trigo. Pessoalmente, gosto de misturar os dois, porque o fubá dá sabor e a farinha de trigo forma uma crostinha crocante.

Atum em crosta de gergelim

RENDIMENTO: 4 porções (aperitivo) ou 2 porções (prato principal)

- » 2 pedaços de atum (entre 150 e 200 g cada um)
- » Sal a gosto
- » Suco de ½ limão
- » Gergelim preto e/ou branco
- » ½ colher (sopa) de azeite

1. Tempere o atum com sal e limão.
2. Passe no gergelim. Você pode passar de todos os lados, em cima e embaixo ou só em cima, como preferir.
3. Em uma frigideira antiaderente quente, acrescente o azeite.
4. Coloque o atum com o gergelim virado para baixo e grelhe.
5. Grelhe todos os lados. Deixe aproximadamente 1 minuto de cada lado. O truque para saber quando virar é ver o peixe ficando "esbranquiçado" na lateral.

Fica ótimo fatiado com um molho meio asiático: 3 colheres (sopa) de molho shoyu, 1 colher (sopa) de suco de limão e 1 colher (sopa) de suco de laranja. Pode fazer com salmão também.

Camarão

Eu amo camarão. É um daqueles ingredientes coringas que fazem bonito em tudo quanto é lugar, da feira ao baile. Podemos colocá-lo em um arroz, usá-lo como recheio de empadão ou pastel e também transformá-lo no protagonista das receitas.

Existem diversos tipos e tamanhos de camarão, o que confere a ele ainda mais versatilidade. Podemos aproveitar isso para usar diferentes tamanhos, a depender do preparo. Para recheios, por exemplo, gosto de usar os menores. Já quando o camarão é a estrela do prato, opto por um tamanho um pouco maior para dar destaque. Para um estrogonofe ou camarão ao curry, uso um tamanho médio. Se quero fazer na churrasqueira, aí é a vez do camarão grande com casca. Assim podemos aproveitar todos os tipos diferentes e ainda ressaltamos suas características vantajosas.

Perguntas frequentes

QUAL A DIFERENÇA ENTRE O CAMARÃO CINZA E O CAMARÃO ROSA? — A principal é o cultivo. Em termos de sabor, o camarão rosa é um pouco mais adocicado e tem a textura um pouco mais "carnuda" do que o cinza.

COMO COMPRAR CAMARÃO? — Na hora da compra, não existe certo ou errado, mas, dependendo de como você for usar, pode ter uma opção mais prática. O camarão inteiro com casca e cabeça é a melhor opção para fazer grelhado na churrasqueira ou assado no forno, já que a casca protege a carne delicada. Para fazer um caldo, um arroz ou um risoto, você também pode comprar com casca para aproveitá-la no preparo.

Além disso, há a opção de comprar sem casca com as tripas e sem casca e sem tripas. Como elimina uma etapa de preparação para o cozimento, o camarão que já vem limpo costuma ser mais caro. Você também pode comprar o camarão limpo e pré-cozido, geralmente vendido congelado. Trata-se de uma boa opção para saladas, sanduíches etc. Basta esquentá-los e estão prontos para usar.

QUAIS AS MELHORES FORMAS DE COZINHAR CAMARÃO? — Eu gosto de fazer camarão grelhado, assado, cozido, poché e frito. O camarão grelhado é o que eu faço com mais frequência. Em um pouco de manteiga ou azeite, ele fica levemente caramelizado por fora e suculento por dentro em questão de minutos. Assim como no preparo de frango, carne ou peixe, a panela deve estar quente.

O tempo certo pode variar, mas observe as dicas desta seção: garanto que são mais certeiras do que um cronômetro, pois o preparo ideal vai depender de fatores como tamanho, temperatura do fogo, quantidade de camarão na panela etc.

Na minha opinião, o camarão cozido é o que fica mais macio. Muitas vezes faço um molho saboroso, como um curry, uma moqueca ou um bobó, e junto o camarão nos últimos minutos para cozinhar delicadamente e infundir aquele sabor maravilhoso. Uma ótima alternativa, que minha avó fazia muito, era cozinhar o camarão em uma panela com água fervente temperada com sal, grãos de pimenta e louro. Basta ele mudar de cor para retirar da panela. É um ótimo preparo para usar em saladas, sanduíches, entradas etc.

Já o camarão assado não faço com tanta frequência, mas adoro. Ele demora um pouco mais, cozinha lenta e delicadamente, o que traz sabor e maciez para o resultado final. O camarão frito também é delicioso, seja empanado na farinha panko ou na farinha de rosca ou como tempurá.

COMO SABER SE O CAMARÃO ESTÁ COZIDO? — Camarão é uma proteína que cozinha muito rápido e é bem fácil de fazer, pois nos dá dicas aparentes de que está no ponto. O camarão cinza, por exemplo, muda de cor: ao ficar rosado, ele indica que está pronto. Já o camarão rosa vai de translúcido quando está cru para opaco quando está cozido. Outra forma de saber é observar o formato dele. Tanto o camarão cinza quanto o rosa formam um "c" quando estão no ponto.

COMO LIMPAR O CAMARÃO? — O ideal é tirar as tripas de baixo e de cima do camarão. Existem duas principais formas de limpá-lo: você pode usar uma faca, cortar ao longo da tripa e depois puxar a extremidade para liberá-la ou então só cortar perto do rabo para expor a tripa e puxá-la com a faca. Tem gente que gosta de usar um palito de dente ou espeto de metal para perfurar logo abaixo da tripa e depois puxar para liberar. O problema é que tem maior risco de parti-la. Nesse caso, é só recomeçar em outro ponto.

Camarão scampi

RENDIMENTO: 4 porções (aperitivo ou principal com macarrão)

- » 400 g de camarão (de preferência G/GG ou VM)
- » Sal e pimenta-do-reino a gosto
- » 1 colher (sopa) de azeite
- » 1 colher (sopa) de manteiga em temperatura ambiente
- » 1 cebola pequena picada
- » 3 dentes de alho em lâminas
- » Pimenta calabresa a gosto
- » ½ limão siciliano
- » ½ xícara de vinho branco
- » 1 colher (sopa) de manteiga gelada
- » 1 colher (sopa) de salsinha ou coentro ou cebolinha

Um prato delicioso e simples que pode servir como aperitivo com pão ou como prato principal com uma massa ou até um purê. Se forem servidos como entrada, prefiro usar camarões um pouco maiores, mas todos os tamanhos funcionam.

1. Tempere o camarão com sal e pimenta-do-reino.
2. Esquente bem o azeite na panela e junte o camarão. Nunca encha muito a panela, de modo que os camarões dourem bem e não soltem água; caso necessário, faça em levas.
3. Cozinhe por 1 minuto de cada lado, reserve e repita até dourar todos os camarões.
4. Diminua o fogo, junte a manteiga e a cebola e refogue até ficar translúcida.
5. Junte o alho laminado e a pimenta calabresa e refogue.
6. Entre com o suco de limão e o vinho e deixe reduzir pela metade (raspe o fundo para incorporar sabor).
7. Acrescente a manteiga gelada e mexa com *fouet* para emulsionar.
8. Volte com o camarão e termine de cozinhá-lo no molho.
9. Junte as ervas, mexa tudo e está pronto.
10. Para entrada, sirva com pão. Para prato principal, sirva com massa (nesse caso, calculo 100 g de massa por pessoa).

Se quiser fazer o camarão apenas grelhado, siga o mesmo passo a passo até o número 5, junte o alho no lugar da cebola e volte com os camarões só para terminarem de cozinhar e esquentarem. Se couber tudo na panela, junte a manteiga, o alho e a pimenta calabresa quando virar o camarão e cozinhe tudo junto.

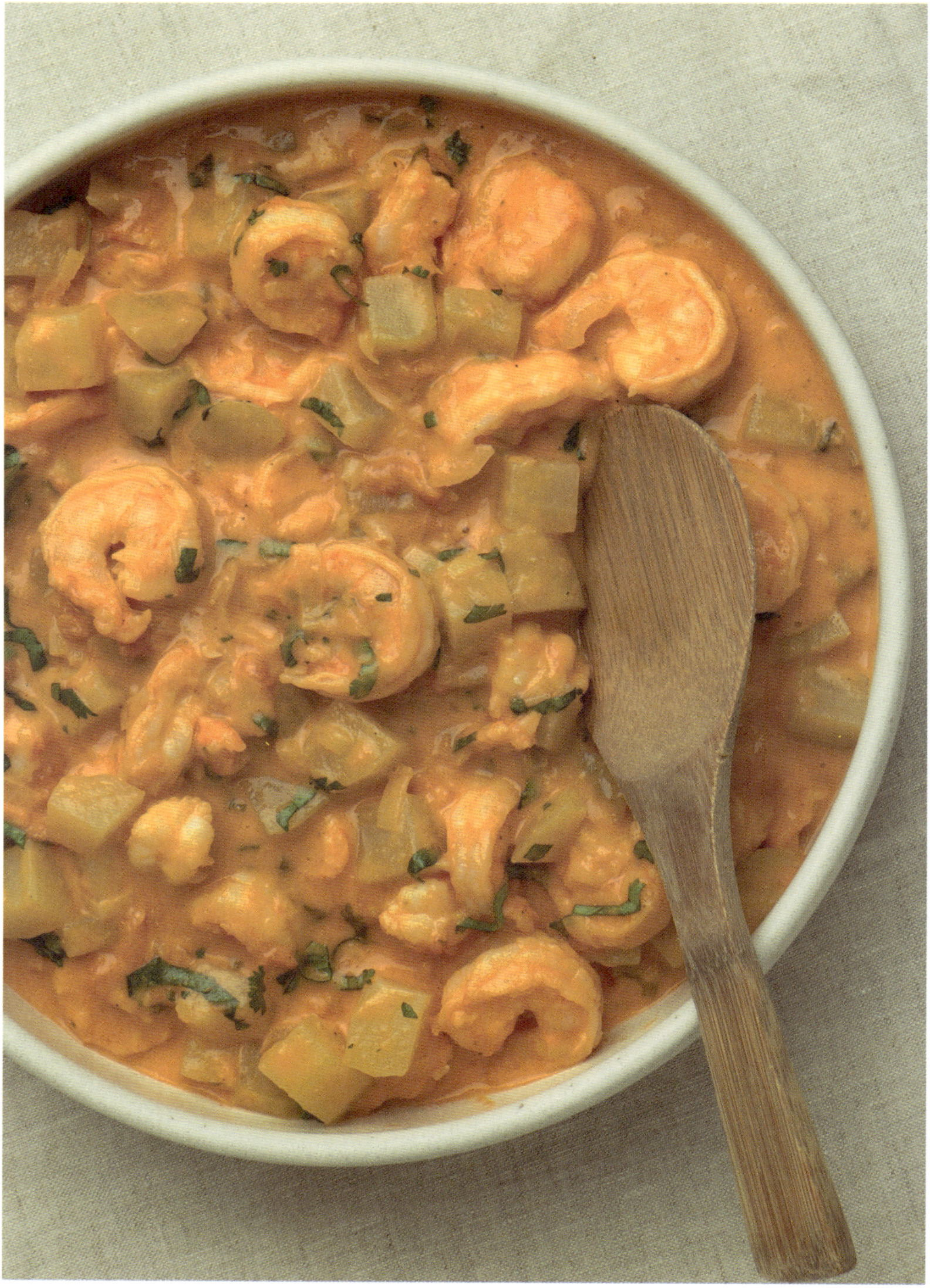

Camarão com chuchu da minha avó querida

RENDIMENTO: 4 porções

- » 2 colheres (sopa) de azeite
- » 1 alho-poró cortado em rodelas (parte branca)
- » 1 xícara de tomate pelado
- » 1 xícara de leite de coco
- » Sal e pimenta-do-reino a gosto
- » 1 chuchu cortado em cubos
- » 600 g de camarão
- » Suco de limão a gosto
- » Coentro fresco a gosto

Quanto ao camarão cozido, vou compartilhar duas receitas simplesmente porque não consegui escolher a melhor! A primeira é uma grande memória afetiva: uma das minhas receitas favoritas da minha avó Albertina, a pessoa com o maior amor à comida que já conheci. Fico muito orgulhosa de sentir que puxei isso dela. Minha avó fazia caras e bocas e se lambuzava sem vergonha alguma de raspar o prato. Dava para ver o prazer nos olhos dela ao se deliciar — para mim, isso é pura magia.

1. Refogue o alho-poró no azeite até murchar.
2. Junte o tomate pelado e cozinhe por 1 minuto.
3. Adicione o leite de coco.
4. Tempere com sal e pimenta.
5. Junte o chuchu e deixe cozinhar por 5 a 10 minutos, até que esteja *al dente*.
6. Tempere o camarão com sal, pimenta e limão.
7. Acrescente ao molho e refogue até que esteja cozido.
8. Prove, ajuste o tempero e tempere com coentro.

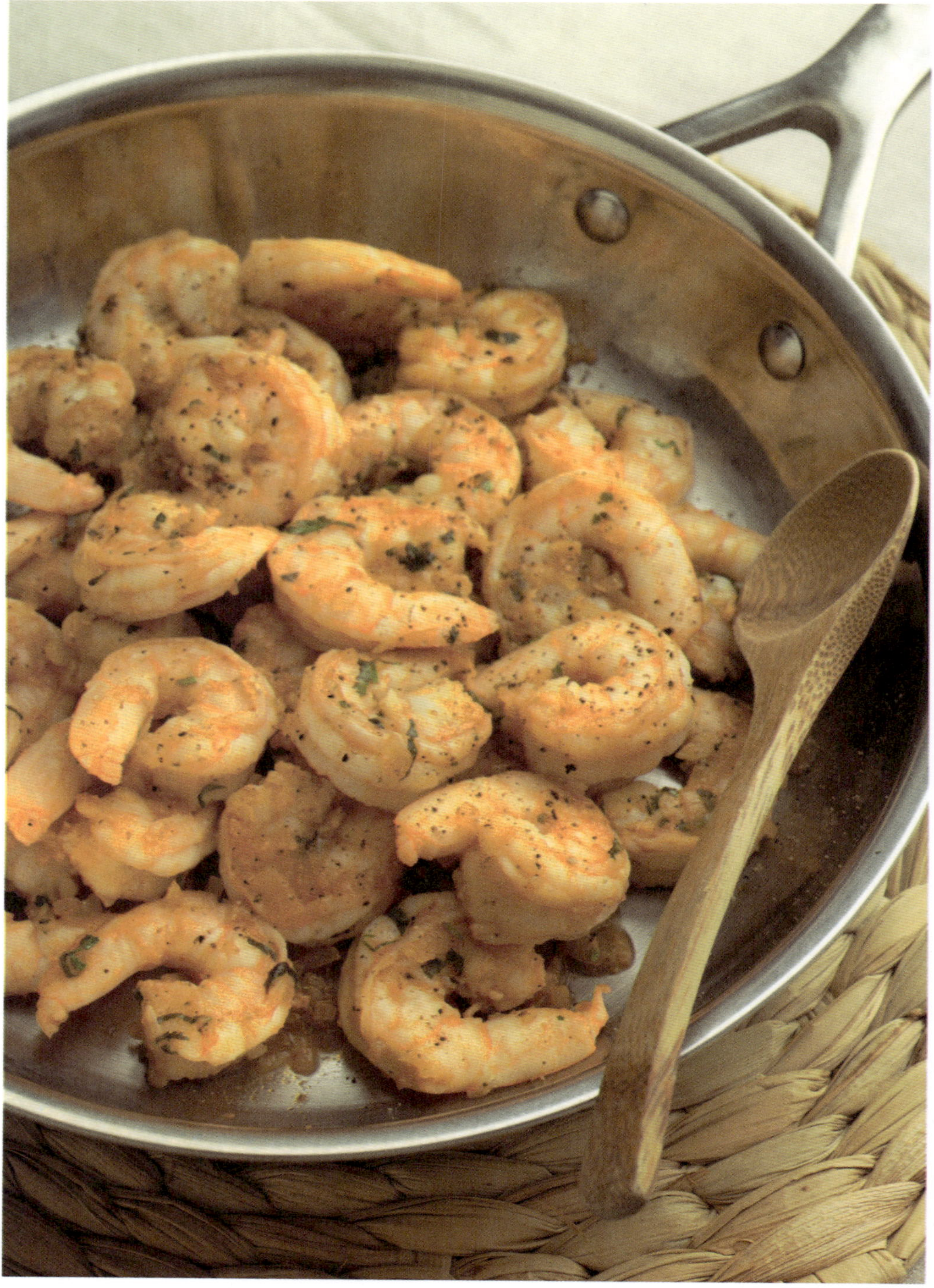

Camarão coringa

RENDIMENTO: 4 porções

- » 1 colher (sopa) de azeite
- » 1 cebola picada em cubos pequenos
- » 2 dentes de alho
- » 1 tomate picado ou 1 colher (sopa) de extrato de tomate
- » 600 g de camarão
- » Sal e pimenta-do-reino a gosto
- » Cebolinha ou salsinha a gosto

O começo dessa receita é um refogado básico que pode ser usado em diversos preparos. Ele pode virar recheio de empadão e de pastel, estrogonofe, escondidinho e por aí vai — a criatividade é o limite. No final da receita, vou deixar umas ideias de incrementos.

1. Comece esquentando o azeite na panela e refogando a cebola picada até que ela fique translúcida.
2. Em seguida, junte o alho e refogue por uns 30 segundos.
3. Adicione o tomate e refogue até que ele perca a forma e vire uma pasta.
4. Acrescente o camarão ao refogado e tempere com sal e pimenta.
5. Assim que ele estiver cozido, junte a erva da sua preferência e desligue o fogo.

Para transformá-lo em **estrogonofe**, junte creme de leite antes do camarão e deixe reduzir um pouco. Pode colocar ketchup, ajustar o tempero e aí adicionar o camarão cru para cozinhar no molho.

Para **escondidinho**, é só cobrir com o purê da sua preferência. Fica uma delícia com purê de batata comum, de baroa, de aipim e até de couve-flor.

Para **recheio de empadão ou empadinha**, é só juntar 1 xícara de leite e 1 colher (chá) de farinha de trigo ou amido de milho. Mexa bem, junte ao refogado e cozinhe até ferver. Pode adicionar requeijão ou catupiry para dar ainda mais cremosidade.

O camarão coringa vira **camarão na moranga** se misturarmos com um purê de abóbora, bastante requeijão ou catupiry e servirmos na moranga. Misturado com creme de leite e umas raspas de limão-siciliano e parmesão, fica incrível como **molho de macarrão**.

Para transformar em um **camarão cremoso**, é só juntar 4 colheres de requeijão (mais líquido), catupiry (mais espesso) ou cream cheese (meio-termo).

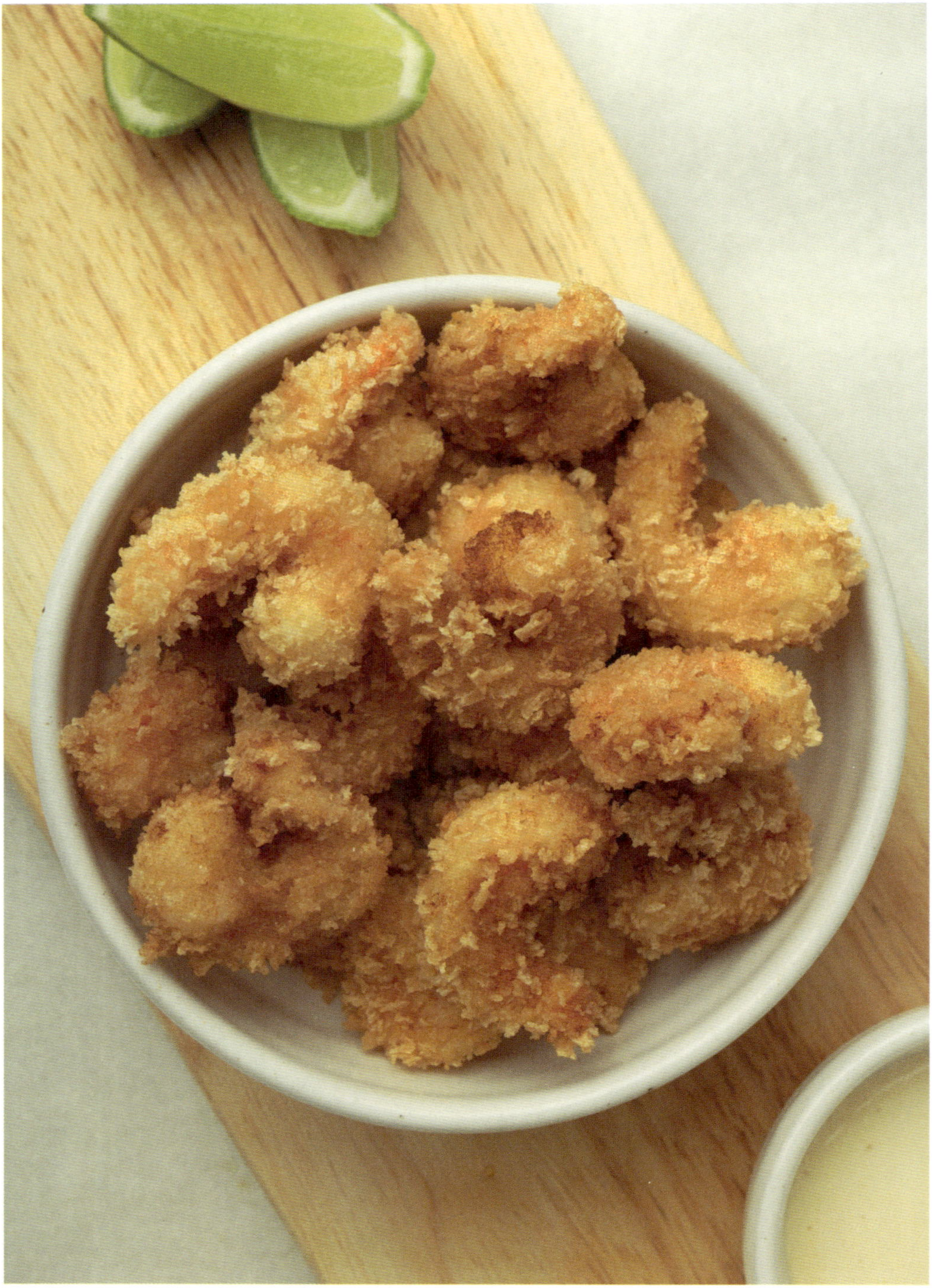

Camarão crocante

RENDIMENTO: 4 a 6 porções (aperitivo)

- » 400 g de camarão (de preferência grande)
- » Sal a gosto
- » Farinha de trigo
- » Ovo
- » Farinha panko ou farinha de rosca
- » Óleo

1. Tempere os camarões com sal.
2. Passe na farinha de trigo e tire o excesso.
3. Passe no ovo e tire o excesso.
4. Passe na farinha panko e reserve.
5. Esquente uma camada fina de óleo e adicione os camarões delicadamente. Não encha muito a panela, para manter o óleo quente e dourar bem.
6. Quando estiver dourado de um lado, vire para dourar e cozinhar do outro.
7. Retire da panela e transfira para um prato com papel-toalha para escorrer o excesso de óleo.
8. Sirva imediatamente.

Gosto de usar farinha de trigo antes de empanar porque ela segura a umidade do camarão, garantindo que a casquinha fique mais crocante. Também dá certo sem a farinha de trigo, mas pode ser que a casquinha "descole" um pouco do camarão por causa do vapor na hora de fritar.

Lagosta e cavaca

Podemos dizer que a cavaca e a lagosta são primas. As duas têm a aparência muito semelhante, com exceção das garras, que a lagosta tem e a cavaca não. Além de serem parecidas, o sabor e a textura também são bem similares, mas a cavaca tem um gosto mais suave e a textura um pouco mais macia.

Ambas têm sabor adocicado e podem ser cozidas na brasa, grelhadas ou assadas. Ficam deliciosas com molho de manteiga ou à base de creme. Combinam maravilhosamente bem com massas e risotos.

Lagostim

O lagostim é como se fosse um meio-termo entre o camarão e a lagosta. Ele tem pinças como a lagosta, mas é consideravelmente menor, "mais fino" e não tem antenas. Na minha opinião, é o que tem o sabor mais marcante entre os três. Adoro fazer grelhado ou cozido. Também vai muito bem com molho de manteiga e combina bastante com risotos e massas.

Polvo

Quem me conhece sabe como eu amo essa iguaria, seja estrelando o vinagrete, grelhado com salada de batata ou no arroz de polvo, um dos meus pratos favoritos.

Muita gente se assusta com a ideia de cozinhar polvo, mas a verdade é que é muito simples. Alguns dão um choque térmico no polvo, outros deixam no sal grosso, outros preferem bater no polvo para quebrar as fibras. Sinceramente, não faço nada disso, e meu polvo fica bem macio. Pelo menos no meu caso, o segredo é apenas um: cozinhá-lo por tempo o suficiente.

Existem duas maneiras principais de atingir esse objetivo: o método tradicional, no qual ele é cozido submerso em água, com outros legumes aromáticos que perfumam o caldo; ou o método mais "moderno", que é o meu favorito, na panela de pressão. A panela de pressão acelera o processo de cocção e transforma 60 minutos em 10, deixando o polvo cozido e macio em uma fração do tempo.

Lula

Existem duas formas de cozinhar a lula para que ela fique bem macia e saborosa. A primeira é a cocção extremamente rápida em uma panela muito quente. Nessa variação, podemos fazer a lula salteada ou frita: no caso da frita, substituiremos a panela quente pelo óleo quente. A lula cozinha em até 2 minutos, e o resultado é macio e saboroso.

Passados os 2 minutos, a lula começa a firmar, tensionar e fica "borrachuda", mas calma que tem solução! Se quiser cozinhá-la por mais que 2 minutos, será preciso investir mais de 20 minutos — depois desse tempo, ela volta a ficar macia, pois as fibras relaxam, e o resultado é uma delícia.

Mexilhão

Eu amo mexilhão e tenho muitas memórias afetivas com esse prato. Meu pai sempre come usando uma concha como pinça para pegar o mexilhão dentro das outras conchas, um hábito que vivo imitando. Quando fui morar em Paris, me deliciava frequentemente com *moules frites*, o famoso mexilhão com batata frita. Existem duas formas principais de fazer: com molho de vinho branco ou com molho de creme de leite. A verdade é que uso a mesma receita para os dois, mas, quando quero, acrescento creme de leite fresco para fazer a versão cremosa.

Existem poucas regras para comer essa iguaria, mas elas são inegociáveis. Começando pela mais importante: se a concha não abrir, não coma. Na hora de comprá-los crus, escolha as conchas fechadas. Se estiver aberta, bata levemente nela e descarte se não se mexer. Também evite as conchas que estiverem quebradas ou rachadas.

Antes de cozinhar, limpe bem sob água gelada corrente, tire qualquer sujeira e depois use as costas da faca para remover qualquer crosta que esteja presa na concha preta. Depois puxe a barba com o auxílio de uma faca pequena (caso ainda esteja presa à concha). Para remover a areia, é só deixar em um pote com água gelada e sal (imitando a água do mar). Assim, a concha vai abrir e soltar areia na água.

Se puder, compre os mexilhões já limpos, de boa procedência. É o que eu faço e adianta bastante nossa vida.

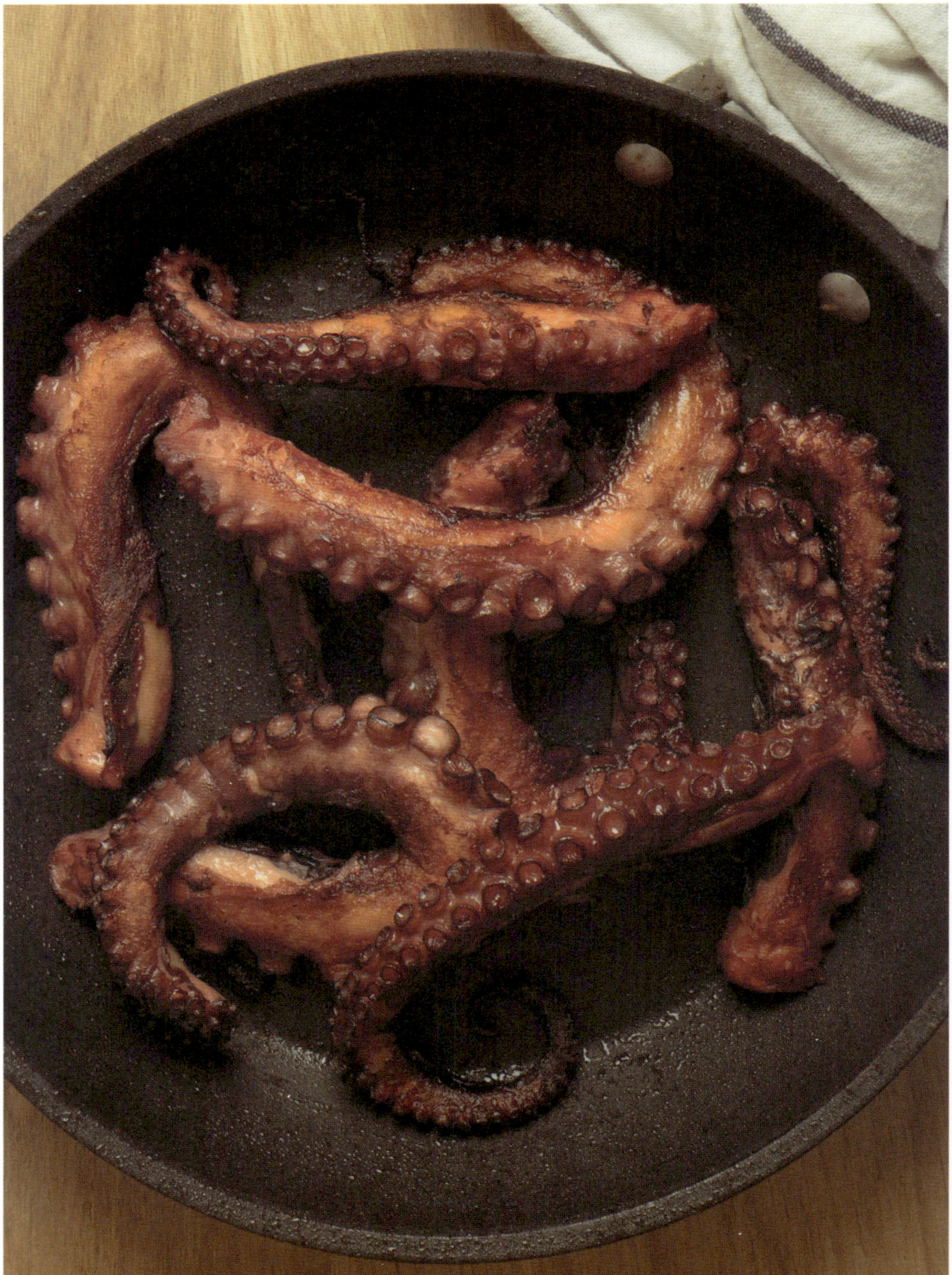

Polvo na panela de pressão

- » 700 g de tentáculos de polvo
- » 3 a 4 colheres (sopa) de azeite (opcional)
- » Ingredientes aromáticos como cebola, alho etc. (opcionais)

A água que o polvo solta no cozimento é um ótimo caldo para usar no preparo de massas, arrozes etc. Para o meu arroz de polvo (página 247), uso o caldo do cozimento para cozinhar o arroz.

1. Junte o polvo e o azeite na panela de pressão.
2. Tampe a panela e, assim que pegar pressão, conte de 10 a 15 minutos.
3. Desligue o fogo e espere a pressão sair antes de abrir e usar.

DICAS:
• O polvo naturalmente solta muita água, então não precisamos cobri-lo com água nem azeite. Além do mais, ele cozinha muito rapidamente na pressão.
• O tempo de cozimento varia de acordo com o prato final. Se quiser fazer um polvo grelhado, cozinhe por 10 a 12 minutos para que ele fique mais "inteirinho" e firme na hora de grelhar. Se a ideia é fazer um arroz de polvo e cortá-lo em pedaços menores, não vejo problema se ele estiver mais desmanchado e extremamente macio, então deixo até 15 minutos.

Polvo na panela comum

- » 700 g de tentáculos de polvo
- » 3 litros de água
- » 1 cebola cortada em 4
- » 1 folha de louro
- » 3 dentes de alho

1. Em uma panela, junte a água, a cebola, o louro e os dentes de alho.
2. Assim que ferver, adicione o polvo e cozinhe, fervendo levemente, a fogo baixo.
3. Depois de aproximadamente 45 minutos, comece a testar o ponto do polvo com uma faca pequena ou garfo de churrasco.
4. Cozinhe até que esteja macio, o que pode demorar até 90 minutos.

DICAS:
• Se for usar o polvo com arroz ou massa, você pode aproveitar a água que o polvo soltar nos preparos para maximizar o sabor do prato.
• Essa forma de cocção deixa o polvo inteirinho, por isso é ótimo para grelhar depois.

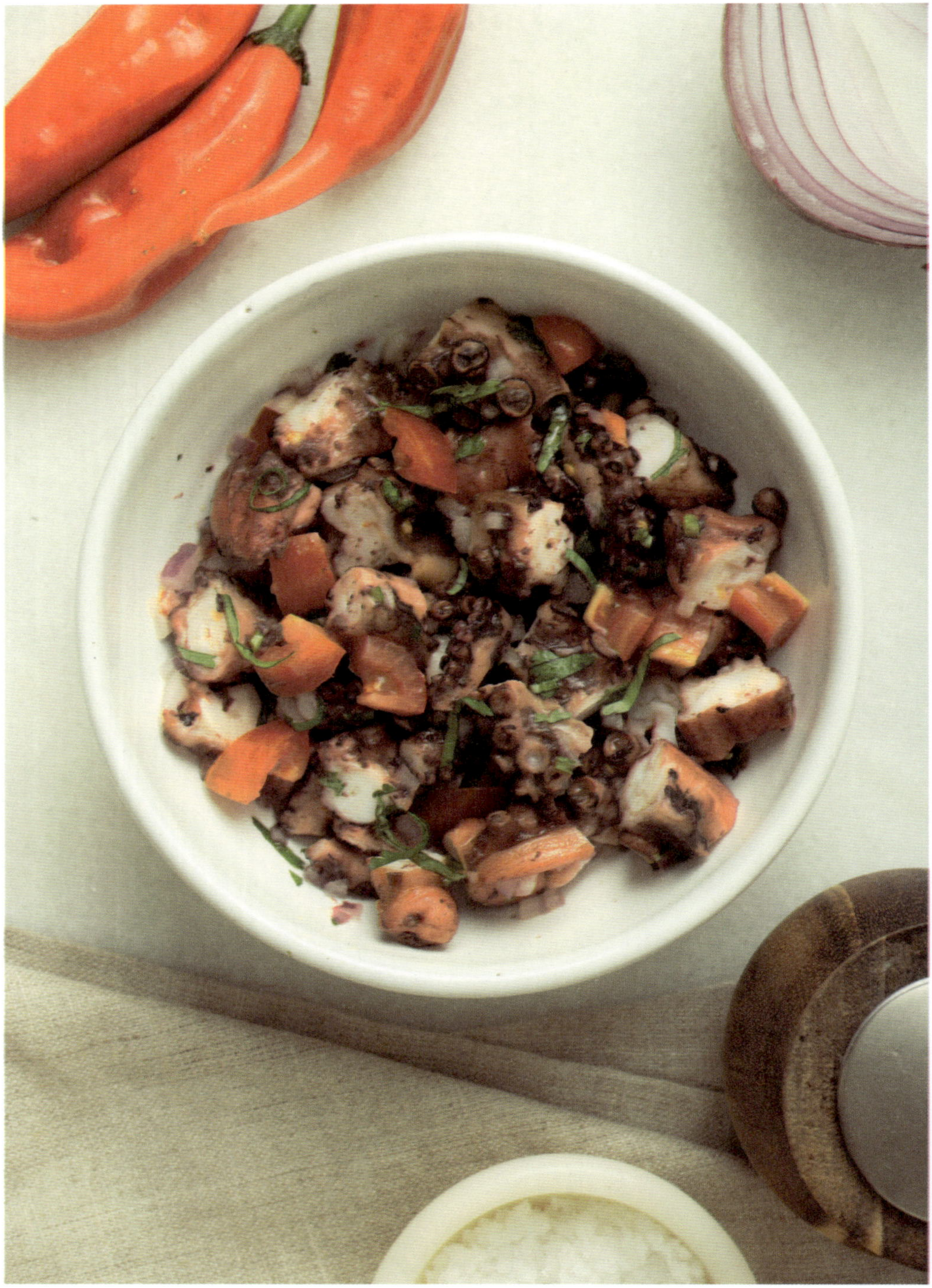

Vinagrete de polvo

RENDIMENTO: 4 porções de entrada

- » Polvo cozido (700 g na panela comum ou na de pressão)
- » ½ cebola roxa picada
- » 1 tomate picado
- » 1 colher (sopa) de coentro picado (ou a erva da sua preferência)
- » 2 colheres (sopa) de azeite
- » 1 a 2 colheres (sopa) de suco de limão ou vinagre
- » Sal e pimenta-do-reino a gosto
- » ½ pimenta dedo-de-moça (opcional)

1. Cozinhe o polvo (receita na página 243).
2. Corte o polvo em cubos.
3. Coloque em um pote e tempere com cebola, tomate, coentro, azeite, suco de limão ou vinagre, sal, pimenta-do-reino e pimenta dedo-de-moça.
4. Leve à geladeira para resfriar bem e sirva.

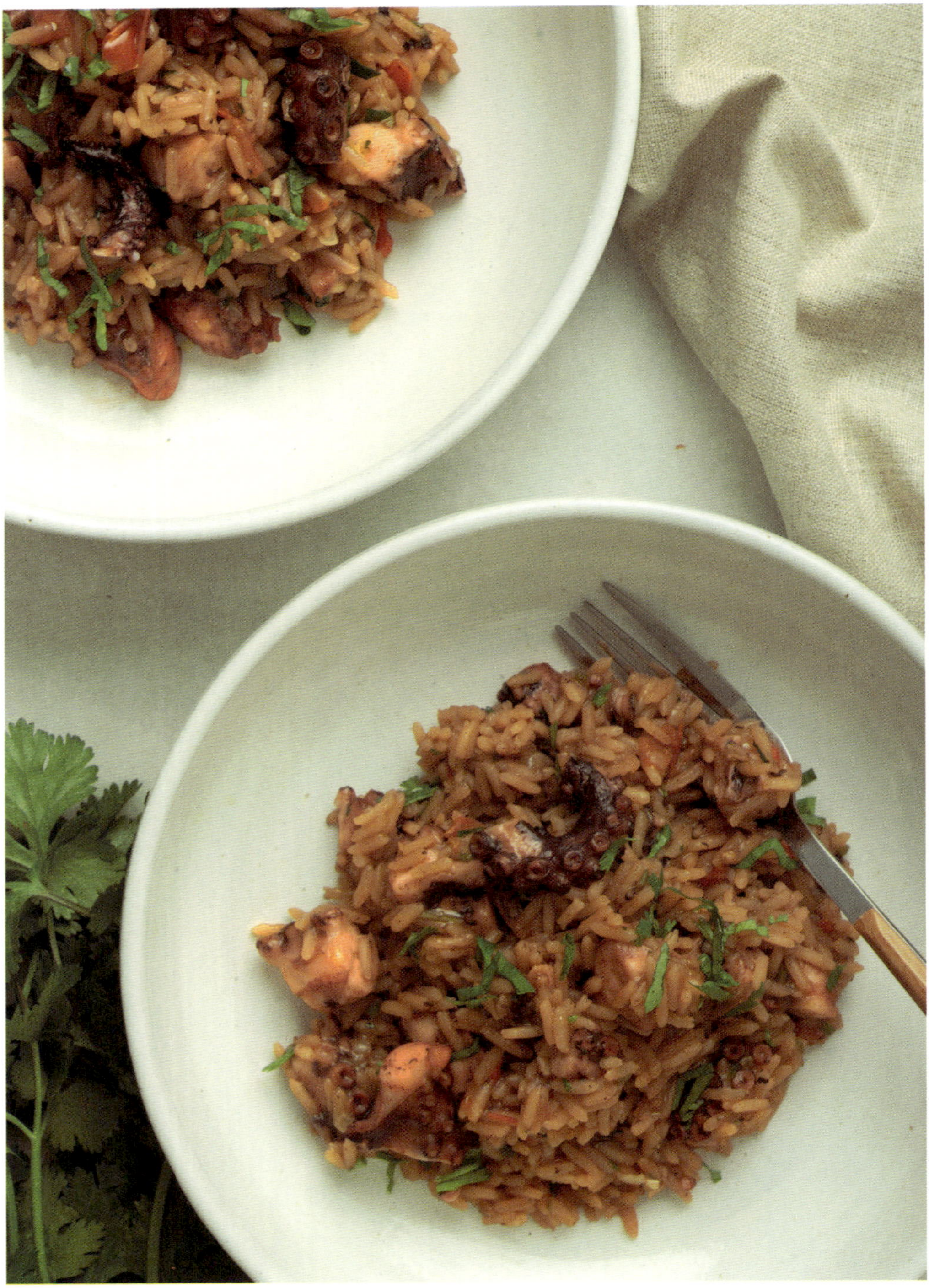

Arroz de polvo

RENDIMENTO: 4 porções

- » 1 colher (sopa) de azeite
- » 1 cebola picada
- » 2 dentes de alho picados
- » Pimenta dedo-de-moça a gosto (opcional)
- » Coentro a gosto
- » 1 tomate picado
- » 300 g de arroz branco
- » 400 ml de água do cozimento do polvo (caso necessário, complete com água)
- » Polvo cozido picado (700 g na panela comum ou na de pressão)

1. Cozinhe o polvo (receita na página 243).
2. Refogue a cebola em 1 colher (sopa) de azeite até que esteja translúcida.
3. Junte o alho e a pimenta.
4. Quando estiver soltando perfume, acrescente os talos do coentro, o tomate e refogue.
5. Junte o arroz e cozinhe uns 2 minutos.
6. Acrescente o caldo e deixe o fogo baixo, mexendo ocasionalmente.
7. Quando o arroz estiver quase pronto, adicione o coentro e o polvo picado e mexa.
8. Ajuste o tempero e sirva.

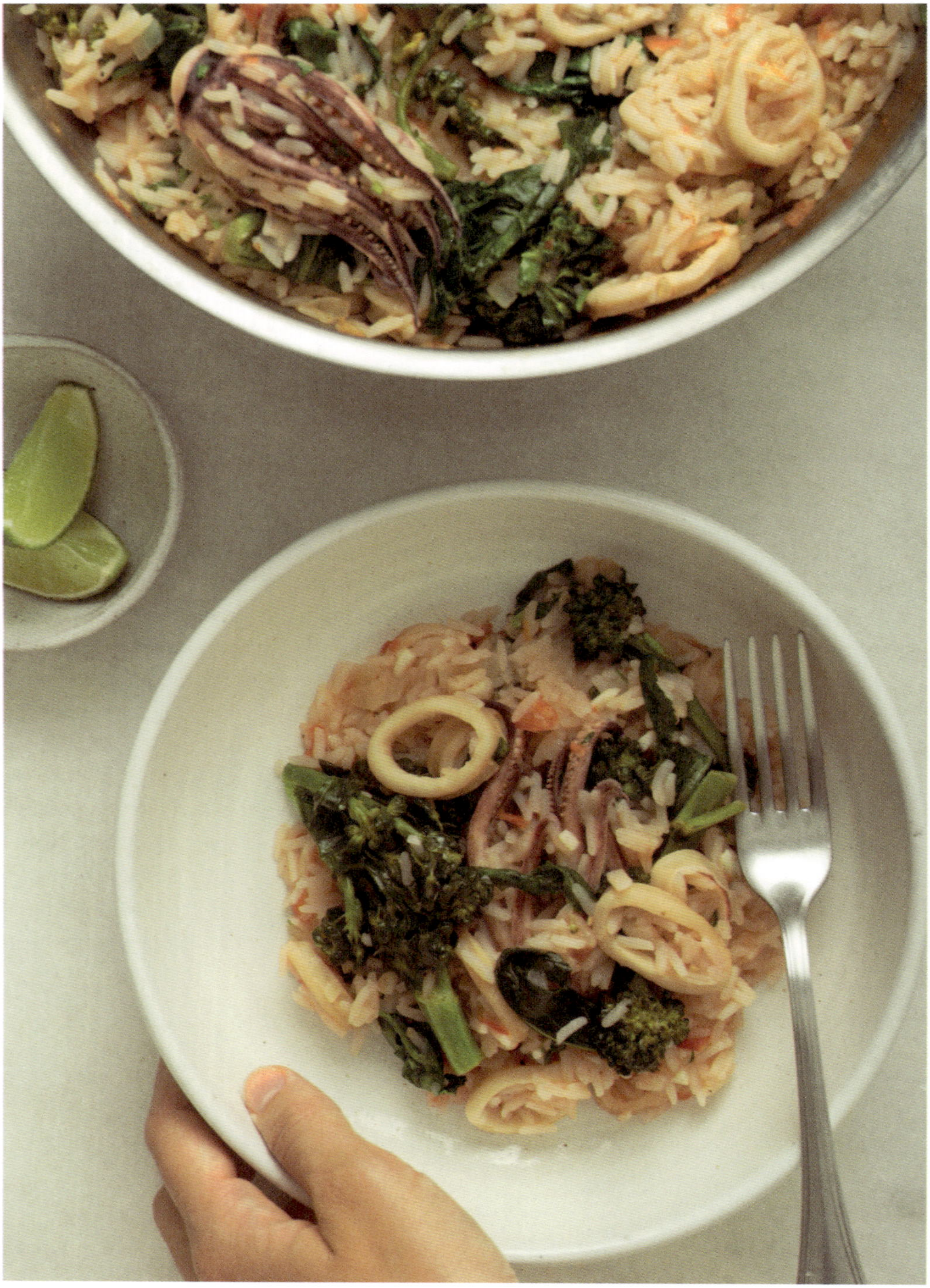

Arroz de lula com brócolis

RENDIMENTO: 2 a 3 porções

- 2 colheres (sopa) de azeite
- 1 cebola picada
- 3 dentes de alho picados
- ½ pimenta dedo-de-moça ou pimenta calabresa (opcional)
- 1 tomate picado ou ½ xícara de passata ou tomate pelado
- 400 g de lula
- Sal e pimenta-do-reino a gosto
- Suco de limão a gosto
- 200 g de arroz agulhinha comum
- 600 ml de água
- ½ maço de brócolis comum (floretes e folhas)
- Coentro a gosto (opcional)

Nessa receita, vou usar o método de cocção "longo", ou seja, a lula vai cozinhar por 20 minutos. Acho melhor fazer assim, pois ela já vai dando sabor ao arroz enquanto cozinha. Outra opção seria juntar a lula no final com o coentro e cozinhá-la no calor do arroz.

1. Refogue a cebola no azeite até ficar translúcida.
2. Junte o alho e a pimenta dedo-de-moça e refogue por mais 30 segundos.
3. Adicione o tomate e mexa.
4. Tempere a lula com sal, pimenta-do-reino e limão, junte ao refogado e cozinhe por uns 3 a 5 minutos.
5. Acrescente o arroz, tempere com sal e pimenta-do-reino, junte a água e cozinhe até que o arroz esteja *al dente* (uns 15 minutos).
6. Adicione o brócolis e cozinhe.
7. Prove e ajuste o tempero.
8. Finalize com coentro e uma gotinhas de limão (opcional).

Para a lula frita, o preparo é o mesmo do camarão frito (na página 239).

Lula salteada no alho

RENDIMENTO: 4 porções (aperitivo)

- » 1 colher (sopa) de azeite
- » 400 g de lula
- » Sal a gosto
- » 1 colher (chá) de manteiga (opcional)
- » 3 dentes de alho picados
- » Pimenta calabresa a gosto
- » Limão a gosto

Adoro servir lula salteada de aperitivo com algum pão delicioso para acompanhar ou com torradinhas. Para fazer, gosto de usar uma frigideira de ferro, pois ela esquenta bastante e retém o calor. Mas, se não tiver uma, pode usar a de inox com azeite o suficiente para untar bem. É importante a panela se manter quente ao longo do preparo, então lembre-se sempre de descongelar completamente a proteína e de não encher muito a panela para não esfriá-la.

1. Esquente bem o azeite em uma frigideira larga.
2. Tempere a lula com sal. Certifique-se de que ela esteja bem seca, para não soltar água na panela.
3. Quando a frigideira estiver bem quente, junte a manteiga: ela deve começar a espumar imediatamente.
4. Assim que a manteiga estiver começando a dourar, junte a lula, o alho e a pimenta calabresa.
5. Refogue por 60 a 90 segundos. A lula deve ficar levemente dourada.
6. Reserve e sirva imediatamente com limão.

Mexilhões no vinho branco

RENDIMENTO: 4 porções (entrada) ou 2 porções (prato principal)

- » 1 colher (sopa) de azeite
- » 1 cebola cortada em meia-lua
- » Pimenta calabresa a gosto
- » 1 colher (sopa) de manteiga
- » 3 dentes de alho fatiados
- » 500 g de mexilhão
- » ½ xícara de vinho branco
- » ½ xícara de creme de leite fresco (opcional)
- » Suco de limão-siciliano
- » Ervas a gosto (coentro, cebolinha, salsinha)

1. Refogue a cebola no azeite com a pimenta calabresa.
2. Junte a manteiga e o alho e cozinhe por uns 30 segundos.
3. Acrescente os mexilhões e o vinho branco.
4. Deixe o vinho reduzir por uns 2 minutos.
5. Se preferir a versão com creme, junte o creme de leite.
6. Tampe a panela e cozinhe por uns 5 a 8 minutos.
7. Prove o tempero e, se precisar, acrescente sal (os mexilhões são naturalmente salgados, então às vezes nem é necessário temperar).
8. Finalize com gotas de suco de limão-siciliano.
9. Finalize com salsinha, cebolinha ou coentro.

Fica delicioso para servir com pão, batata frita ou até como molho de macarrão. Uma ótima opção também é cozinhar os mexilhões na água até abrirem, tirar da concha e fazer um vinagrete como o de polvo.

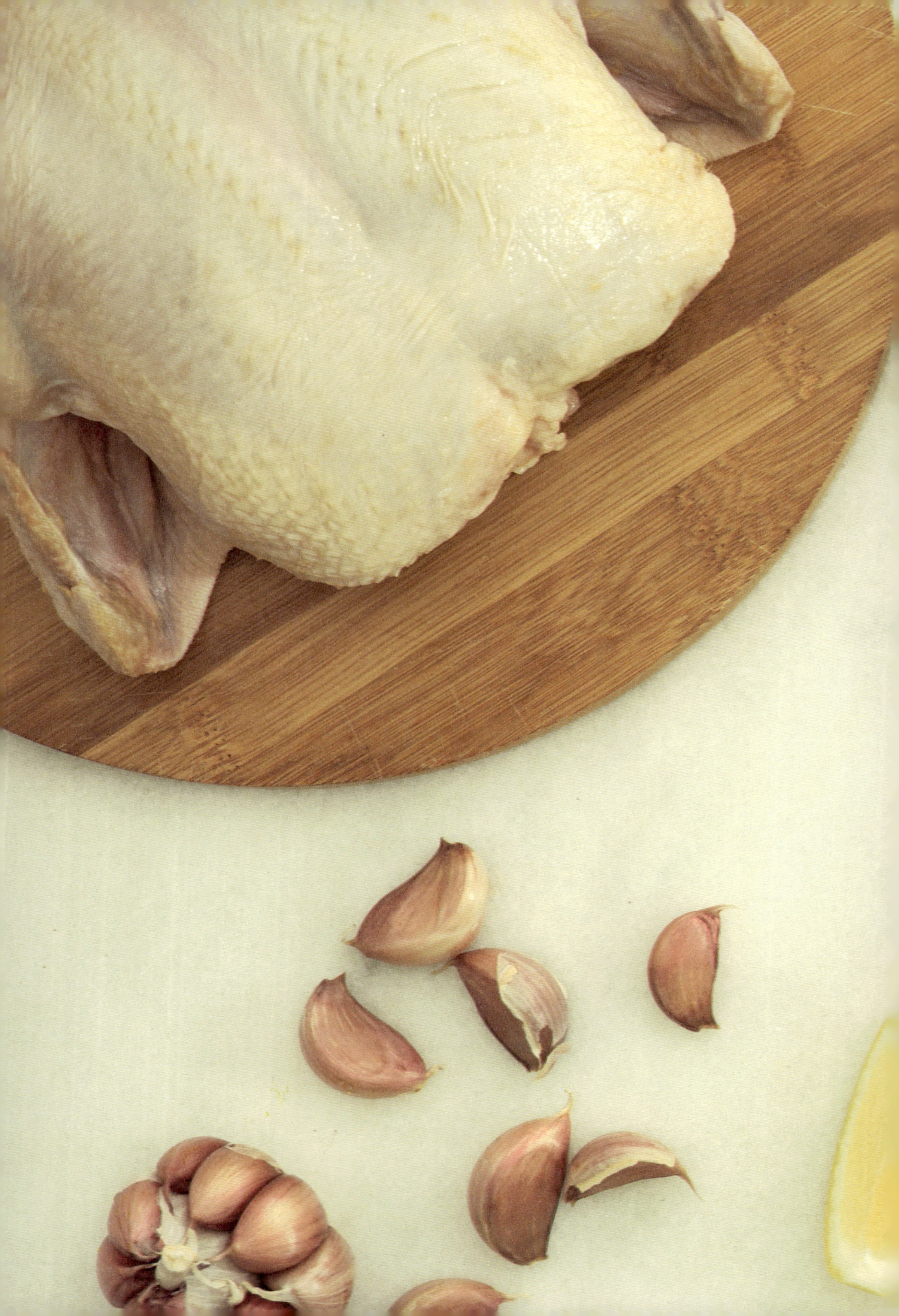

10. Frango

Uma proteína extremamente acessível, versátil e, ainda por cima, deliciosa.

HÁ QUEM DESVALORIZE, mas o frango é uma proteína extremamente acessível, versátil e, ainda por cima, deliciosa. Ele cumpre suas funções com maestria, e a verdade verdadeira é que é minha proteína favorita.

Existem algumas formas de cortar o frango inteiro, a depender de como você deseja prepará-lo e comê-lo. Se o intuito é fazer o frango assado ou ensopado, por exemplo, manter a carcaça oferece estrutura e sabor, pois são preparos que costumam demorar um pouco mais. Em contrapartida, se o intuito é fazer um frango grelhado, os ossos trazem mais dificuldades do que benefícios.

Como comprar e conservar

Existem o frango orgânico, o sem antibiótico e o "convencional". Além de proporcionar uma alimentação livre de hormônio, o frango orgânico costuma ser criado em um espaço menos populoso. Já o frango sem antibiótico se difere do frango "convencional" por não consumir esse tipo de remédio.

O frango pode ser comprado fresco ou congelado. Se já tiver sido congelado previamente, ele não poderá ser recongelado, a menos que seja cozido antes. O frango cru pode ficar 2 dias na geladeira, mas prefiro cozinhar em até 24 horas após comprar ou descongelar. Para descongelar, tire do freezer e transfira para a geladeira 24 horas antes de usar.

Cortes

Nas aves, temos a carne "escura" e a carne "branca". A escura é mais gordurosa e, consequentemente, mais saborosa e suculenta. Ao longo do preparo, a gordura vai derretendo sob o frango enquanto ele cozinha, oferecendo umidade e sabor. O corte mais gorduroso do frango é a sobrecoxa (não à toa é o corte mais saboroso e suculento), que funciona perfeitamente para fazer assado, grelhado, frito, ensopado, poché e por aí vai.

A carne branca contém menos gordura e acaba sendo considerada um corte "mais seco" e firme. No entanto, sabendo prepará-la, fica deliciosa e é uma ótima opção para diversas receitas. Para preparar um bom filé de peito, precisamos nos esforçar para garantir sabor e suculência, o que com a sobrecoxa é mais fácil, pois sua gordura natural tende a "perdoar" nossos erros.

O tempo de cocção também varia conforme o tipo de corte e o uso do osso. A carne escura tende a demorar mais para cozinhar. Da mesma forma, os cortes com osso levam mais tempo do que os sem osso.

Como limpar

Existe uma preocupação legítima com contaminação cruzada no preparo do frango. A contaminação cruzada é a transferência de contaminantes (nesse caso, do frango) para superfícies ou outros ingredientes. O frango não pode ser consumido cru, por isso, na hora do seu manuseio, devemos nos atentar e sempre lavar as mãos antes de executar outra tarefa.

Toda vez que posto algo relacionado a frango cru, recebo a mesmíssima pergunta: "Como você limpa o frango? Posso lavar?"

Vamos por partes: não, você não deve lavar o frango. Na realidade, não se deve lavar nenhuma proteína. Primeiramente, passar o frango sob água corrente não elimina nenhuma bactéria nem "lava nenhuma sujeira", ou seja, não traz benefício algum. Até aí tudo bem, você pode achar que isso não ajuda, mas também não atrapalha. Mas aí é que está, atrapalha sim, e por dois motivos: primeiro, porque o frango acaba absorvendo água, que vai liberar na hora da cocção; segundo, porque, ao passar o frango sob água corrente, você está espalhando gotículas de água com todas essas bactérias que deseja limpar, "contaminando" a pia, a bancada e qualquer outra área para a qual essa água escorrer ou em que respingar. O que de fato elimina bactérias é cozinhar o frango por inteiro até a temperatura interna correta, segura para consumo. Ele deve estar totalmente cozido antes de ser consumido.

Em seguida, não raro recebo a seguinte pergunta: "Mas então, como fazer para tirar o gosto de frango?" Sempre achei isso engraçado, pois frango deve ter gosto de frango mesmo, mas entendo que se referem à "murrinha" do frango. Para isso, minha sugestão é: compre frango de boa procedência, descongele da forma correta ou então use o fresco o quanto antes, respeitando sempre a validade. Além disso, tempere bem, use e abuse das marinadas, temperos secos, salmouras etc.

Também existe uma preocupação sobre a limpeza dos nervos e gordurinhas do frango ainda cru. Sempre limpo o filé de peito e tiro o nervo, fazendo um corte pequeno em uma das extremidades e depois passando a faca por baixo, paralela ao "nervinho", até que saia. Também corto qualquer pedaço de sangue ou cartilagem. Já a "membrana branca" que às vezes tem em volta do filé de frango costuma ser o elo entre a pele e a carne do frango; para removê-la, basta cortar uma extremidade e ir puxando e cortando.

Marinadas

Antes de mais nada, gostaria de explicitar que, na correria do dia a dia, eu muitas vezes tempero o frango minutos antes de colocá-lo na panela e, mesmo assim, fica delicioso e úmido, até porque o modo de preparo importa e muito. Dito isso, as marinadas são uma maneira de garantir ainda mais sabor e maciez. Portanto, se você tiver tempo, vale muito a pena.

Em termos simples, existem dois tipos de marinada: as secas e as molhadas. As secas são uma mistura de ervas e especiarias que juntamos para dar sabor ao frango. Já as molhadas têm duas vertentes: a salmoura, quando deixamos o frango submerso numa mistura de água, temperos e ácido, que depois será descartada; e a marinada que não cobre o frango e é aproveitada na hora de cozinhar.

O ingrediente-chave em qualquer marinada é o sal, que ajuda a extrair a água do frango. Essa água ajuda a dissolver os temperos e depois, através de difusão, penetra na carne novamente, temperando a proteína por dentro e garantindo a retenção de líquido durante a cocção.

Marinada seca

Além do sal, é interessante juntarmos temperos que vão dar sabor ao preparo. Os exemplos são diversos: ervas frescas ou secas como orégano, tomilho, alecrim etc., páprica, pimenta-do-reino, pimenta-caiena, pimenta calabresa, alho em pó, cebola em pó, curry, cominho, gengibre, raspas de limão-siciliano ou taiti etc. Outro componente que ajuda no sabor e na caramelização do frango é o açúcar mascavo, comum em algumas marinadas secas. O ideal é deixar o frango marinar por umas 12 horas na geladeira, mas, se conseguir só 30 minutos, está ótimo também. As quantidades variam, e não gosto de dar uma medida exata, pois acho que o gosto conta muito.

Vou dar três exemplos de combinações de marinadas secas que eu adoro, mas use e abuse da criatividade:
- Sal, pimenta-do-reino, pimenta calabresa, orégano, raspas de limão-siciliano.
- Sal, pimenta-do-reino, pimenta-caiena, curry, cominho, páprica.
- Sal, pimenta-do-reino, alho em pó, tomilho em pó.

Marinadas molhadas

A salmoura é a mais específica, quase como se fosse uma fórmula matemática. Você calcula de acordo com o tamanho do frango ou da quantidade usada. Os únicos ingredientes indispensáveis são água e sal, e, para a receita a seguir, o objetivo é deixar o frango entre 12 e 24 horas na geladeira. Dito isso, existem algumas receitas que deixam o frango de molho por menos tempo, mas a porcentagem de sal pode ser maior para penetrar no frango mais rapidamente.

PARA 1 KG DE FRANGO
> 1 litro de água
> 50 g de sal
> 2 colheres (chá) de açúcar (opcional)
> 1 folha de louro (opcional)
> 4 grãos de pimenta-do-reino
> 3 dentes de alho (opcional)

Após preparar a salmoura, adicione o frango, cubra e leve à geladeira. Na hora de usar, retire o frango do líquido e seque-o com papel-toalha. Agora ele está pronto para ser preparado.

OUTRAS MARINADAS MOLHADAS — Aqui as marinadas molhadas acabam também servindo como molho para o frango, o que, na minha opinião, faz toda a diferença. Por conta disso — e por facilitar na hora de usar a criatividade —, são as minhas favoritas.

Ao fazer a marinada, penso sempre em quatro componentes: sal, ácido, gordura e outros temperos. O sal é imprescindível, a chave mágica que une e acentua todos os sabores; o componente ácido ajuda a deixar a carne mais macia; a gordura oferece sabor e suculência ao preparo; e os outros temperos trazem profundidade de sabor.

• Sempre uso sal comum, mas existem alguns outros ingrediente que podem ser usados em conjunto, como o molho shoyu ou o molho inglês, que salgam trazendo sabor ao prato.

• O ácido pode ser suco de limão-taiti, limão-siciliano, vinagre de maçã, iogurte, coalhada etc.

• A gordura pode ser óleo, azeite, manteiga, iogurte etc.

• Os outros temperos podem ser ervas frescas ou secas como salsinha, coentro, manjericão, páprica, pimentas, mostarda, cebola ou alho em pó, cominho, curry, raspas de limão etc.

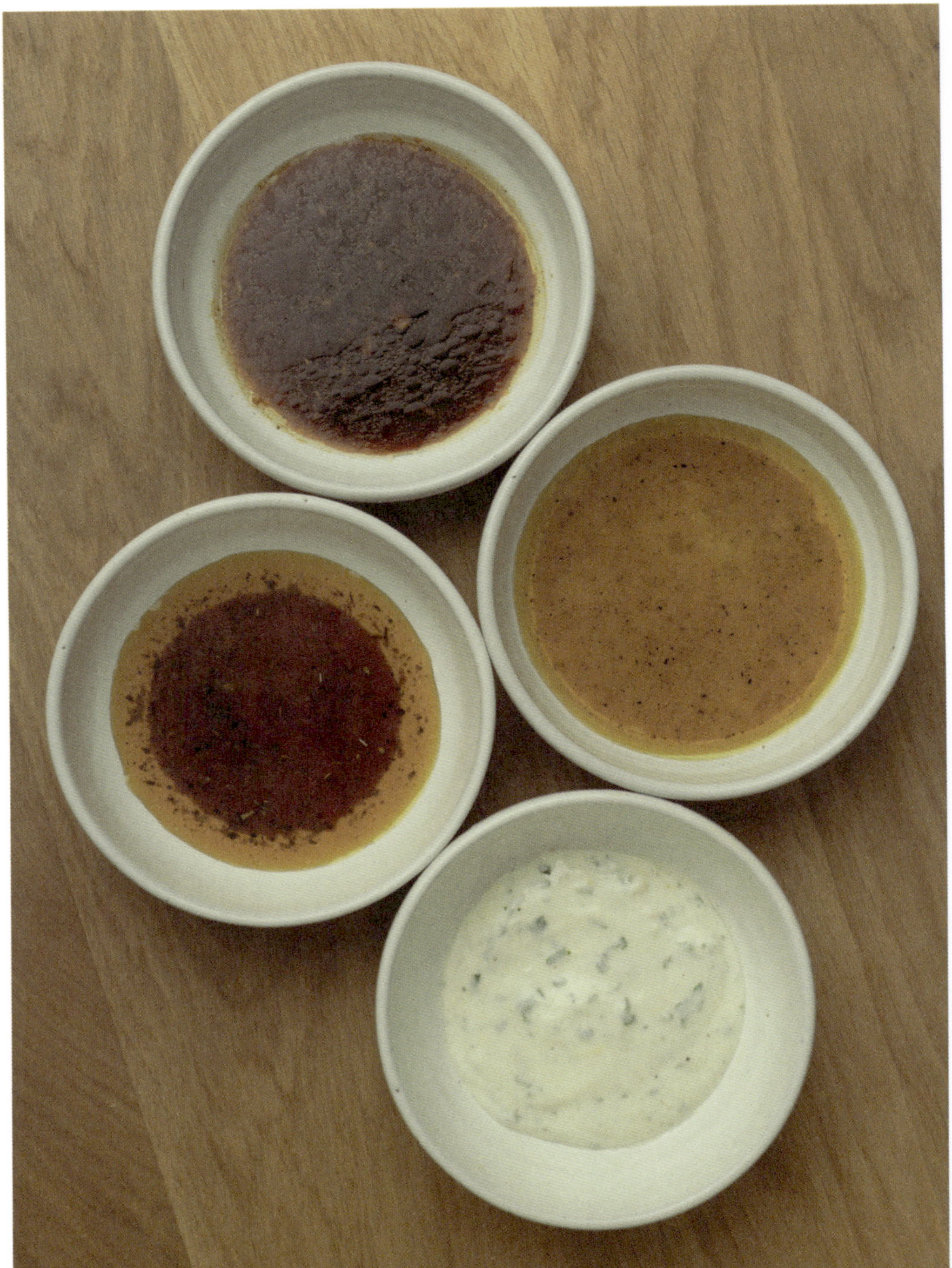

Marinada "mexicana"

- » ¼ de xícara de azeite
- » 2 colheres (sopa) de suco de limão
- » 1 pitada de pimenta-caiena
- » 1 pitada de cominho
- » 1 pitada de páprica
- » 1 pitada de alho em pó
- » 1 pitada de orégano
- » Sal e pimenta-do-reino a gosto

Marinada de mostarda e mel

- » ¼ de xícara de azeite
- » 2 colheres (sopa) do vinagre da sua preferência
- » 2 colheres (sopa) de suco de laranja
- » 1 colher (sopa) de mostarda
- » 1 colher (chá) de mel
- » 1 pitada de páprica
- » Sal e pimenta-do-reino a gosto

Marinada oriental

- » 3-4 gotas de óleo de gergelim torrado
- » 2 colheres (sopa) de suco de limão-taiti
- » 3 colheres (sopa) de molho shoyu
- » 1 colher (sopa) de gengibre ralado
- » Sal e pimenta-do-reino a gosto

Marinada de iogurte com ervas

- » ¼ de xícara de iogurte
- » 1 colher (chá) de raspas de limão-siciliano
- » 2 colheres (sopa) de suco de limão-siciliano
- » Manjericão/salsinha/coentro/cebolinha picada a gosto
- » Sal e pimenta-do-reino a gosto

DICA:
essas marinadas também são ótimas opções de molho de salada.

Assado

Um preparo prático, que não requer muita mão de obra: apesar de demorar um pouco, é o forno que trabalha por nós. Amo frango assado, talvez seja minha forma favorita de comer e preparar frango, e não é à toa que vou começar por ele.

O frango assado pode ser feito inteiro ou em pedaços. Pessoalmente, quando opto por fazer em pedaços, prefiro usar a carne escura, como sobrecoxa e coxa, pois, como já disse, a gordura natural dá mais sabor ao preparo. Mas nada impede que você asse um peito, basta adicionar gordura para garantir a suculência.

Embora tenha falado das diferentes partes do frango, acho válido começar esta seção falando do clássico frango inteiro, suculento, úmido e delicioso. Existem inúmeras possibilidades para o frango assado, mas tenho três favoritas, por motivos diferentes e para momentos distintos, que vou ensinar aqui.

Os segredos para um frango assado delicioso

MANTER O FRANGO NO OSSO INDEPENDENTEMENTE DO CORTE — Além de dar estrutura para o frango, o osso também o deixa assar de maneira mais uniforme.

MANTER A PELE DO FRANGO — Além de dar muito sabor, a pele protege a carne do frango, agindo como uma "capa de gordura" que não deixa a carne ressecar.

TEMPERAR GENEROSAMENTE — É de suma importância temperar o frango generosamente, sobretudo com sal o suficiente para que ele entranhe no frango e dê sabor ao assado. Comida sem sal não tem gosto.

Perguntas frequentes

QUANDO SEI QUE O FRANGO ESTÁ COZIDO? — Quando o frango estiver cozido, o líquido que sair dele deverá estar transparente. Se sair rosado, significa que o frango precisará cozinhar por mais tempo. Para verificar, basta pegar um faca pequena, furar o frango na coxa ou na sobrecoxa (que demoram mais para cozinhar) e apertar delicadamente para checar a cor do líquido.

POR QUE VOCÊ NÃO COBRE COM PAPEL-ALUMÍNIO? — Porque não quero criar vapor. Quero que o calor seja distribuído de forma equilibrada pelo frango todo e que a pele fique dourada e crocante. Só cubro com papel se alguma parte do frango estiver ficando muito dourada e com risco de queimar antes que o resto fique pronto (nesse caso, cubro só a parte que já está dourada).

POR QUE COLOCAR O ALHO INTEIRO E COM CASCA? — Como o alho cozinha muito rápido, ele corre o risco de queimar e ficar amargo em assados mais longos. Por isso, junto ele levemente amassado com casca, que vai proteger o alho mas permitir que ele perfume o preparo.

EM QUAL ALTURA DO FORNO ASSAR O FRANGO? — O ideal é assar o frango na prateleira central do forno ou, se houver apenas uma, colocá-lo no meio do forno. Assim, o calor consegue circular em volta de toda a assadeira, cozinhando o frango de maneira uniforme.

EM QUAL TABULEIRO ASSAR? — O ideal é assar em um recipiente próprio para o forno que tenha as laterais baixas, de modo que o ar circule com facilidade, mas também devem ser altas o suficiente para comportar os eventuais caldos do frango. Uma dica: sempre que assar pratos que vão ser servidos direto do forno, use uma cerâmica ou um pirex bonito que possa ir direto à mesa. Assim você só suja uma louça e ainda garante uma mesa linda!

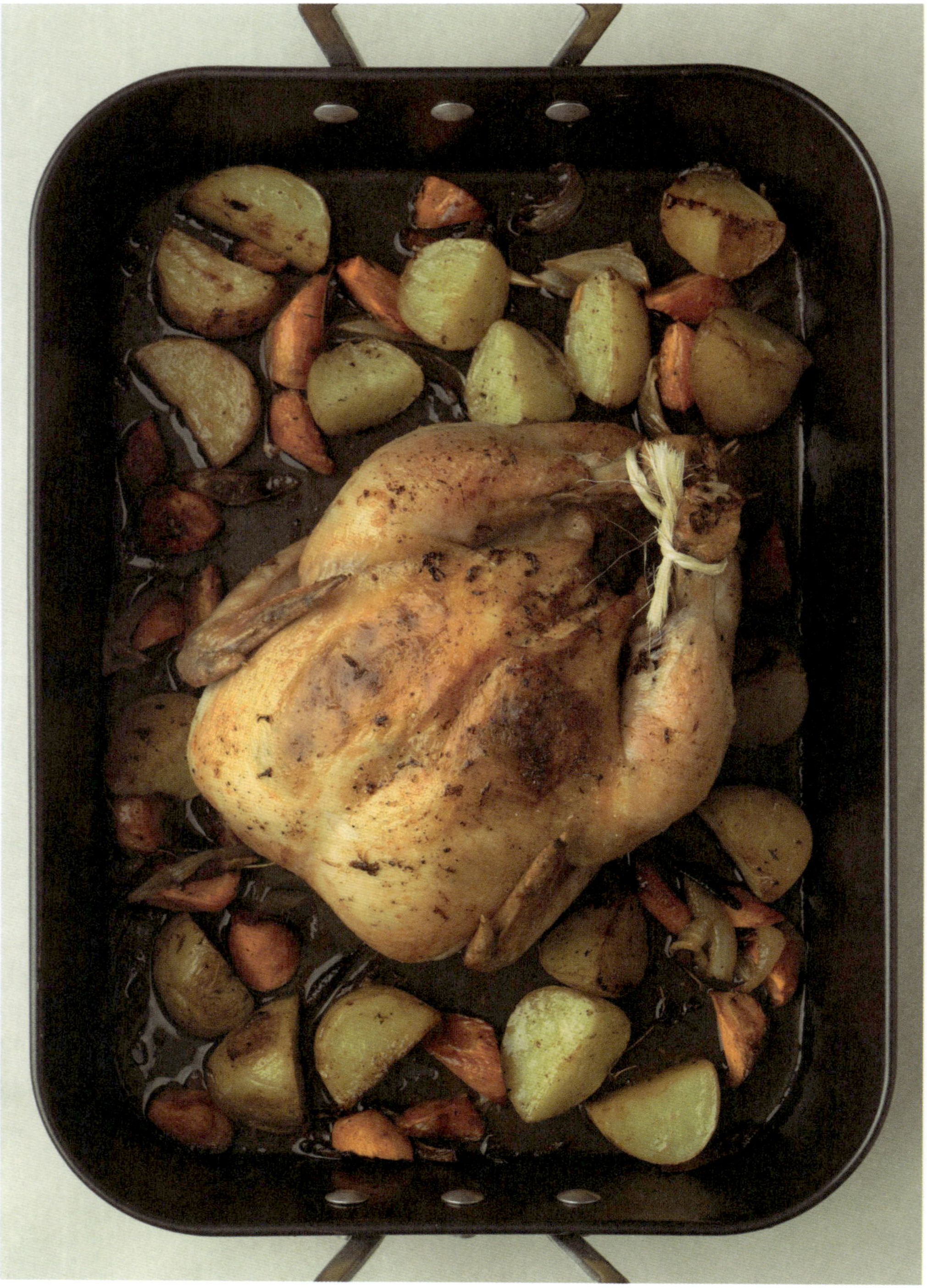

Frango assado inteiro

RENDIMENTO: 4 porções

- » 1 frango inteiro
- » Sal e pimenta-do-reino a gosto
- » 3 colheres (sopa) de manteiga em temperatura ambiente
- » Suco e raspas de limão-siciliano
- » 2 colheres (sopa) de ervas picadas (opcional — pode ser alecrim, sálvia, tomilho, orégano etc.)
- » 2 colheres (sopa) de azeite
- » 4 dentes de alho com casca levemente amassados

Para mim, esse frango é sinônimo de conforto, de família, de momento especial ou data comemorativa. Crescemos vendo esse frango decorando as mesas mundo afora, e não é à toa que ele enche meu coração de alegria até hoje.

1. Tempere o frango generosamente com sal e pimenta.
2. Em um pote, misture a manteiga, o suco e as raspas do limão e as ervas picadas.
3. Solte a pele do frango delicadamente com os dedos.
4. Espalhe colheradas da manteiga temperada entre a pele e a carne do frango.
5. Regue com azeite por cima e junte o alho na cavidade do frango.
6. Leve ao forno preaquecido a 200°C por 1h30 a 1h40, dependendo da potência do forno. Caso o seu forno seja elétrico, o frango provavelmente ficará pronto mais rápido. Se for a gás, além de demorar mais, tende a dourar menos, então a solução é usar a função grill do aparelho para dourar a pele nos últimos minutos de cocção.

Gosto de usar uma mistura de manteiga e azeite, porque a manteiga dá sabor enquanto o azeite ajuda a deixar a pele crocante.

Se quiser, pode adicionar legumes como cenoura e batata em volta do frango para cozinharem enquanto ele assa — fica delicioso. Costumo juntar os legumes crus com o frango, e eles cozinham e caramelizam ao mesmo tempo. Recomendo não cortar os legumes muito pequenos, já que vão ficar um bom tempo no forno.

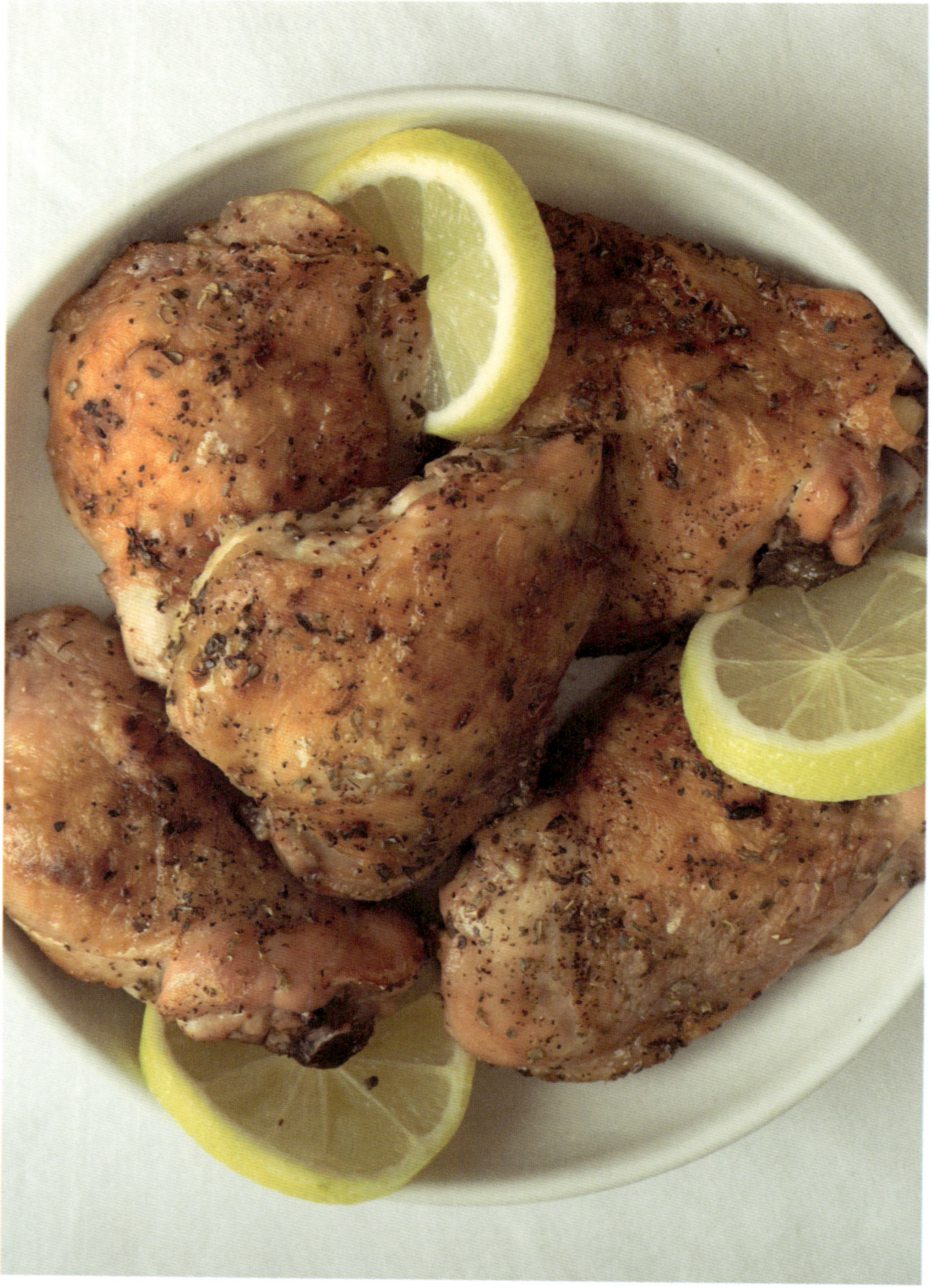

Sobrecoxa assada

RENDIMENTO: 2 porções

- » 4 sobrecoxas de frango
- » Sal e pimenta-do-reino a gosto
- » ½ colher (chá) de orégano
- » ½ colher (chá) de pimenta calabresa
- » Suco de ½ limão-taiti

Sem dúvida nenhuma, a receita que mais faço. O frango assado, mas na versão sobrecoxa com pele e osso. A sobrecoxa assa mais rápido do que o frango inteiro, por isso é uma ótima opção para o dia a dia, além de ser mais prática na hora de servir e comer. Embora seja muito fácil, o sabor não deixa absolutamente nada a desejar, eu prometo!

1. Tempere as sobrecoxas com o sal, as pimentas, o orégano e o limão.
2. Asse em forno preaquecido a 200°C por 45 a 60 minutos.

DICA:
• Também fica ótima na *air fryer*. Nesse caso, começo com a pele virada para baixo, sem preaquecer a *air fryer*. Asso por 15 minutos a 190°C e depois viro, coloco a pele para cima e cozinho por mais uns 15-20 minutos.

Confit

O frango *confit* segue o poché, pois o modo de cocção é similar (apesar de superdiferente!). *Confit* é uma cocção lenta em uma gordura, resultando num preparo que desmancha na boca e tem um sabor delicioso.

O frango *confit* não é muito comum, mas o pato *confit* é um clássico da culinária francesa. O processo de confitar pode ser feito com diversos ingredientes diferentes, e a gordura também pode variar, mas essencialmente é cozinhar a proteína com gordura até metade da sua altura, lentamente, no forno ou no fogão.

Grelhado

Provavelmente o preparo mais comum e famoso de todos. Uma opção rápida e fácil para o dia a dia. Apesar de ser um clássico, existem muitas dúvidas e reclamações sobre nosso tão adorado frango grelhado. Vou tentar desmistificar essas questões e trazer soluções e melhorias para garantir o seu êxito.

Ao contrário da maioria dos outros preparos, eu gosto de usar filé de peito para o frango grelhado. É uma carne mais magra, de fato, mas cozinha rápido e, se feita corretamente, não resseca.

Dicas valiosas

Como o frango é uma carne mais magra, a gordura das marinadas pode ajudar na hora de temperar e cozinhar, proporcionando suculência, maciez e sabor.

Frango dourado é sinônimo de sabor! Nosso objetivo é que os açúcares naturais derretam e caramelizem, formando uma crosta dourada. Para isso, existem algumas dicas importantes:

- A panela deve estar quente **antes** de você colocar o frango e deve permanecer assim pelo menos até que se forme uma crosta dourada.
- Certifique-se de que o frango está descongelado antes de adicioná-lo à panela. Se estiver congelado, o gelo vai derreter e formar água, deixando o frango sem cor e simplesmente cozido.
- Nunca encha muito a panela: ela vai acabar esfriando se juntarmos uma grande quantidade de frango frio. Se isso acontecer, não garantimos a tão sonhada crosta. Coloque o frango na panela em uma camada única. Se estiver fazendo em grande quantidade, prepare em levas ou em duas panelas.

• Tenha paciência: deixe o frango dourar antes de virá-lo. Não fique mexendo nele nem forçando a virada, pois ele vai soltar naturalmente da panela quando estiver dourado o suficiente.

• Aprenda a controlar o fogão: é importante começarmos com o fogo mais alto para dar uma boa caramelizada e colorida no frango, mas sem esquecer que o frango também precisa cozinhar por dentro. Então é preciso abaixar o fogo para ele ir cozinhando sem ficar muito escuro por fora.

• Se estiver usando um filé de peito muito grosso, talvez seja preciso acrescentar um pouco de água na panela depois de virá-lo e tampar por uns instantes para criar vapor e ajudar a cozinhar por dentro.

• Se estiver usando uma marinada que contenha mel ou suco de laranja, preste atenção especial à temperatura da panela, pois, devido ao açúcar do mel e da laranja, o filé vai dourar e caramelizar mais rápido.

PERGUNTAS FREQUENTES

USO MANTEIGA OU AZEITE? — A verdade é que os dois podem ser usados na hora de fazer frango grelhado. A manteiga tem um ponto de fumaça mais baixo do que o azeite ou o óleo, ou seja, ela queima mais rápido, ao passo que o azeite e o óleo têm maior resistência ao calor. É comum usarmos uma mistura de manteiga e azeite quando queremos o sabor da primeira com a resistência do segundo. Misturando os dois, a manteiga se torna mais resistente ao calor.

Dito isso, você pode usar um ou outro, mas sem esquecer que, se usar apenas manteiga, terá que ficar mais vigilante ao fogo.

QUANTO TEMPO DE CADA LADO? — Sei que não é a resposta que você quer ouvir, mas depende de muitos fatores: a espessura do frango, o tamanho da panela, a potência do fogo, a quantidade feita. Por isso, é impossível dar um tempo preciso. O que posso dizer é: preste atenção aos sinais. Quando o frango começar a ficar esbranquiçado em volta, está na hora de virá-lo. Se você furar o frango com uma faca pequena e o líquido sair transparente, está pronto. E, lógico, se bater a insegurança ou a dúvida, nada impede você de cortar o frango ao meio e ver se está completamente branco por dentro.

QUE PANELA USAR? — Adoro fazer frango grelhado em panela de ferro ou de inox, pois gosto da caramelização que fica e que depois juntamos ao molho. Dito isso, dá para usar uma panela antiaderente também. O ideal é que seja larga e rasa, para que o calor circule bem e a fumaça escape com facilidade, sem criar muito vapor e, consequentemente, água.

POR QUE MEU FRANGO FICA DURO? — O frango fica duro se você cozinhá-lo além do ponto. Ele acaba secando e perdendo a suculência.

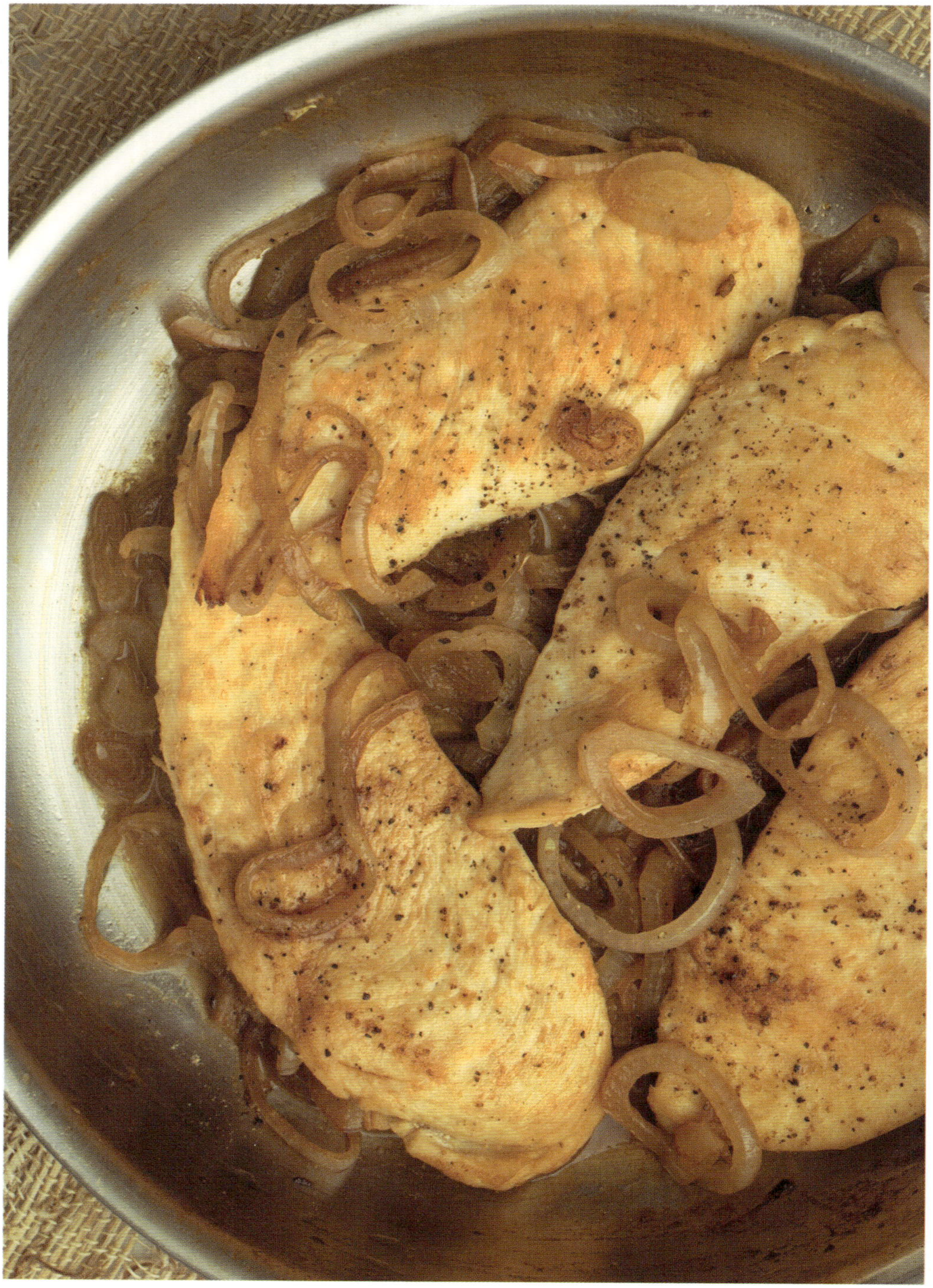

Frango grelhado acebolado

RENDIMENTO: 2 porções

» 2 filés de peito (prefiro cortar em 2 ou 3 filés finos horizontalmente ou afinados com um martelo culinário)
» Sal e pimenta-do-reino a gosto
» Marinada da sua preferência
» 1 colher (sopa) de azeite ou manteiga
» 1 cebola grande ou 2 cebolas pequenas cortadas em meia-lua ou rodelas

1. Tempere o frango com sal, pimenta-do-reino e qualquer outro tempero da sua preferência.
2. Esquente bem o azeite ou a manteiga na panela.
3. Junte o frango em uma camada única e cozinhe no fogo médio-alto.
4. Quando estiver dourado de um lado e começar a ficar esbranquiçado em volta, vire para dourar e cozinhar do outro lado.
5. Se estiver usando um filé muito grosso, depois de dourado dos dois lados, junte umas colheres de água e tampe a panela para criar vapor e terminar de cozinhar por dentro.
6. Quando o frango estiver cozido, reserve. Na mesma panela, junte a manteiga e a cebola.
7. Refogue em fogo médio até ficar levemente caramelizado. A cebola libera água naturalmente e ajuda a soltar todo o fundo caramelizado da panela.
8. Se quiser, adicione um pouco de água para criar um molho.
9. Volte com o frango grelhado e misture.

Se preferir, corte o filé de frango em cubos grandes ou pequenos e faça como se fosse um picadinho para usar em variações diversas ao longo da semana. A diferença seria o corte do frango e da cebola. Nesse caso, sugiro cortá-la em cubinhos, juntar uns dentes de alho picados depois que a cebola estiver refogada e cozinhar por uns 30 segundos.

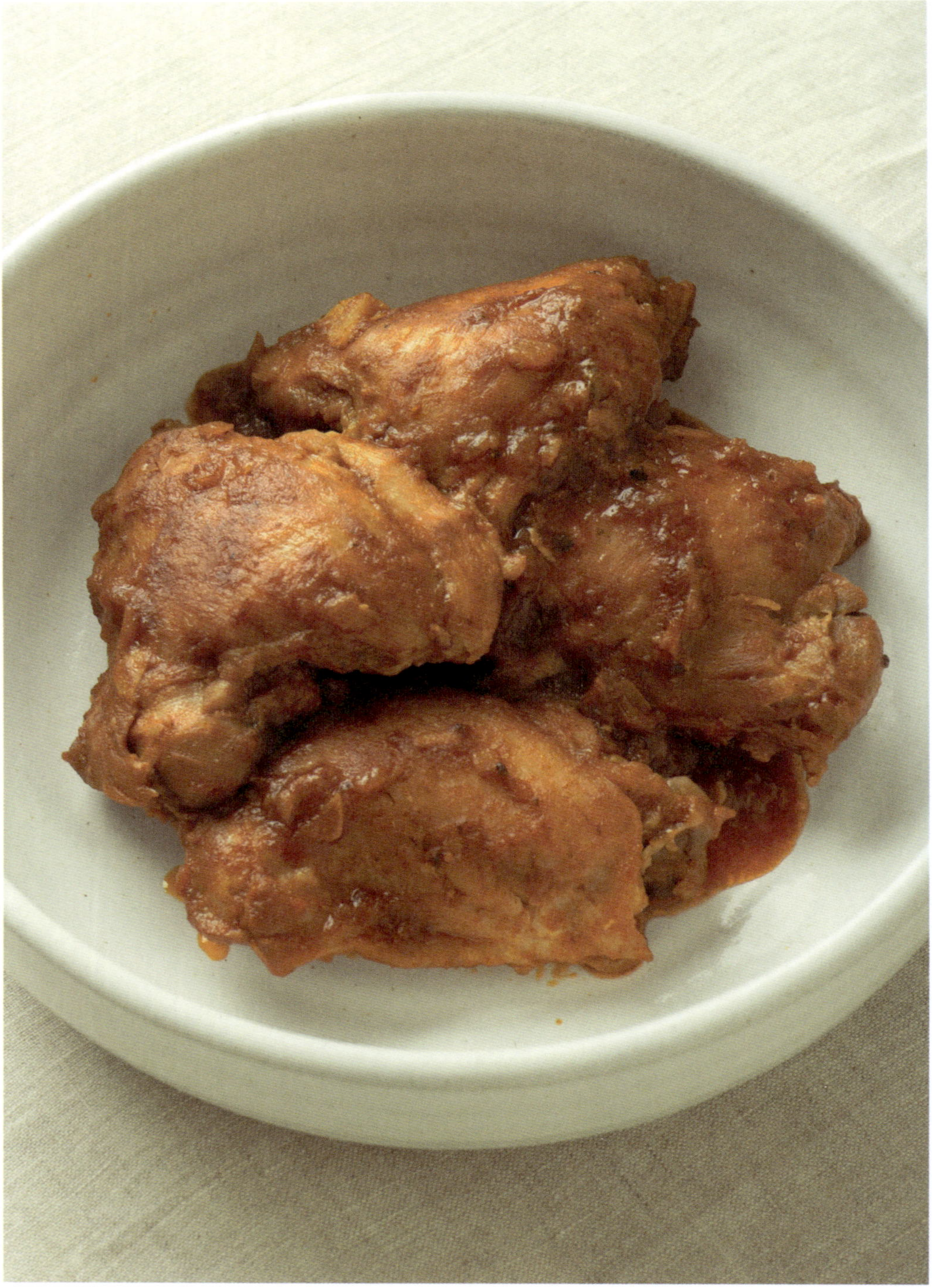

Frango ensopado

RENDIMENTO: 2 porções

- » 4 sobrecoxas de frango
- » Suco de limão a gosto
- » Sal e pimenta-do-reino a gosto
- » 1 colher (sopa) de azeite
- » 1 cebola pequena picada em cubos pequenos
- » 2 dentes de alho picados
- » Louro (opcional)
- » 1 tomate picado ou ¼ de xícara de tomate pelado ou passata (opcional)
- » Água (até aproximadamente metade do frango)

Temos um ensopado quando cozinhamos algo em um refogado caudaloso, geralmente mais devagar, incorporando sabor e garantindo maciez e suculência. Começamos dourando o frango e liberando os açúcares naturais. Depois juntamos cebola, alho e tomate, que ajudam a soltar o caramelizado da panela e se transformam em uma pasta saborosa, que será a base do molho que vai cozinhar o frango. Podemos acrescentar água, caldo, vinho e — agora sim — cozinhar o frango até ficar macio e saboroso.

1. Tempere a sobrecoxa com sal e limão (ou com a marinada da sua preferência).
2. Esquente o azeite na panela e junte a sobrecoxa.
3. Doure bem dos dois lados em fogo médio-alto.
4. Adicione a cebola e diminua o fogo para refogar.
5. Acrescente o alho e o louro e refogue por 30 segundos.
6. Adicione o tomate e cozinhe até que perca a forma.
7. Junte a água aos poucos e tampe a panela para ajudar o frango a cozinhar por dentro (15 a 20 minutos).
8. Vá acrescentando mais água conforme for secando, até que o frango esteja cozido e o molho, encorpado.

Uma ótima variação para esse frango ensopado é acrescentar legumes como chuchu, batata e cenoura.

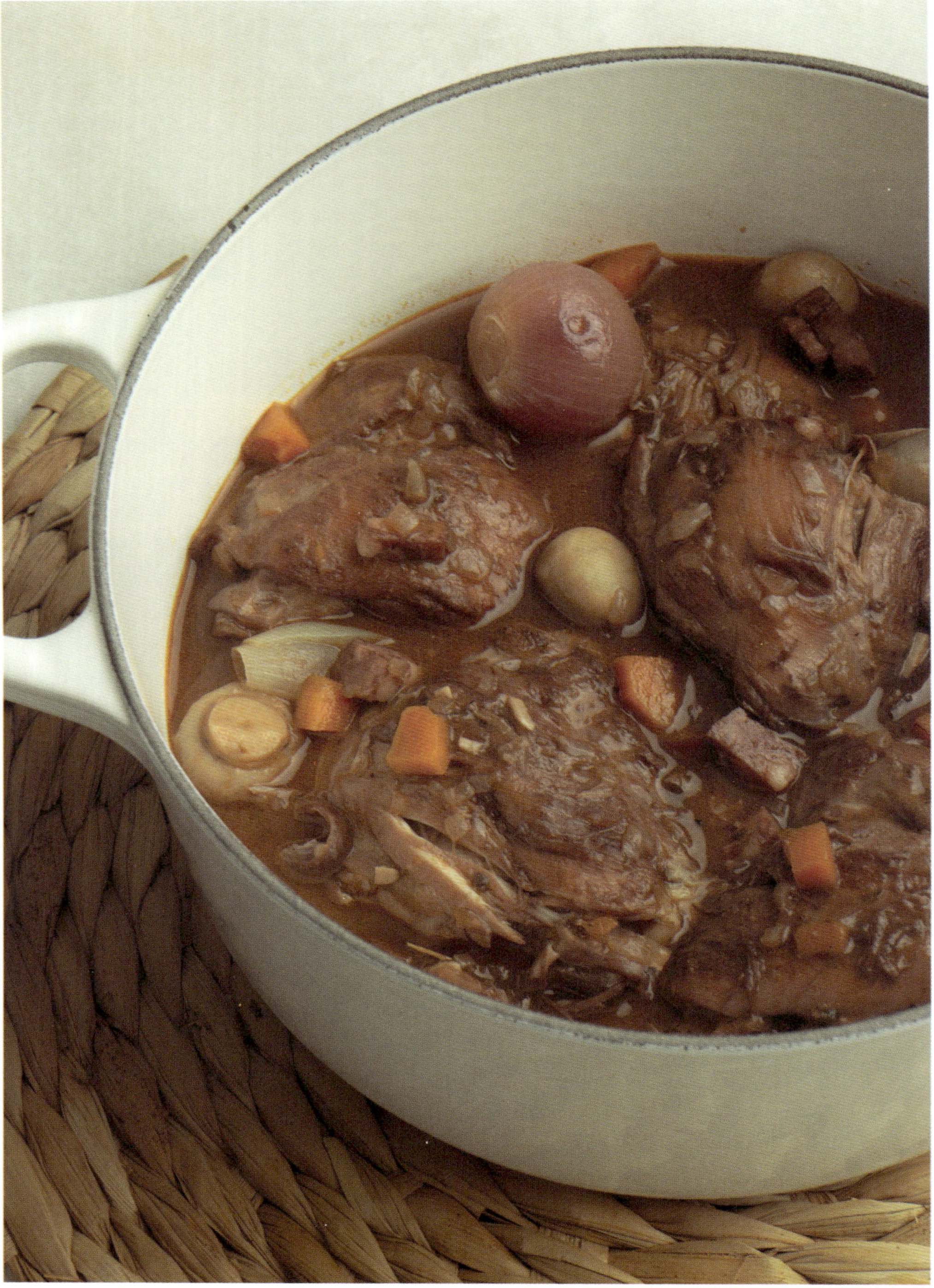

Coq au vin

RENDIMENTO: 4 porções

PARA A MARINADA
» 850 g de sobrecoxa com osso e sem pele
» 1 ½ xícara de vinho tinto
» Louro e tomilho a gosto (opcional)
» Sal e pimenta-do-reino a gosto

» 75 g de bacon
» 1 colher (sopa) de azeite (depende da quantidade de gordura do bacon)
» 1 cebola picada
» 1 cenoura picada
» 2 dentes de alho
» ½ xícara de tomate pelado
» 1 colher (sopa) de farinha de trigo (opcional)
» ¼ de xícara de conhaque ou uísque
» 200 g de cogumelos paris
» 7 a 10 minicebolas descascadas

Umas das minhas receitas francesas favoritas. A mistura perfeita entre simplicidade e sofisticação. Um prato com algumas etapas que fazem toda a diferença no preparo final. Uma ótima opção de refeição para receber pessoas queridas, que demanda um pouco de organização inicial, mas que depois "se vira" no fogão. Em resumo, um prato que traduz amor.

1. Coloque o frango para marinar no vinho tinto na noite anterior ou pelo menos 2 horas antes, com louro, tomilho, sal e pimenta-do-reino.
2. Em uma panela, frite o bacon e reserve. Se o bacon tiver liberado pouca gordura, acrescente azeite.
3. Na mesma panela, junte o frango (sem o vinho) e grelhe bem.
4. Quando estiver bem dourado dos dois lados, reserve.
5. Junte mais azeite se a panela estiver sem gordura e refogue a cebola até que fique translúcida. Em seguida, adicione a cenoura e o alho.
6. Junte o tomate pelado e cozinhe por 1 minuto.
7. Adicione a farinha e incorpore. O objetivo da farinha (se preferir, use amido de milho) é engrossar o molho; se não quiser engrossar, não tem problema, o molho só vai ficar mais ralo.
8. Adicione o conhaque ou o uísque para deglaçar e cozinhe até que o álcool tenha evaporado.
9. Junte o vinho tinto, o frango e o bacon.
10. Junte os cogumelos e cozinhe no fogo baixo por 40 a 60 minutos, até que tenha reduzido e encorpado.
11. Ajuste o tempero e sirva.

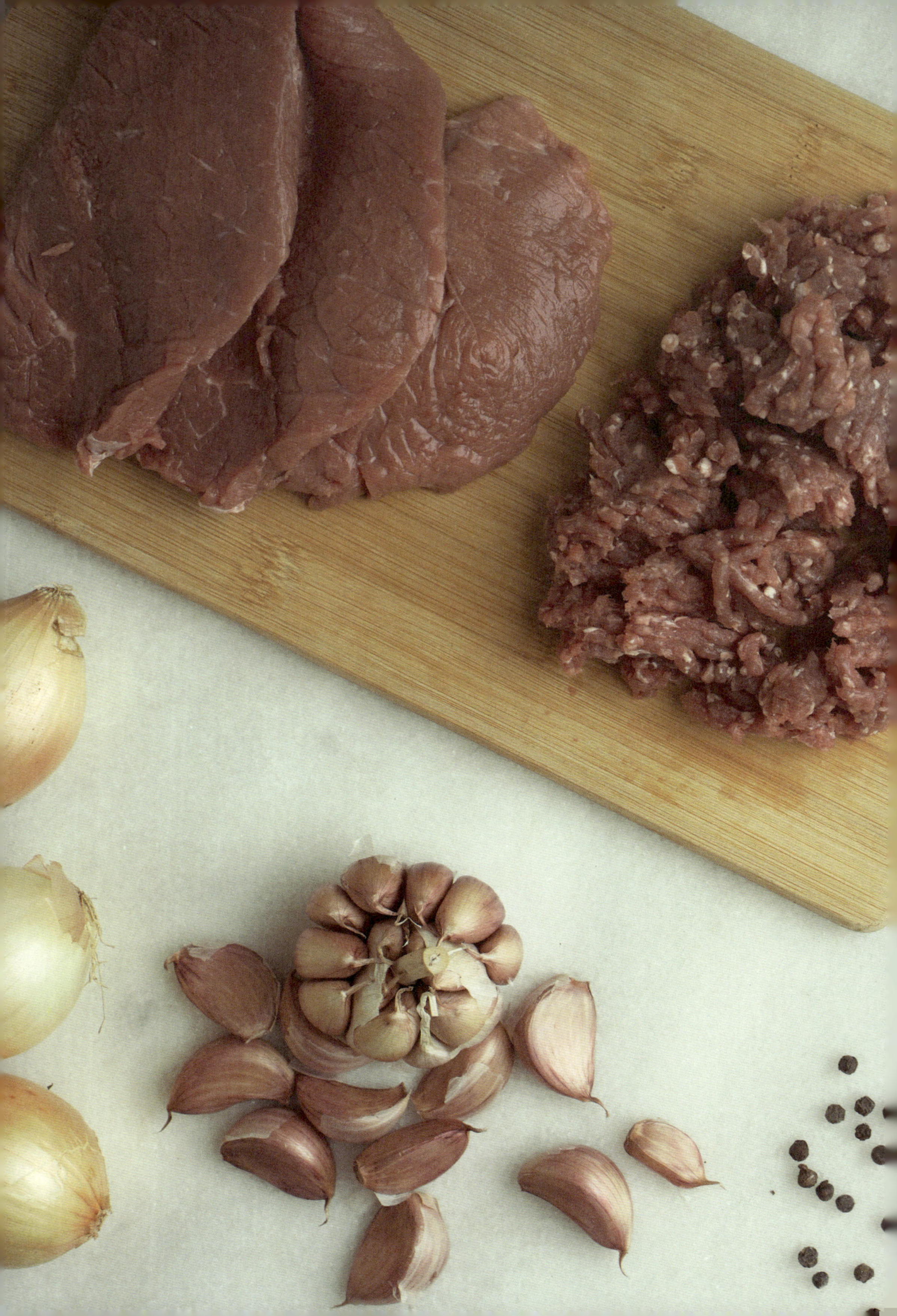

11. Carnes

Todo corte pode ser maravilhoso, basta sabermos como prepará-lo.

Infelizmente acabamos variando muito pouco entre os cortes de carne que compramos e consumimos. Temos a falsa sensação de que a carne mais valiosa é o filé-mignon, que costuma ser um dos cortes mais caros. O mais importante, no entanto, é entender o corte que você está comprando e como cozinhá-lo para trazer à tona o melhor que ele tem para oferecer. Todo corte pode ser maravilhoso, basta sabermos como prepará-lo.

Cortes

ACÉM
É um corte com pouca gordura e textura média (nem muito firme, nem macio). O ideal, portanto, é usá-lo para fazer carne moída, em ensopados como carne de panela ou assados longos. O que faz o acém ficar macio é o tempo de cocção: ele precisa de tempo para amolecer, então o ideal é cortá-lo bem pequeno ou deixar cozinhar bastante. Vale lembrar que a panela de pressão é nossa grande aliada para cortes assim.

ALCATRA
É um corte macio, com pouca gordura. Um corte muito versátil, bom para vários tipos de preparo, como bifes mais grossos, refogados e ensopados. Apenas evite fazer bifes muito finos, porque podem ressecar.

CONTRAFILÉ
Tem uma camada de gordura lateral que dá sabor e maciez ao corte. Ótimo para bifes, grelhados ou na chapa. Deve ser servido malpassado ou ao ponto para não perder a suculência.

COSTELA
Um corte extremamente saboroso. O ideal é que cozinhe por bastante tempo para amaciar as fibras e derreter a gordura, seja na brasa ou na pressão.

COXÃO DURO OU LAGARTO PLANO
Assim como o acém, esse corte precisa de tempo para amolecer, então o ideal é deixar cozinhar bastante.

COXÃO MOLE (OU CHÃ)
Um corte parecido com acém. Perfeito para ensopados, como picadinho ou bife à rolê, e um ótimo corte para carne moída.

CUPIM
Uma carne extremamente gordurosa e, portanto, saborosa, muitas vezes feita na churrasqueira ou na panela de pressão. É um corte entremeado de gordura, por isso precisa cozinhar por tempo suficiente para que ela desmanche e a carne fique bem macia.

FILÉ-MIGNON
É um corte muito macio, sem nervos e sem gordura. Ideal para preparos rápidos, de pouca cocção, como medalhão, rosbife, tornedor etc.

FRALDINHA
Um corte levemente entremeado por fibras e gordura, muito saboroso. Ideal para assados, churrasco e bife.

LAGARTO
É um corte magro com um formato arredondado, tipicamente usado na carne assada. Um corte que brilha em receitas com líquido e de preparo longo.

MAMINHA
Tem um sabor suave e é bem suculenta. Deve sempre ser cortada contra a fibra para que fique macia. Ótima para assados ou em churrascos.

MÚSCULO
Bom para caldos, sopas e ensopados em geral. Uma carne bem fibrosa e saborosa. Precisa de longa cocção para ficar macia. Conhecido como ossobuco, o corte com osso adiciona ainda mais sabor por conta do tutano.

PALETA OU BRAÇO
Bom em cozimento mais longo em molhos e ensopados.

PATINHO
Ideal para carne moída, mas também é ótimo para ensopados de longa cocção como o *boeuf bourguignon*. Não é uma carne macia, mas também não chega a ser firme. Parecida com coxão mole, coxão duro e acém.

PEITO
Um corte mais firme que precisa ser cozido por bastante tempo com algum líquido, como caldos, sopas, cozidos, ensopados, de modo que as fibras fiquem mais macias.

PICANHA
Tem uma camada de gordura lateral mais grossa que dá sabor, maciez e suculência ao corte. É tradicionalmente usada em churrascos, mas também fica deliciosa como bife.

PONTA DA AGULHA
Uma carne muito saborosa, entremeada com gordura e fibras. Também precisa ser cozida por bastante tempo para ficar macia e suculenta. No churrasco, onde é muito comum, o truque é mantê-la distante da brasa e cozinhá-la por muito tempo.

RABO
Ideal para ensopados e cozidos de longa cocção.

Agora vamos conversar sobre as diferentes formas de cozinhar carne e os melhores cortes para cada preparo.

Grelhado

Cortes próprios

Para grelhados, o ideal é usar um corte naturalmente macio, pois queremos só selar a carne para formar aquela crosta caramelizada dourada, enquanto o centro continua ao ponto. Um dos cortes mais tradicionais é o filé-mignon, que protagoniza receitas de medalhão ou tornedor, por exemplo. Além disso, temos os bifes ou escalopes, que podem ser feitos com contrafilé, picanha, maminha e alcatra.

Temperatura da panela

O importante é atentar-se principalmente à temperatura da panela. O objetivo é dourar e caramelizar bem o exterior da carne e manter o centro ao ponto. Para isso, é necessário controlar o fogo, sabendo que inicialmente precisamos da chama mais alta para selar a carne, e depois diminuí-la para que a carne cozinhe por dentro, sem passar do ponto nem ficar crua.

Gordura

Outra questão importante é a gordura. Como os cortes mais macios tendem a ser mais magros, é importante usarmos gordura não só para dar sabor à carne, mas também para dourá-la. Tradicionalmente, começamos selando a carne com azeite ou óleo, pois ambos têm um ponto de fumaça mais alto que a manteiga; depois, podemos juntar manteiga, que serve para dar sabor. Existem alguns casos, porém, em que podemos usar apenas manteiga, como o escalope, que cozinha por menos tempo por ser mais fino.

Outra opção também é misturar manteiga e azeite ou óleo, assim a média de temperatura fica mais alta.

Panela

Já disse algumas vezes que o importante é selarmos bem a carne para que ela doure, de modo que seu açúcar derreta e caramelize, dando sabor e cor ao grelhado. Para isso, o ideal é usar uma frigideira larga e rasa. É importante ser rasa para que o vapor escape com facilidade e a carne doure bem. Também é ideal que seja larga para que as carnes tenham espaço para dourar.

Gosto de usar uma frigideira de ferro para fazer carne grelhada, mas você também pode usar uma frigideira de inox ou antiaderente. No caso da antiaderente, a carne não vai grudar e fazer fundo. No caso da de ferro e de inox, precisamos deixar a gordura envolver bem a base da panela e esquentar antes de adicionar a carne. E não esqueça: só vire a carne na hora em que ela se soltar naturalmente da panela; antes disso, ela ainda precisa de tempo para dourar.

Ponto de cocção

Com o tempo você vai pegando a prática, mas, para saber quando a carne está no ponto, um bom truque é juntar o dedão e o indicador e, com o indicador da outra mão, tocar na maçã da mão (o monte de vênus). Essa é a textura da carne malpassada. Assim, você toca na carne e na maçã da mão e compara as texturas. Para uma carne ao ponto, junte o dedo médio e o dedão e pressione levemente a maçã da mão. Nesse momento, a textura se assemelha à da carne ao ponto.

Outras dicas

• Existem algumas teorias de que o ideal é salgar a carne depois de selar para não extrair sua umidade, mas confesso que vejo pouca diferença e salgo logo antes de colocá-la na frigideira.

• Não devemos encher demais a panela, porque isso a esfria e a carne pode cozer em vez de grelhar.

• Garanta sempre que a carne esteja descongelada. Se estiver levemente congelada, ela vai começar a descongelar, soltando água, e novamente teremos carne cozida em vez de grelhada.

• Quantidade por pessoa: depende e muito dos acompanhamentos, da quantidade e até do corte, se é gorduroso ou magro etc. Mas, em geral, calculo uns 150 a 200 g por pessoa para carnes sem osso.

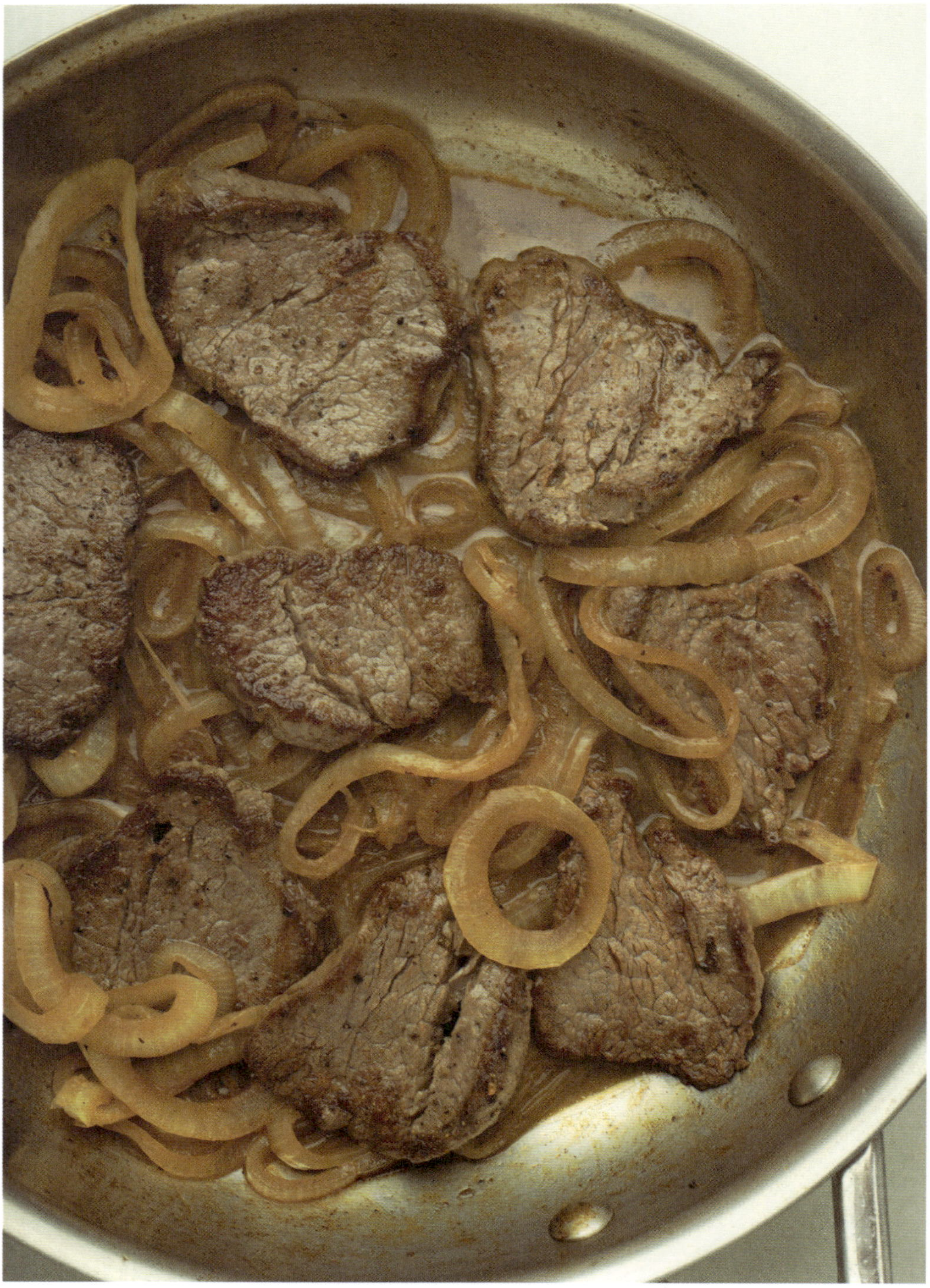

Escalope acebolado

RENDIMENTO: 2 porções

» 1 colher (sopa) de manteiga (+ 1 colher de chá, opcional)
» 8 escalopes de carne (pode ser filé-mignon, contrafilé, picanha, maminha ou alcatra)
» Sal e pimenta-do-reino
» 1 cebola cortada em rodelas ou meia-lua

Em relação aos tipos de bife, temos os seguintes: o **paillard** tem 0,5 cm de grossura e é tradicional no preparo de bife à milanesa ou paillard com fettuccine, por exemplo. O **escalope** tem 1 cm de grossura e é o segundo grelhado mais fino. O **medalhão** tem mais ou menos 2 cm e talvez seja o corte mais popular, enquanto o **tornedor** chega a 3 cm. O **chateaubriand** é o corte mais alto, com cerca de 4 cm de altura, e, na minha opinião, é o mais difícil de aperfeiçoar para garantir que o centro não fique cru e o exterior não queime.

1. Derreta e esquente a manteiga na frigideira.
2. Tempere os escalopes com sal.
3. Quando a manteiga estiver espumando, junte a carne em fogo alto e doure bem por 1 minuto de cada lado.
4. Retire da panela e diminua bem o fogo. Na mesma frigideira, junte mais manteiga, caso necessário.
5. Acrescente a cebola e refogue.
6. O ideal é que a cebola solte o caramelizado no fundo da panela, por isso é importante que o fogo esteja baixo, para que ela vá liberando água.
7. Quando a cebola estiver refogada, acrescente um pouco de água para formar um molho (se quiser). É importante que a cebola esteja refogada antes de entrar com a água, senão ela será cozida em vez de refogada.
8. Volte com a carne para o acebolado e sirva.

Bife à milanesa

RENDIMENTO: 2 porções

- » 4 bifes
- » Sal e pimenta-do-reino
- » Farinha de trigo
- » Ovo batido
- » Farinha de rosca ou panko

Para fazer bife à milanesa, não costumo usar um corte tão nobre como filé-mignon. Prefiro usar uma carne magra mas saborosa, como coxão mole ou patinho.

Para empanar, prefiro a farinha panko, porque traz um resultado mais crocante.

1. Tempere a carne com sal e pimenta-do-reino.
2. Passe os bifes na farinha de trigo, depois bata para tirar o excesso.
3. Passe no ovo, tire o excesso e passe na farinha panko ou de rosca.
4. Esquente bem o óleo até chegar a 180°C. Caso não tenha termômetro, preste atenção: o óleo deve fazer um leve chiado quando você colocar o bife. Se não fizer, espere mais um pouco.
5. Frite bem de um lado e depois vire para fritar do outro.
6. Quando os dois lados estiverem bem dourados, retire e passe para um papel-toalha para tirar o excesso do óleo.
7. Sirva imediatamente.

Medalhão grelhado com molho

RENDIMENTO: 2 porções

- » 4 medalhões
- » Sal a gosto
- » 1 colher (sopa) de azeite
- » 1 dente de alho inteiro com casca levemente amassado
- » 1 colher (sopa) ce manteiga

Receita dois em um: vou dar duas opções clássicas de molho para carne. Vou usar o medalhão, mas você pode fazer com o corte que preferir.

1. Tempere a carne com sal.
2. Acrescente o azeite e esquente bem a frigideira.
3. Adicione a carne e doure em fogo médio-alto por uns 3 minutos.
4. Vire e doure do outro lado, depois sele as laterais da carne.
5. Junte a manteiga e o alho e vá regando os medalhões com a manteiga.
6. Reserve.

Para o molho de mostarda

- » ¼ de xícara de vinho branco
- » 1 xícara de creme de leite fresco
- » Sal e pimenta-do-reino a gosto
- » 1 colher (chá) de mostarda
- » Salsinha a gosto (cpcional)

1. Na mesma panela, acrescente o vinho branco e deixe reduzir bem, agora em fogo médio.
2. Quando tiver mais ou menos 1 colher (sopa) de líquido, junte o creme de leite.
3. Tempere com sal e pimenta.
4. Adicione a mostarda, prove e ajuste o tempero.
5. Volte com a carne e salpique com salsinha (opcional).

Para o molho madeira

» 1 colher (chá) de manteiga (se necessário) + 2 colheres (sopa) de manteiga gelada (opcional)
» 1 colher (sopa) de farinha de trigo ou amido de milho
» 300 ml de vinho madeira ou vinho branco seco
» Sal e pimenta-do-reino a gosto

1. A panela provavelmente estará muito quente, então coloque no mínimo; se necessário, desligue o fogo.
2. Caso a panela esteja sem gordura, acrescente uma colher (chá) de manteiga e derreta.
3. Adicione a farinha de trigo e mexa para incorporar à manteiga.
4. Acrescente o vinho (se o fogo estiver desligado, ligue no mínimo).
5. Mexa com um *fouet* para reduzir e engrossar.
6. Adicione os sucos da carne.
7. Quando estiver com a consistência cremosa, ajuste o tempero.
8. Caso queira usar manteiga, junte aos poucos, mexendo com um *fouet* para montar o molho e deixá-lo bem aveludado.
9. Passe na peneira e sirva.

CARNES | **289**

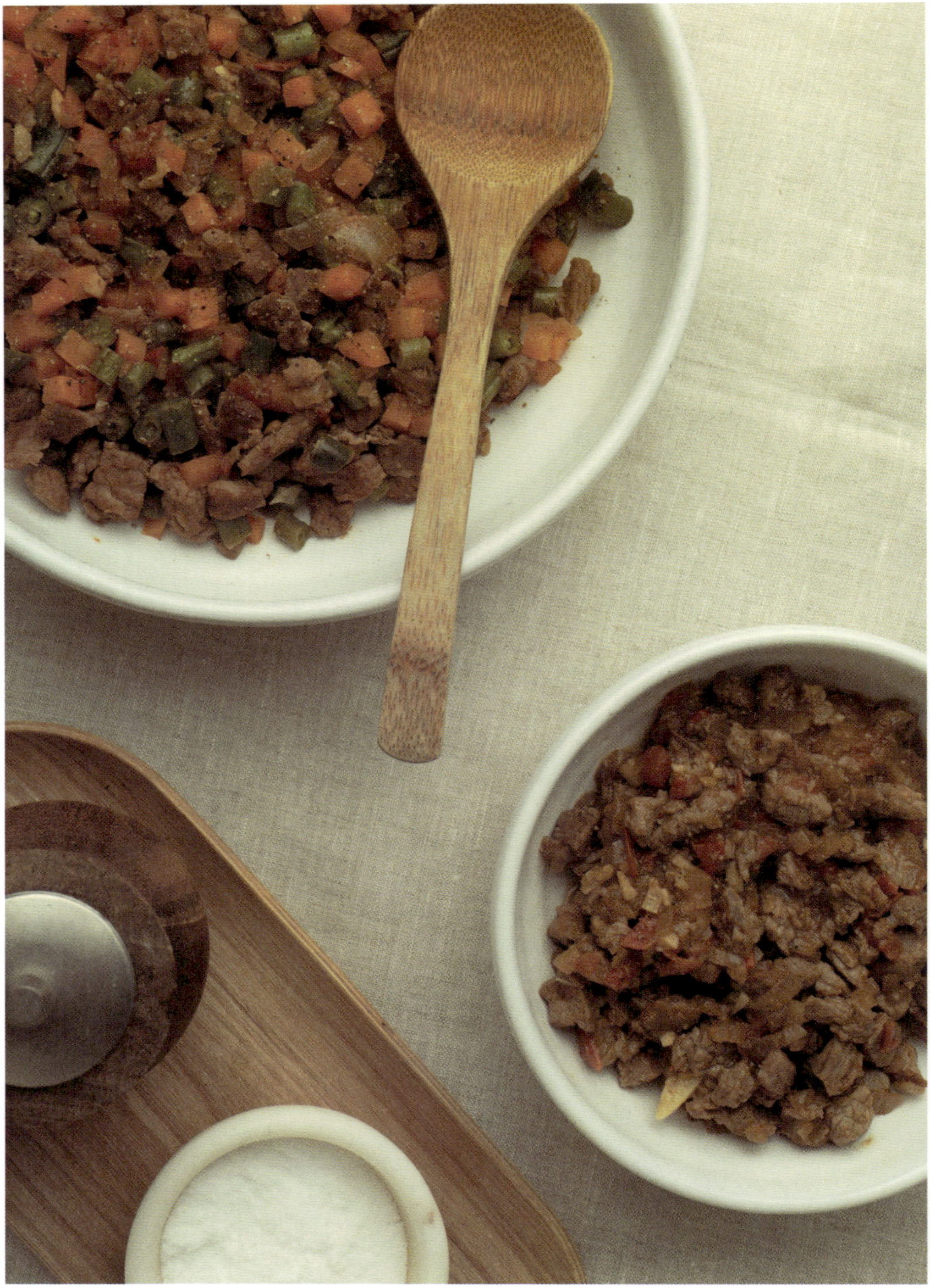

Picadinho

RENDIMENTO: 2 porções

- » 2 a 3 colheres (sopa) de azeite
- » 350 g de carre em cubos
- » Sal a gosto
- » 1 colher (chá) de farinha de trigo ou amido de milho (opcional)
- » 1 colher (chá) de manteiga
- » 1 cebola pequena picada
- » 2 dentes de alho picados
- » 1 tomate picado ou ¼ de xícara de passata de tomate ou tomate pelado

Adicione legumes picados como cenoura e vagem para variar a receita clássica

Também podemos fazer a carne grelhada em cubos, que pode virar um picadinho, um estrogonofe ou até um *stir-fry*. Na hora de escolher o corte da carne, temos muitas possibilidades. Acho importante entender a diferença entre os cortes para que o resultado fique ótimo, independentemente da escolha. Para os cortes mais firmes, como patinho, temos que deixar a carne cozinhando por mais tempo para que amoleça. Já para cortes como filé-mignon, devemos cozinhar rapidamente para que não endureça. Nas páginas 279, 280 e 281, falamos melhor sobre isso.

1. Em uma panela, esquente bem o azeite.
2. Tempere a carne com sal e junte a farinha de trigo.
3. Frite a carne na panela bem quente até dourar bem. Se for necessário, faça essa parte em levas para não encher muito a panela e garantir que a carne doure bastante.
4. Reserve a carne.
5. Se estiver fazendo em levas e o fundo da panela começar a dourar demais, junte um pouco de água e raspe o fundo antes de acrescentar a próxima leva.
6. Adicione a cebola e a manteiga e refogue em fogo baixo até que a casquinha no fundo da panela comece a soltar.
7. Acrescente o alho e refogue.
8. Em seguida, adicione o tomate, mexa e cozinhe bem.
9. Junte mais ou menos uma xícara de água e deixe o molho apurar e engrossar.
10. Se estiver usando um corte mais firme, como patinho, coloque a carne de volta na panela para cozinhar junto com o molho até que a carne fique macia. Caso esteja usando um corte mais macio, como filé-mignon, só volte com a carne quando o molho estiver no ponto.
11. Prove e ajuste o tempero.

Estrogonofe

É difícil oferecer uma receita de estrogonofe. Acho que é uma daquelas receitas (como outras que já mencionei por aqui) que cada um gosta de fazer de um jeito e defende sua maneira com unhas e dentes. A variação brasileira é bem diferente da tradicional russa, mas a verdade é que já nos apropriamos dessa receita e a transformamos em algo nosso.

Dito isso, vou falar as adaptações que sugiro para transformar o picadinho em estrogonofe:

1. No passo 1, corte a carne em cubos um pouco maiores;
2. No passo 2, omita a farinha de trigo;
3. No passo 8, adicione ketchup, mostarda (para quem gosta) e creme de leite antes de voltar com a carne e deixar engrossar e encorpar;
4. Aí é só colocar a carne, ajustar o tempero e servir.

Stir-fry

Já para transformar o picadinho em *stir-fry*, sugiro fazer o seguinte:

1. No passo 1, corte a carne em cubos um pouco maiores;
2. No passo 2, omita a farinha de trigo;
3. No passo 3, grelhe bem só no azeite;
4. Depois do passo 8, na mesma panela, adicione mais azeite e legumes como cebola, cenoura, brócolis, repolho, cogumelos etc. e refogue em fogo médio-alto para dourar;
5. Se precisar, junte um pouco de água para ajudar a cozinhar os legumes;
6. Tempere com gengibre ralado e molho shoyu e depois volte com a carne.

Ensopado

A carne ensopada é uma opção deliciosa, além de ser uma boa oportunidade para aproveitar cortes mais magros, que costumam ser mais em conta, como acém, alcatra, lagarto, patinho, rabo, coxão mole e coxão duro. A carne ensopada geralmente começa sendo bem selada e dourada de todos os lados. Assim, caramelizamos os açúcares da carne, o que vai dar sabor ao ensopado. Depois, juntamos algum líquido, que pode ser água, caldo ou até vinho, dependendo da receita. O líquido ajuda a soltar o que fica agarrado ao fundo da panela e cria um ambiente úmido para cozinharmos a carne em fogo baixo, de modo a quebrar lentamente as fibras e apurar o molho.

Adoro servir ensopados com arroz ou purê, pois o molho se mistura aos outros ingredientes, formando um casamento perfeito. Além disso, são ótimos pratos para requentar ou fazer com antecedência.

Vou ensinar duas receitas de ensopado com técnicas bem diferentes. Uma delas é na panela comum. Na outra, usaremos a panela de pressão, que segue o mesmo princípio, mas acelera o cozimento consideravelmente.

JULIANA GUEIROS

Boeuf bourguignon

RENDIMENTO: 4 porções

- » 600 g de acém ou alcatra em cubos de 3 cm
- » Sal e pimenta-do-reino a gosto
- » 75 g de bacon
- » 1 colher (sopa) de azeite (opcional)
- » 1 cebola picada em cubos pequenos
- » 1 cenoura cortada em *paysanne*
- » 2 dentes de alho picados grosseiramente
- » ¼ de xícara de passata ou tomate pelado ou 1 colher (sopa) de extrato de tomate
- » 1 colher (sopa) de farinha de trigo (pode ser amido de milho ou não usar nada, mas o caldo ficará mais ralo)
- » 2 xícaras de vinho tinto
- » 1 folha de louro
- » 1 ramo de tomilho
- » 10 a 12 minicebolas descascadas
- » 2 xícaras de cogumelos paris

Receita clássica e muito famosa mundo afora, o *boeuf bourguignon* é um ensopado repleto de sabores que se encontram em harmonia perfeita. É o irmão do *coq au vin*, mas variar a proteína faz toda a diferença. Gosto muito de acém ou alcatra nesse preparo, mas todos os cortes mencionados funcionam bem.

Prefiro usar uma panela de ferro funda para garantir o caramelizado e manter bem o calor. Além do mais, ela vai do fogão direto para a mesa. Se não tiver uma panela de ferro, use uma de inox; só evite a antiaderente, pois o sabor não será o mesmo.

1. Tempere a carne com sal e pimenta.
2. Doure o bacon na panela. Se não soltar muita gordura, acrescente um pouco de azeite para dourar bem. Reserve.
3. Na mesma panela, doure os pedaços de carne. Não encha muito, para garantir que cada pedaço tenha espaço suficiente para dourar bem. Reserve e repita o processo com o restante dos pedaços, até acabar a carne.
4. Na mesma panela, abaixe o fogo e junte azeite, se estiver com pouca gordura.
5. Refogue a cebola até ficar translúcida, depois adicione a cenoura e o alho.
6. Depois de uns 30 a 60 segundos, junte a passata e cozinhe.
7. Adicione a farinha de trigo e toste por 1 minuto.
8. Acrescente o vinho tinto, o louro e o tomilho.
9. Volte com a carne dourada para a panela, adicione as minicebolas e os cogumelos, tampe a panela e cozinhe por uns 60 a 90 minutos ou até que a carne esteja extremamente macia.
10. Prove e ajuste o tempero.

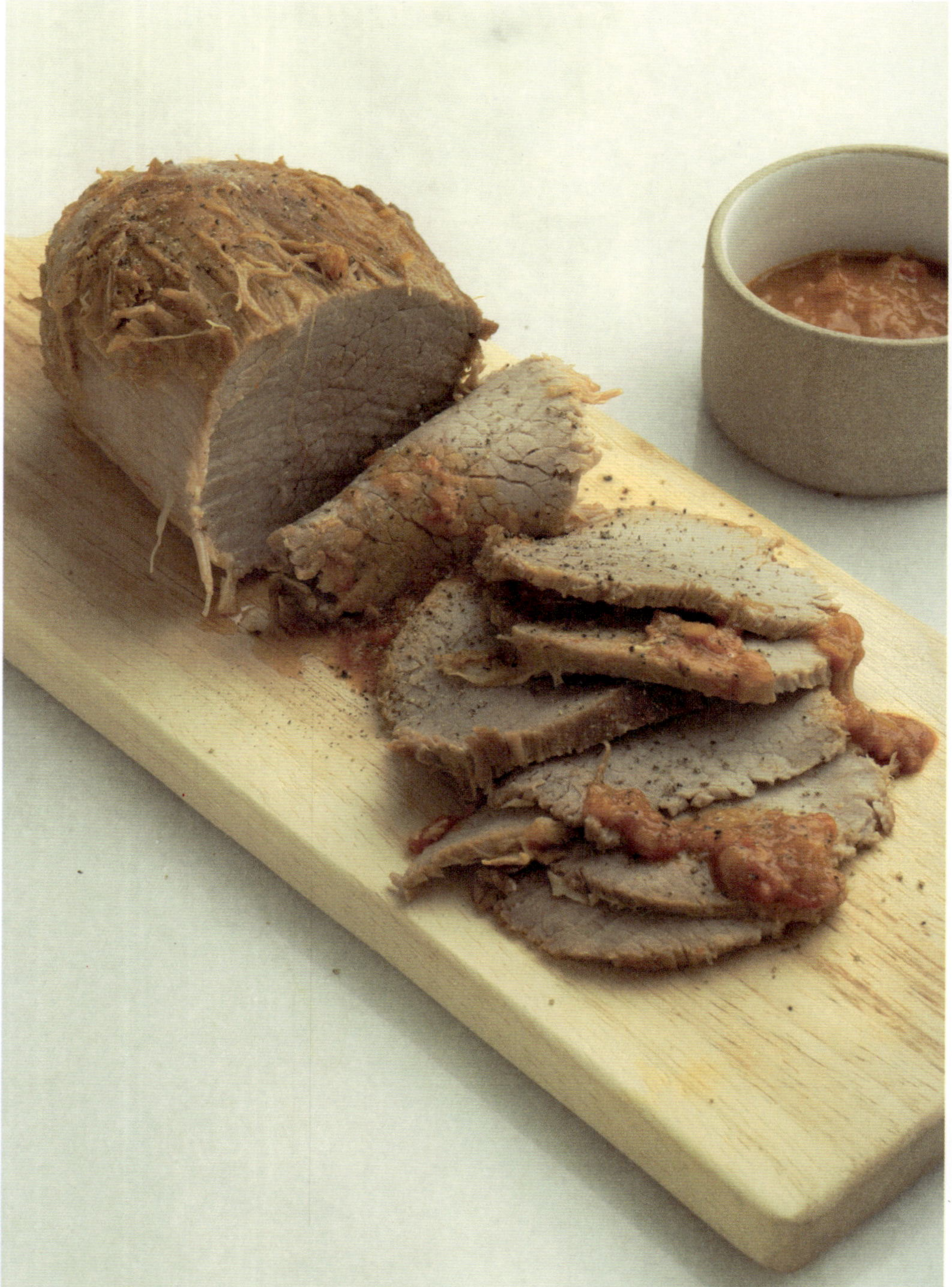

Carne assada

RENDIMENTO: 4 porções

- » 600 g de lagarto redondo
- » 1 colher (sopa) de azeite
- » Sal e pimenta-do-reino a gosto
- » 1 cebola picada
- » 2 dentes de alho picados
- » 2 tomates picados ou ½ xícara de passata ou de tomate pelado
- » Água
- » Louro
- » Molho inglês e/ou mostarda dijon

Apesar do nome, esse clássico brasileiro é feito na panela como um ensopado e tem um caldo apurado e saboroso, que é um coringa na cozinha. Muitas vezes é recheada com linguiça calabresa ou cenoura, mas confesso que prefiro sem recheio. Pode ser servida com arroz, feijão, farofa — ou com torta de cebola, como na casa da minha avó! As sobras formam um molho delicioso de macarrão ou então um croquete perfeito.

Gosto de fazer carne assada na panela de pressão, porque, além de agilizar bem o processo, acho que ela fica mais macia. Dito isso, se preferir, pode usar uma panela de ferro fundida ou de inox, mas vai demorar mais tempo.

1. Tempere a carne com sal e pimenta.
2. Esquente bem o azeite na panela.
3. Junte a carne e doure muito bem de todos os lados, no fogo médio-alto.
4. Quando a carne estiver bem dourada, reserve.
5. Coloque a panela no fogo baixo antes de adicionar a cebola. (Queremos refogar a cebola no fogo médio, mas, como a panela passou bastante tempo em fogo alto para dourar bem a carne, precisamos esfriá-la. Assim que a panela estiver mais fria, podemos aumentar o fogo para médio.)
6. Na mesma panela, junte a cebola picada e refogue bem até ficar translúcida.
7. Adicione o alho e refogue por 30 segundos.
8. Entre com o tomate e refogue até que ele perca a forma e vire uma pasta.
9. Volte com a carne dourada para a panela.
10. Adicione água até a metade da altura da carne e o louro.
11. Se quiser, junte um pouco de molho inglês e/ou mostarda dijon.
12. Feche a panela de pressão e cozinhe por 30 a 40 minutos.
13. Passado o tempo, desligue o fogo e espere a pressão sair.
14. Se molho estiver ralo, ligue o fogo alto para reduzir e apurar.
15. Corte a carne e sirva fatiada com o molho.

Assado

Existem duas principais formas de assar carne. Podemos assá-la com líquido, como se fosse um braseado, o que se assemelha bastante aos preparos ensopados, só que, em vez de cozinhar em fogo baixo no fogão, transferimos para o forno. Nesse caso, vamos usar uma tampa ou papel-alumínio para manter o vapor dentro da panela ou travessa: o líquido ferve, cria vapor, que bate na barreira (tampa ou papel-alumínio) e volta para a carne, criando esse ambiente úmido que garante suculência e maciez. Para esse método, os cortes recomendados são acém, alcatra, costela, ponta da agulha e cupim.

A segunda forma seria fazê-la no forno sem nenhum tipo de líquido, provavelmente em forno alto, para que ela doure e caramelize, mas continue ao ponto por dentro. Nesse segundo cenário, usamos carnes mais macias e magras que cozinhem rápido: fraldinha, picanha, maminha e alcatra.

Picanha assada com chimichurri

RENDIMENTO: 4 porções

- » 1 pedaço de aproximadamente 800 g de picanha (com a gordura)
- » Sal e pimenta-do-reino a gosto

A picanha é um corte popular e saboroso, normalmente associado ao churrasco. Vou fazer uma versão no forno que fica deliciosa, mas antes de cozinhar a carne no forno vale a pena dar uma selada na panela, para derreter e colorir a carne e a gordura, deixando o resultado ainda mais gostoso.

1. Tempere a carne generosamente com sal e pimenta-do-reino dos dois lados.
2. Esquente uma frigideira, de preferência de ferro, e coloque a picanha com a gordura para baixo. Deixe a peça ir derretendo e dourando. Quando a capa de gordura estiver dourada, vire e doure do outro lado. Doure por uns 5 minutos no total, mas preste mais atenção na caramelização do que no tempo.
3. Transfira a carne para uma assadeira e leve ao forno preaquecido a 210°C por 10 minutos para a carne ficar ao ponto para mal passada. Se quiser ao ponto, deixe uns 15 minutos.
4. Retire a carne do forno e deixe descansar por uns 10 minutos antes de fatiar e servir.

Podemos usar filé-mignon no lugar da picanha e fazer um rosbife de forno. A diferença é que não tem gordura para derreter: apenas sele bem no azeite de todos os lados para que doure e depois transfira para o forno preaquecido a 200°C. Um pedaço de 400 g assa por uns 10 a 15 minutos para ficar ao ponto para mal.

- » ½ xícara de salsinha picada
- » ¼ de xícara de orégano fresco picado
- » ½ colher (chá) de pimenta dedo-de-moça (opcional)
- » Sal e pimenta-do-reino a gosto
- » 1 dente de alho pequeno picado
- » ¼ de xícara de azeite
- » 1 colher (sopa) de vinagre

Para o chimichurri

1. Misture tudo, prove e ajuste o tempero.

Carne moída refogada

RENDIMENTO: 3 a 4 porções

- » 1 colher (sopa) de azeite
- » 500 g de patinho moído
- » 1 cebola picada
- » ½ xícara de cenoura ralada (opcional)
- » ½ xícara de abobrinha ralada (opcional)
- » 2 a 3 dentes de alho picados
- » Sal e pimenta-do-reino a gosto
- » 1 tomate picado (para deixá-la mais úmida)

Eu amo carne moída — é uma das primeiras coisas que me vêm à cabeça quando penso em comida caseira. Ela é extremamente versátil: pode ser apenas refogada, mas também fica deliciosa no molho à bolonhesa, no escondidinho, no recheio de panqueca, com chuchu, com abobrinha e por aí vai. Além disso, podemos usá-la crua para fazer almôndegas, bolo de carne ou quibe.

Há quem goste dela sequinha, tem quem prefira mais úmida e outros são fãs dela bem caudalosa. Vou variando o preparo, pois não consigo escolher a minha favorita. Os cortes ideais são patinho, acém e coxão mole.

1. Esquente o azeite na panela.
2. Junte a carne, desmanche levemente com a colher e deixe fritar bem.
3. Depois mexa para cozinhar do outro lado.
4. Caso a carne solte água, espere ela secar e ficar bem "fritinha".
5. Abaixe o fogo e adicione a cebola para refogar e ajudar a soltar o fundo caramelizado da panela.
6. Junte a cenoura e a abobrinha e cozinhe por uns 2 minutos. (Adoro adicionar legumes ao preparo, pois, além de dar sabor, eles fornecem nutrientes à comida.)
7. Entre com o alho e refogue por 30 segundos.
8. Tempere com sal e pimenta.
9. Se você gosta dela sequinha, pode parar aqui.
10. Se preferir a carne um pouco mais caudalosa, junte um tomate picado, ¼ de xícara de água e deixe cozinhar por uns 5 minutos.

Para quem preferir bem caudalosa, tipo à bolonhesa, lembro sempre da famosa receita da já mencionada Marcella Hazan (página 201).

Almôndega

RENDIMENTO: 20 unidades

- » 1 colher (sopa) de azeite (opcional)
- » 1 cebola picada
- » 2 dentes de alho picados
- » 300 g de carne moída
- » Sal e pimenta-do-reino a gosto
- » ⅓ de xícara de cenoura ralada
- » ⅓ de xícara de abobrinha ralada

Assim como na receita de carne moída, gosto de acrescentar alguns legumes ralados à almôndega. Além de dar sabor, adicionamos nutrientes à receita e umidade à carne, deixando a almôndega mais suculenta (além do mais, é uma ótima forma de incluir legumes na refeição!). Para a cebola, prefiro usar refogada, pois ela fica mais suave; se juntarmos a cebola crua, ela não cozinhará totalmente, porque a almôndega cozinha mais rápido, e deixará um gosto mais forte, mas fica a seu critério.

1. Esquente o azeite na panela e refogue a cebola até ficar translúcida (opcional).
2. Junte o alho e refogue por 30 segundos (opcional).
3. Espere esfriar.
4. Junte a carne moída à cebola e ao alho e tempere com sal e pimenta.
5. Adicione a cenoura e a abobrinha.
6. Mexa e cozinhe um pouco da carne em uma frigideira, se quiser provar o tempero antes de formar as almôndegas.
7. Ajuste o tempero.
8. Forme as almôndegas.
9. Você pode dourar na frigideira e depois levar ao forno ou cozinhar inteiramente no forno ou na *air fryer* preaquecida a 190°C por 10 a 15 minutos.

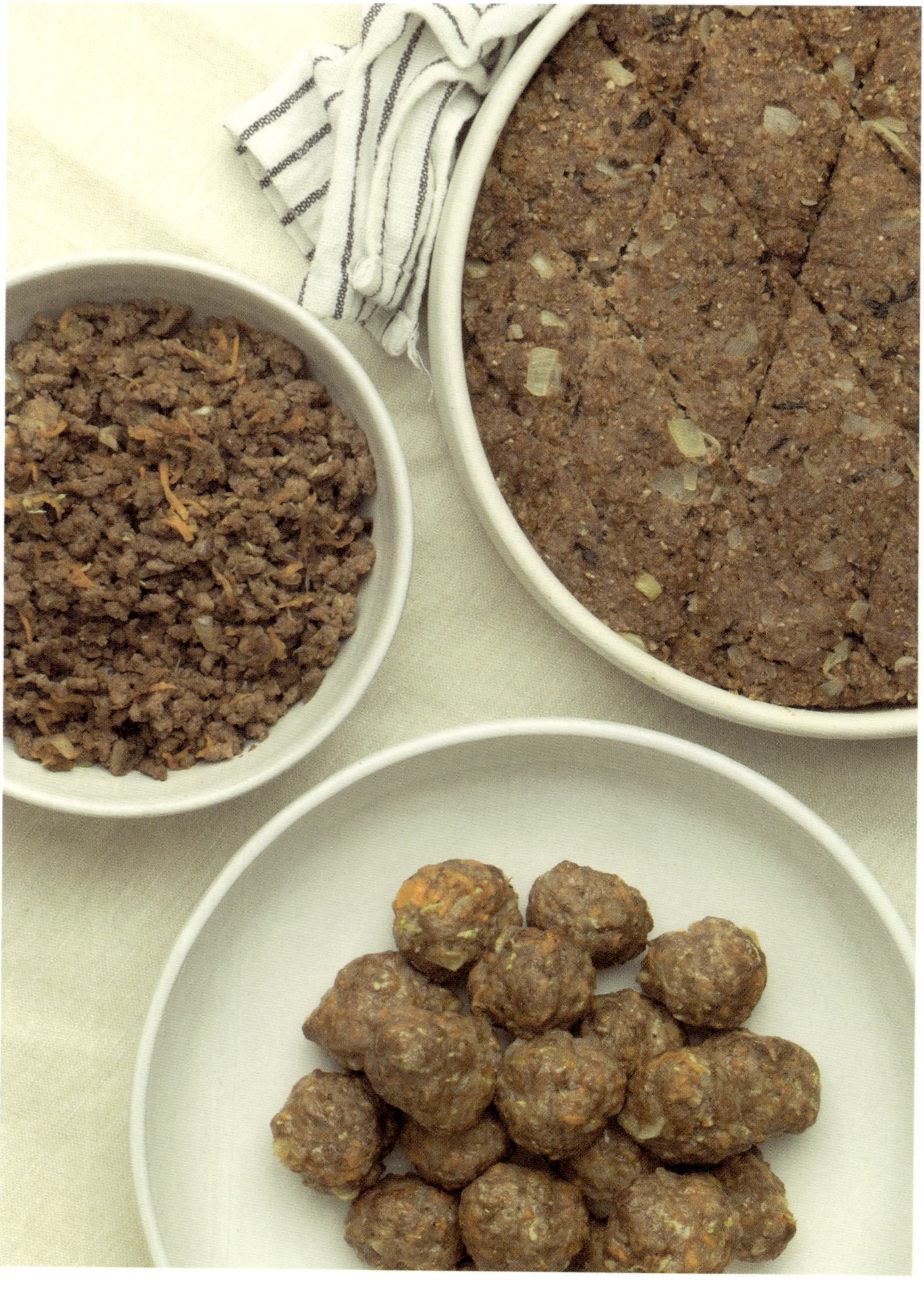

Quibe de forno

RENDIMENTO: 15 a 18 unidades

- » 2 colheres (sopa) de manteiga
- » 1 cebola picada
- » 2 dentes de alho picados
- » 150 g de trigo para quibe
- » 150 ml de água fervente
- » 350 g de carne moída
- » Hortelã a gosto
- » Sal e pimenta-do-reino a gosto
- » Azeite

O quibe também pode ser feito no tamanho individual e frito ou assado na air fryer.

Minha receita de quibe de forno está longe de ser das tradicionais, mas eu amo e acho que tem alguns truques importantes que facilitam muito a nossa vida.

1. Refogue a cebola em uma colher de manteiga até que esteja translúcida.
2. Junte o alho e refogue.
3. Despeje a água fervente em um pote com o trigo e cubra por uns 5 minutos. Gosto de deixar o trigo para quibe de molho com uma quantidade igual de água fervente pois ele hidrata em questão de minutos e absorve toda a água, ou seja, não precisamos escorrer.
4. Solte o trigo com um garfo e adicione a cebola e o alho refogados.
5. Junte a carne moída, a hortelã, o sal, a pimenta e a outra colher de manteiga.
6. Misture tudo com as mãos até formar uma massa homogênea.
7. Coloque um pouco da massa na *air fryer* ou em uma frigideira para provar o sal e ajustar antes de assar.
8. Regue uma assadeira com azeite e coloque o quibe. Aperte bem, coloque mais azeite e corte em pedaços.
9. Uma dica de que gosto muito: coloque um pouco de água gelada ou uma pedra de gelo por cima para manter o preparo mais úmido.
10. Leve ao forno a 180°C por uns 15 a 20 minutos, até que esteja cozido.

Cozido de carne

RENDIMENTO: 2 a 3 porções

- » 1 colher (sopa) de azeite
- » 300 g de carne em cubos
- » 1 cebola picada
- » 1 tomate picado
- » 2 dentes de alho
- » 500 ml de água
- » 150 g de linguiça calabresa (opcional)
- » 2 batatas inglesas cortadas em quatro
- » 1 cenoura cortada em 4 ou 5 pedaços
- » 2 cebolas pequenas descascadas
- » ½ chuchu cortado em 3 pedaços
- » 1 xícara de abóbora cortada em cubos grandes
- » 1 pedaço pequeno de repolho
- » Sal e pimenta-do-reino a gosto

1. Em uma panela de pressão, esquente bem o azeite.
2. Tempere a carne com sal e sele-a.
3. Quando estiver com a cor bem forte, abaixe o fogo e acrescente a cebola picada.
4. Refogue bem a cebola e acrescente o alho e o tomate.
5. Quando estiver tudo refogado, adicione a água (o suficiente para quase cobri-la), junte a linguiça cortada e tampe a panela.
6. Depois de pegar pressão, conte 15 a 30 minutos (dependendo do corte). Então desligue o fogo, espere a pressão sair e abra a panela.
7. Acrescente os legumes, tempere com sal e vá retirando conforme ficarem cozidos (cada um tem um tempo de cozimento). Se preferir, pode ir juntando um por um e tirando conforme cozinha. Eu gosto de fazer essa parte fora da pressão para controlar bem o ponto dos legumes.
8. Caso seja necessário, junte mais água, mas a ideia é que o caldo continue engrossando enquanto os legumes cozinham.
9. Ajuste o tempero e sirva com azeite.

Carne suína

A carne suína é uma das minhas favoritas, por diversos motivos: sabor, sem dúvida nenhuma, mas também textura, versatilidade e acessibilidade. Meus cortes favoritos são filé-mignon, lombo, costela e barriga. Filé-mignon, lombo e costela são cortes extremamente fáceis de achar e versáteis, mas não posso deixar de mencionar a barriga também, pois seu sabor e sua textura são únicos.

O filé-mignon suíno fica entre o lombo e o carré do porco. É um corte bem macio e magro, o que é raro. Fica delicioso assado, grelhado ou ensopado. Gosto muito de combinar com abacaxi ou mostarda, pois são sabores que se complementam muito bem.

O lombo suíno é um corte magro, saboroso, mas menos macio do que o filé-mignon. Ele se beneficia muito de uma boa marinada (pode usar como referência as marinadas para frango, nas páginas 257 a 261). Gosto de manter a capa fina de gordura e complementar o lombo com ingredientes mais gordurosos na hora de assar, para dar umidade e suculência ao prato. Também vale cozinhar em um ambiente úmido, como um ensopado.

A costela e a barriga do porco são carnes gordurosas e muito saborosas que se beneficiam de uma cocção longa, para que a gordura vá derretendo e a carne, amaciando. Aliás, para costela e barriga, é fácil ver o ponto: o objetivo é a carne estar desmanchando, soltando do osso, bem macia e suculenta. Se estiver assim, ela certamente estará deliciosa e cozida o suficiente.

Já para o lombo ou o filé-mignon, podemos usar o mesmo truque do frango, espetar a parte mais grossa com uma faca pequena e apertar levemente. O líquido que sai dele deve estar transparente; se sair rosado, significa que o porco precisa cozinhar por mais tempo.

Assim como a carne e o frango, não devemos lavar a carne de porco!

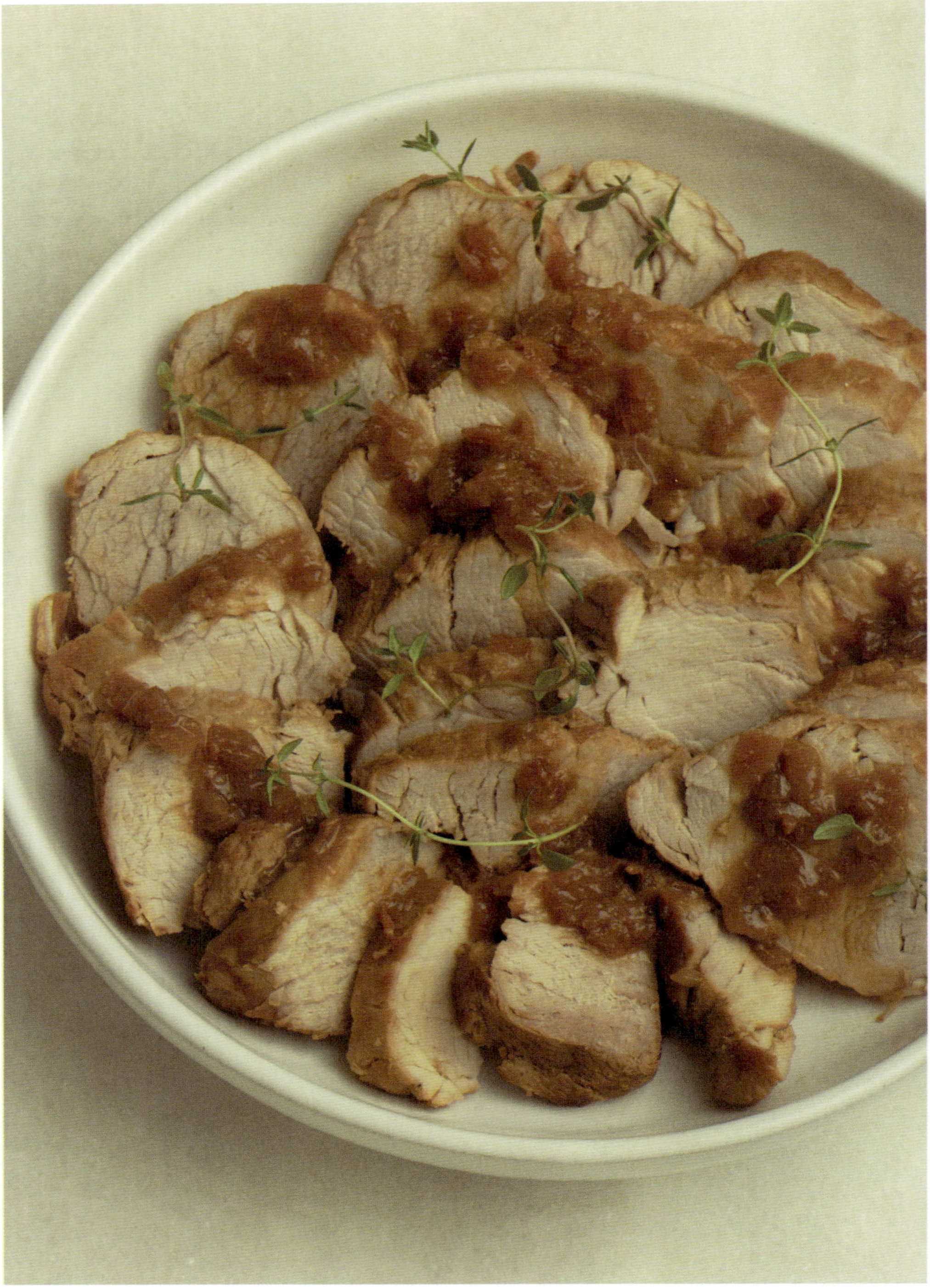

Filé-mignon suíno na panela

RENDIMENTO: 2 a 3 porções

- » 500 g de filé-mignon suíno
- » Sal e pimenta-do-reino a gosto
- » Suco de limão a gosto
- » 1 colher (sopa) de azeite
- » 1 colher (sopa) de manteiga
- » 1 cebola pequena picada
- » ⅓ de xícara de vinho branco
- » 1 colher (chá) de mostarda
- » Tomilho (opcional)
- » Água

1. Tempere a carne com sal, pimenta e limão.
2. Em uma panela bem quente (de preferência de inox ou ferro, pois ajuda a caramelizar o fundo), sele o filé-mignon no azeite e deixe pegar cor de todos os lados.
3. Quando estiver com bastante cor, abaixe o fogo e adicione a manteiga e a cebola picada.
4. Quando a cebola estiver translúcida, junte o vinho para deglaçar a panela e deixe evaporar até que tenha 1 colher (sopa) de líquido.
5. Entre com a mostarda e o tomilho e adicione água até metade da carne.
6. Quando a água ferver, deixe a tampa da panela entreaberta e coloque no fogo médio para terminar de cozinhar a carne e apurar o molho.

Se quiser, adicione 1 xícara de abacaxi antes de entrar com a água para variar o molho. Fica incrível!

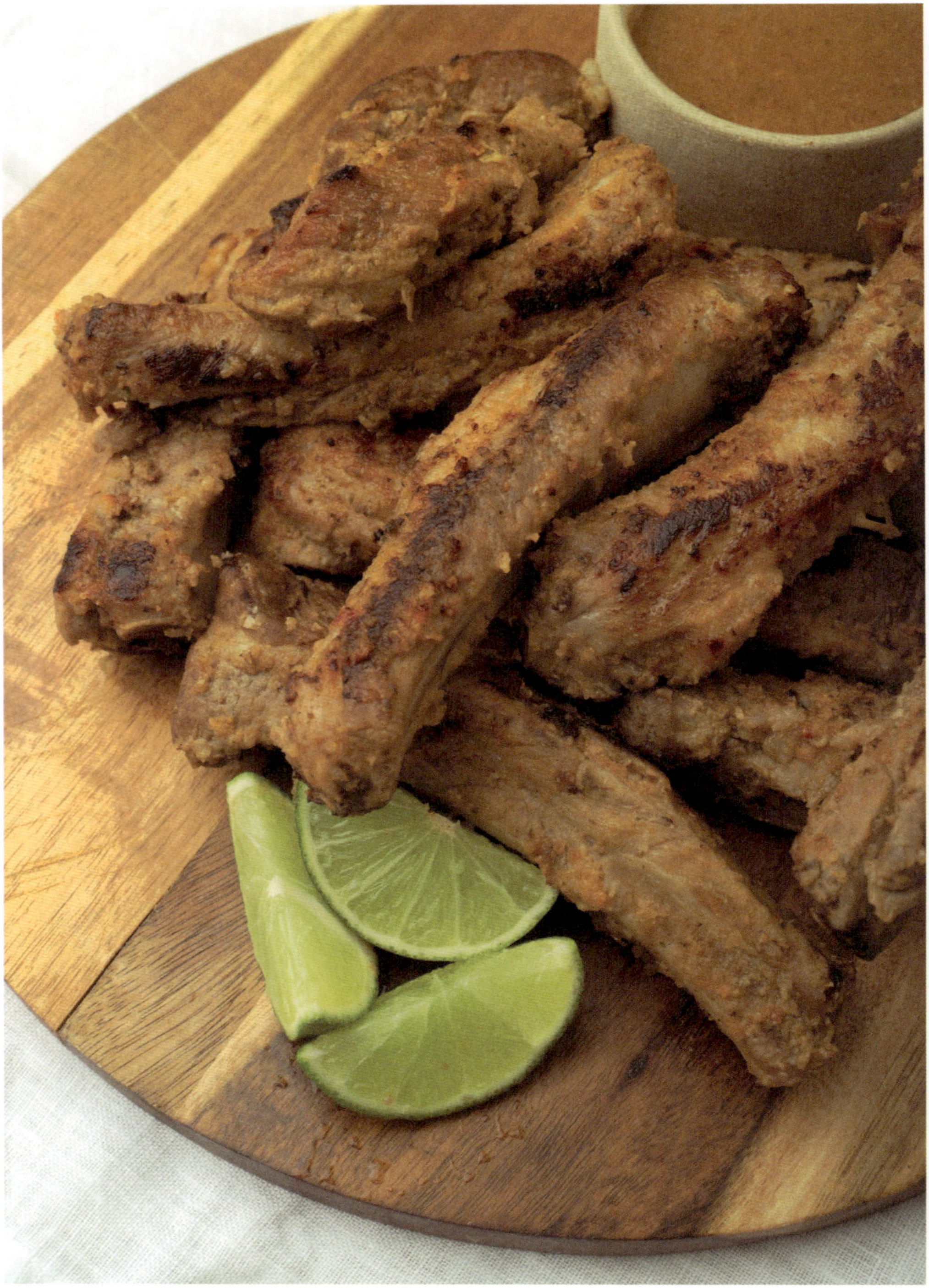

Costelinha assada em marinada

RENDIMENTO: 2 porções

- » 500 g de costelinha com osso
- » Sal a gosto
- » 1 colher (sopa) de extrato de tomate
- » 2 dentes de alho
- » 1 cebola cortada grosseiramente
- » Suco de ½ laranja
- » Suco de ½ limão
- » Cominho a gosto
- » Pimenta calabresa a gosto

Usaremos costela suína, mas essa receita fica maravilhosa com costela bovina também! Uma delícia acompanhada por tacos, arroz e feijão, polenta... o que você quiser!

1. Tempere a costelinha com sal.
2. Bata todos os outros ingredientes no processador ou liquidificador e despeje sobre a costelinha.
3. Deixe marinando na geladeira pelo tempo que você tiver, seja 5 minutos ou 12 horas.
4. Depois de marinada, leve a costelinha ao forno coberta com papel-alumínio por 1 hora a 180°C. Retire o papel-alumínio, aumente para 195°C e deixe mais 30 a 45 minutos, até que a carne esteja soltando do osso.

Essa receita também fica incrível na panela de pressão: em vez de levar ao forno, doure bem na panela de pressão, depois junte a marinada e a água até mais ou menos a metade da altura da carne e cozinhe por 35 minutos na pressão. Depois é só deixar a pressão sair, abrir a panela e apurar o molho.

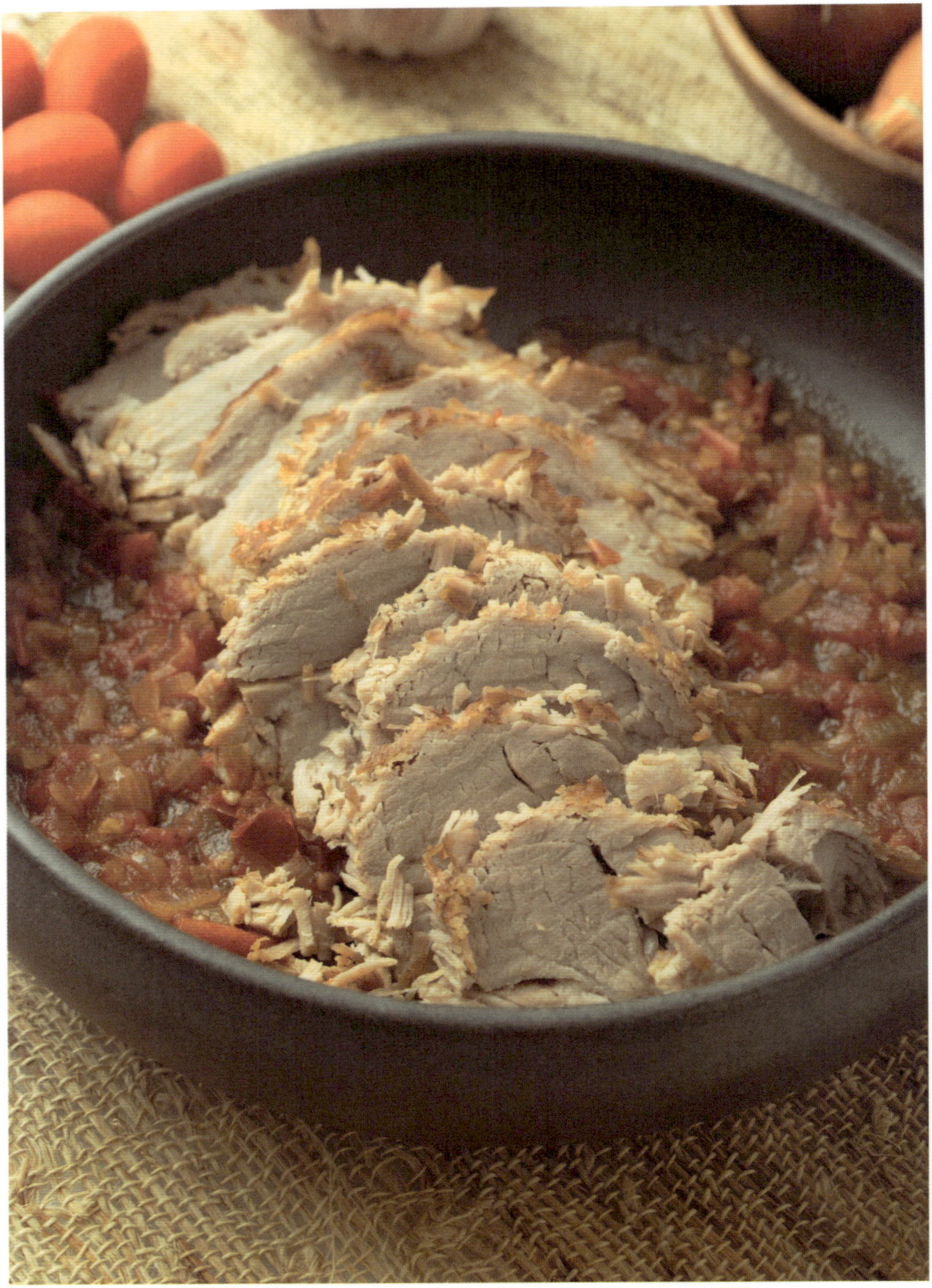

Lombo na pressão

RENDIMENTO: 4 porções

- » 600 g de lombo de porco
- » Sal e pimenta-do-reino a gosto
- » Suco de limão a gosto
- » 2 colheres (sopa) de mostarda
- » 1 colher (sopa) de molho shoyu ou molho inglês
- » Azeite
- » 1 cebola picada
- » 2 dentes de alho
- » 1 tomate picado
- » 1 folha de louro
- » Água

1. Tempere o lombo com sal, pimenta, limão, mostarda e molho inglês ou shoyu.
2. Em uma panela de pressão, esquente bem o azeite e sele o lombo dos dois lados.
3. Baixe o fogo, junte a cebola e refogue bem.
4. Adicione o alho e, em seguida, o tomate.
5. Quando o molho estiver consistente, adicione água até a metade da carne.
6. Feche a panela de pressão e cozinhe por 25 a 30 minutos depois de apitar.
7. Após o tempo de cozimento, abra a panela e reduza o molho (isso faz com que ele fique consistente).
8. Fatie e sirva.

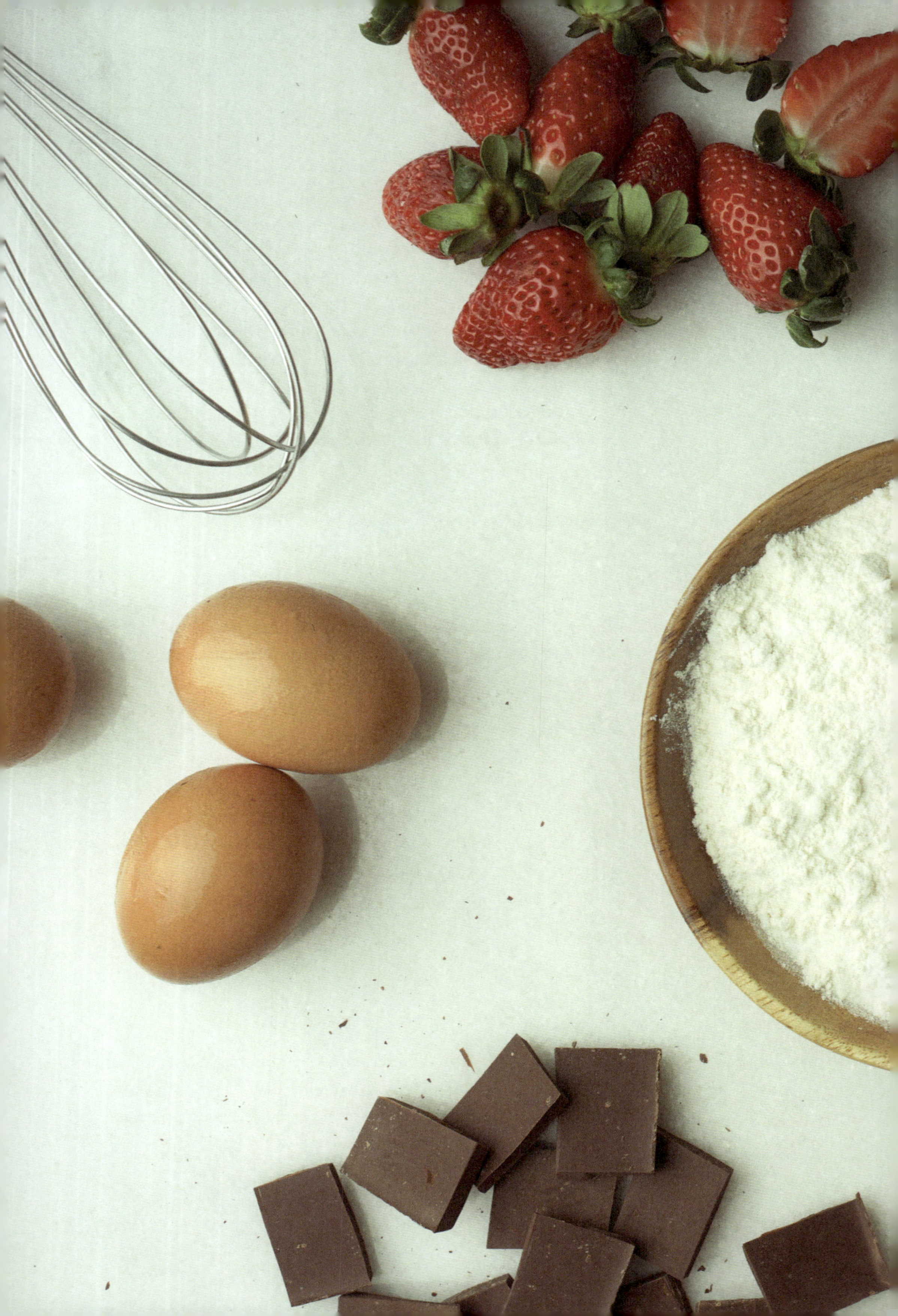

12. Doces

É inegável que a cultura brasileira de sobremesas é única! Por conta disso, quero trazer as receitas para a nossa realidade.

PASSAMOS PRATICAMENTE O LIVRO todo fazendo referência às clássicas técnicas francesas, e neste capítulo não será diferente, mas é inegável que a cultura brasileira de sobremesas é única! Por conta disso, quero trazer as receitas para a nossa realidade. A verdade é que daria para escrever um livro inteiro sobre o mundo dos doces e afins, mas meu objetivo é oferecer receitas "coringas" para você usar sempre.

Um segundo objetivo é tentar levar um pouco de praticidade para doces e sobremesas, cujas receitas costumam ser trabalhosas e cheias de etapas. Mas vale ressaltar uma coisa desde o início: em doce não se mexe. Sugiro que não faça adaptações às receitas de doce — a não ser que você pesquise bem ou entenda a necessidade de cada ingrediente. Sou a maior incentivadora de adaptações e alterações no mundo dos salgados, mas na *pâtisserie* a história é outra. *Pâtisserie* é quase uma ciência exata, a proporção e a composição dos ingredientes fazem toda a diferença na hora do resultado final. Digo isso porque não é incomum eu receber uma mensagem ou outra com a seguinte afirmação: "Poxa, só troquei a farinha e a quantidade de líquido, mas não deu certo." Quando o assunto é doce, infelizmente as adaptações volta e meia levam a frustrações.

Bolo

Vamos começar com o bolo? Um protagonista dos aniversários, mas também do chá da tarde e do café da manhã do final de semana. Existem alguns tipos de massa diferentes e cada uma tem seu propósito. Há inúmeras formas de fazer bolo: pão de ló, massa *genoise*, bolo amanteigado, bolo tipo *chiffon*, bolo sem farinha e por aí vai.

Em meio a todas essas variações, existem alguns métodos:

MÉTODO ESPUMOSO — Feito por meio da incorporação de ar nos ovos, que aquecem no forno, expandem e fazem o bolo crescer. Exemplos: bolo de anjo, pão de ló, *genoise*, bolo de chocolate sem farinha.

MÉTODO CREMOSO — Feito através da aeração da manteiga e do açúcar com fermento.

MÉTODO SEM AERAÇÃO — Com fermento químico.

Vou pincelar os diferentes tipos e falar das minhas receitas favoritas e suas adaptações.

Método espumoso

Neste método, temos três tipos principais: o bolo sem adição de gordura, o com pouca adição de gordura e o com gordura. O primeiro é representado pelo bolo de anjo, que é feito apenas com claras em neve, açúcar e farinha; o seguinte é o do pão de ló, que adiciona gemas ao preparo anterior; e, por último, vem o *genoise*, que adiciona manteiga à lista de ingredientes.

PÃO DE LÓ — Provavelmente o mais simples dos preparos. O pão de ló, uma massa leve e macia, é feito com apenas 3 ingredientes: ovo, açúcar e farinha. Existem algumas variações, mas a minha forma favorita não poderia ser mais fácil de fazer. **O número de ovos dita o número de colheres de açúcar e farinha. Ou seja, para 5 ovos, usamos 5 colheres de açúcar e 5 de farinha.** Apesar de extremamente simples, é importante seguir à risca o passo a passo para que o bolo fique macio e leve.

Vamos à pergunta que não quer calar: "E o fermento?" Eu não coloco fermento em pão de ló, e, sim, ele cresce. O primeiro passo é incorporar bastante ar às claras em neve. Ao entrar no forno, esse ar aquece, expande e faz com o que a massa cresça.

O pão de ló é versátil, mas a realidade é que a minha forma favorita de comê-lo é como rocambole.

GENOISE — A diferença entre um pão de ló e um *genoise* é a adição de manteiga derretida no final do preparo, que dá sabor à massa. Além disso, o método de preparo também varia: na receita do *genoise*, os ovos inteiros são misturados com o açúcar e aquecidos em banho-maria (onde o recipiente é colocado em cima de uma panela com dois dedos de água fervendo, sendo que o fundo do recipiente não deve tocar a água) até o açúcar se dissolver nos ovos. Em seguida, são retirados e batidos em uma batedeira até dobrar de tamanho. Depois misturamos a farinha de trigo e a manteiga com uma espátula e assamos.

DICAS:
É importante não assar demais o pão de ló, pois ele pode ficar ressecado e não enrolar tão bem.

Se usar frutas como morango no recheio, o ideal é rechear o rocambole no mesmo dia em que for comer, pois a fruta solta água.

Se o recheio não for perecível, eu guardo o bolo **fora** da geladeira. Caso contenha chantilly ou creme *pâtissière*, deve ser armazenado na geladeira.

DOCES | 317

Rocambole

RENDIMENTO: um tabuleiro de 34 x 24 cm

- » 5 claras
- » 5 gemas
- » 5 colheres (sopa) de açúcar
- » 5 colheres (sopa) de farinha de trigo
- » 400 g de recheio: doce de leite, brigadeiro, Nutella, geleia de frutas vermelhas (aprenderemos na página 337), creme *pâtissière* (na página 332) ou chantilly (na página 335)

1. Preaqueça o forno por uns 15 minutos a 180°C e unte a fôrma com manteiga e farinha. Se preferir, coloque um papel antiaderente.
2. Bata as claras em neve até ficarem bem firmes.
3. Adicione o açúcar e bata para incorporar bem. O açúcar vai primeiro pois dá mais firmeza às claras em neve.
4. Acrescente as gemas e bata até que estejam bem incorporadas.
5. Retire da batedeira e junte a farinha peneirada em duas adições, mexendo devagar com um pão-duro/espátula de silicone, de baixo para cima e com delicadeza, para não tirar o ar da massa.
6. Transfira a massa para a fôrma e alise a superfície.
7. Leve ao forno por uns 15 minutos ou até que a massa esteja cozida, levemente dourada e soltando das laterais.
8. Antes de desenformar, passe uma espátula nas laterais da fôrma.
9. Para desenformar, se tiver untado o tabuleiro com manteiga e farinha, despeje o pão de ló sobre um pano de prato úmido, polvilhado com açúcar. Se tiver usado papel antiaderente, retire o bolo da fôrma ainda no papel, vire de cabeça para baixo e descole do papel com delicadeza. Polvilhe o papel com açúcar também. Vamos usar o pano de prato ou o papel antiaderente para ajudar a enrolar o rocambole.
10. Com o lado dourado do rocambole virado para baixo, junte o recheio da sua preferência e espalhe por toda a massa (meu favorito é com morango).
11. Enrole a massa, começando pela extremidade mais longe de você. Enrole com a ajuda do papel ou do pano de prato. Quando a massa estiver completamente enrolada, transfira para o prato ou tábua de servir.

Método cremoso — bolo branco

RENDIMENTO: 2 fôrmas de 26 cm de diâmetro

- » 200 g de manteiga
- » 2 xícaras de açúcar
- » 3 ovos
- » 1 xícara de farinha de trigo
- » 1 colher (sopa) de fermento
- » ½ xícara de leite (não é muito típico, mas dá bastante sabor à massa)

Fiz essa receita por muitos e muitos anos, e, apesar de ser um pouco mais trabalhosa, o resultado fica incrível: uma massa amanteigada, saborosa, úmida e muito macia. O início do preparo consiste em bater bem a manteiga e o açúcar até formar um creme esbranquiçado e saboroso. Depois juntamos os ovos e, por fim, os ingredientes secos.

Essa é uma massa maravilhosa para bolos com pasta americana ou para serem recheados e cobertos com a calda da sua preferência.

1. Preaqueça o forno a 180°C e unte a fôrma com manteiga e farinha de trigo.
2. Bata a manteiga e o açúcar até virar um creme esbranquiçado.
3. Adicione os ovos e misture bem.
4. Em seguida, acrescente a farinha e o fermento, intercalando com o leite.
5. Despeje a massa nas fôrmas untadas e leve ao forno por aproximadamente 30 minutos.

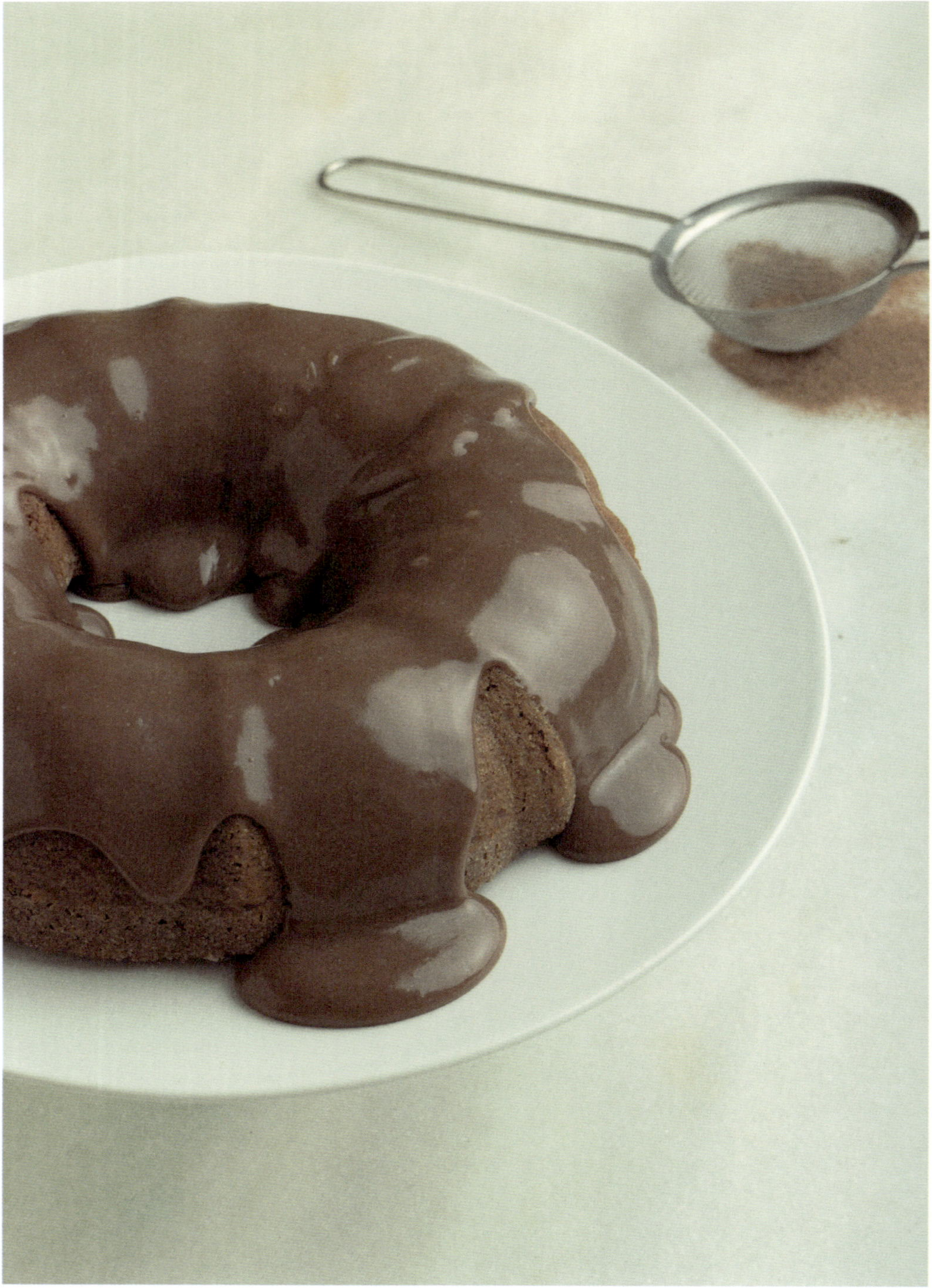

Método sem aeração — bolo tia Maria

RENDIMENTO: 2 fôrmas de 26 cm

- » 2 xícaras de farinha de trigo
- » 2 xícaras de açúcar
- » 1 xícara de chocolate em pó
- » 1 colher (sopa) de fermento
- » 200 g de manteiga
- » 1 xícara de leite
- » 3 ovos

O bolo sem aeração não incorpora ar nem aos ovos nem à manteiga, contando apenas com o fermento químico para crescer. Apesar disso, é um bolo extremamente delicioso, e ainda tem o bônus de ser mais fácil e feito em um pote só.

A receita que vou ensinar desse método é da minha querida tia Maria. Deve ter sido um dos primeiros bolos que fiz e é um acerto garantido. Como você vai ver, essa é uma receita de doce que pode ser adaptada para inúmeros e diferentes sabores, mas vamos começar com o clássico.

1. Preaqueça o forno a 180°C e unte as fôrmas com manteiga e farinha. (Quando faço a receita inteira, gosto de assar em duas fôrmas, pois assa mais rapidamente e de maneira uniforme. Depois recheio e cubro com a calda.)
2. Misture os ingredientes secos.
3. Adicione os ingredientes molhados e mexa só até incorporar.
4. Transfira a massa para a fôrma.
5. Leve ao forno preaquecido a 175°C por cerca de 30 a 40 minutos. Ou então enfie um palito na massa: se sair limpo, está pronto.

Recheie com brigadeiro ou doce de leite e faça a calda da sua preferência.

Costumo fazer metade dessa receita, pois adoro bolo pequeno. Além de achar que assa melhor, ele dura menos e, consequentemente, fica mais fresco. Basta dividir todos os ingredientes por 2, com exceção dos ovos — uso 2 para não ter que guardar meio ovo. Para meia receita, uso uma fôrma de 26 cm com buraco no meio (essa parte é opcional).

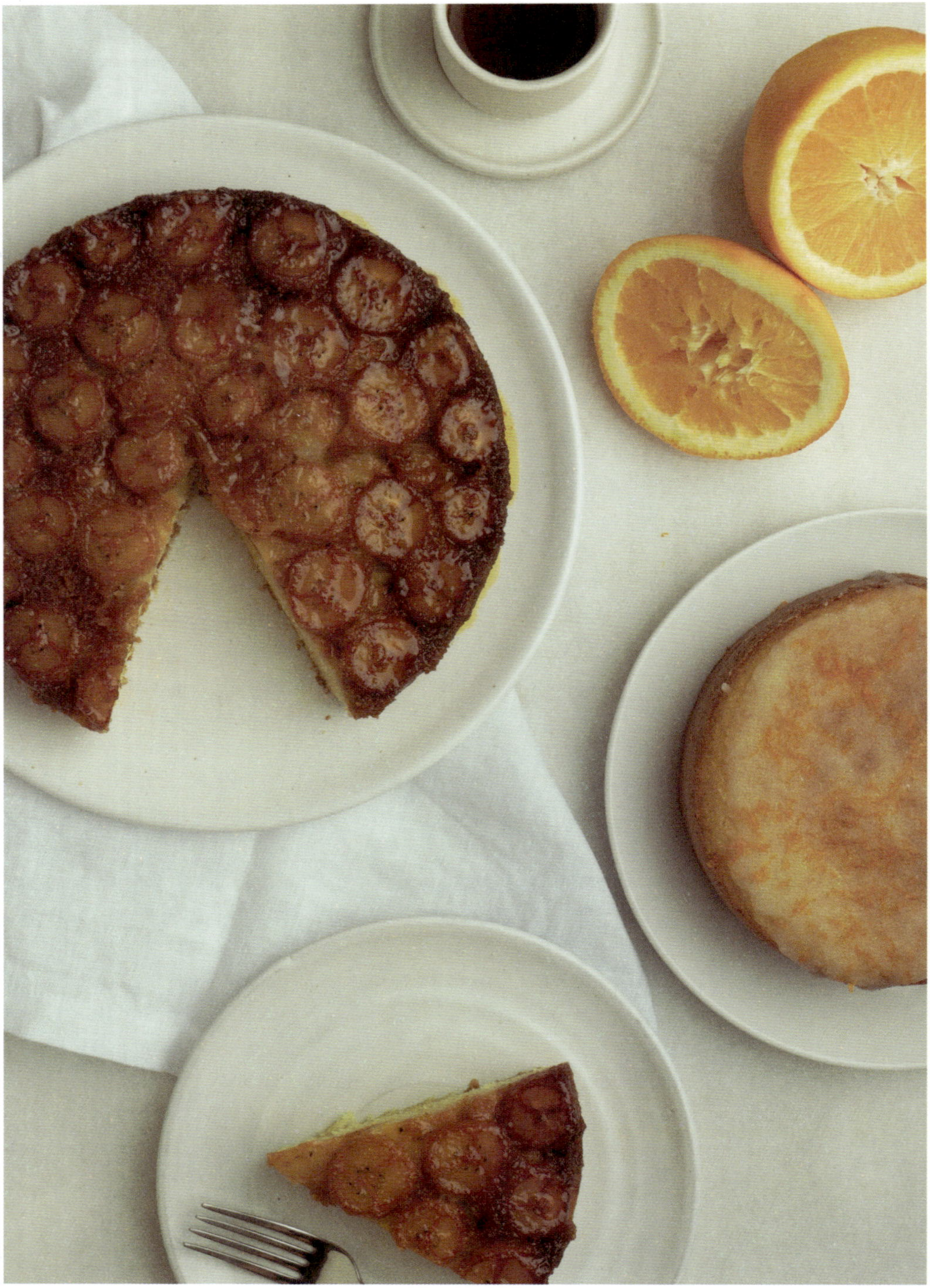

Variações do bolo tia Maria

BOLO BRANCO — Basta omitir o chocolate em pó.

BOLO DE LARANJA — Basta substituir o leite por suco de laranja e omitir o chocolate em pó.

Para a calda — misture 1 xícara de açúcar de confeiteiro com umas colheradas de suco de laranja até chegar na consistência desejada (quanto menos suco, mais grossa ela fica).

BOLO BIVÓ (DE LIMÃO COM COCO) — Basta substituir o leite por leite de coco e omitir o chocolate em pó.

Para a calda — misture 1 xícara de açúcar de confeiteiro com umas colheradas de suco de limão até chegar na consistência desejada.

BOLO INVERTIDO DE BANANA OU ABACAXI — Basta omitir o chocolate em pó, caramelizar a fôrma com ½ xícara de açúcar e cobrir o caramelo com rodelas de banana ou abacaxi.

BOLO DE MAÇÃ COM NOZES — Omita o chocolate em pó, substitua o açúcar por açúcar mascavo, inclua 1 pitada de canela na massa, ½ xícara de nozes e 1 xícara de maçã cortada em cubos sem casca.

Dicas para bolos em geral

- Sempre preaqueça o forno por uns 15 minutos. O forno precisa estar quente na hora em que o bolo entrar para que ele comece a crescer imediatamente, senão pode solar.
- Nunca misture muito a massa após incorporar a farinha. Se mexermos muito a farinha, desenvolvemos o glúten, e a massa não fica macia.
- Mexa com um *fouet* em vez de uma colher de pau, pois misturamos menos até incorporar e, por isso, o resultado fica mais macio.
- O ideal é assar o bolo no meio do forno, para que o calor consiga circular bem em volta dele todo.
- Conheça bem o seu forno: se ele tem uma parte que esquenta mais ou menos, posicione sua fôrma de acordo com isso.
- Para ver se o bolo está pronto, use um palito ou a ponta de uma faca para espetá-lo na parte mais grossa e central. Se o palito sair limpo, a massa está cozida.
- O bolo começa a soltar das laterais da fôrma quando está totalmente assado.

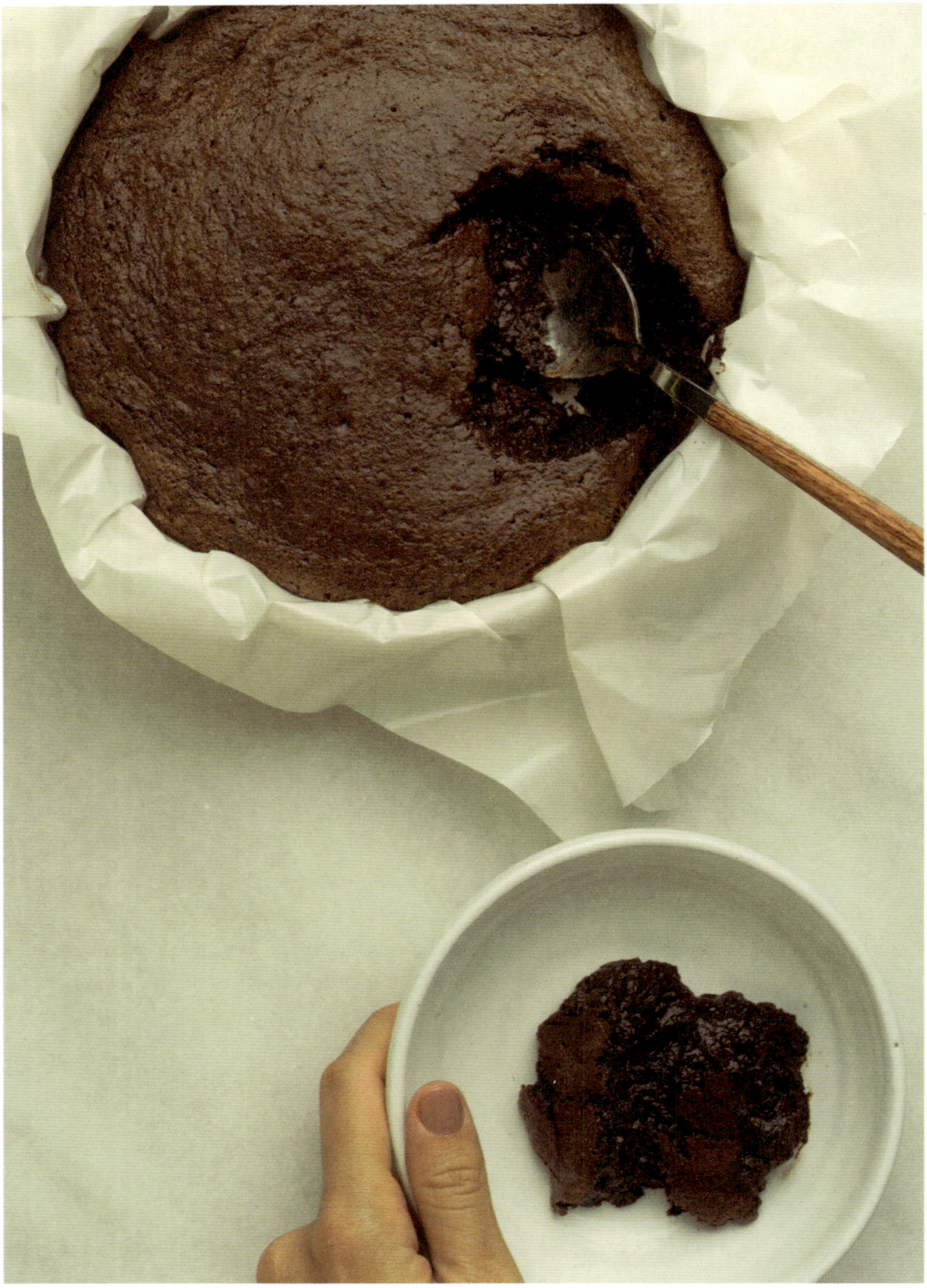

Bolo de chocolate sem farinha de trigo

RENDIMENTO: fôrma de 20 cm de diâmetro

- » 180 g de chocolate meio amargo
- » 75 g de manteiga
- » ⅓ de xícara (60 g) de açúcar
- » 3 gemas
- » 2 colheres (sopa) de farinha de amêndoas ou avelã (25 g) (opcional — o bolo vai ficar mais mole sem a farinha)
- » 3 claras

1. Derreta o chocolate e a manteiga no micro-ondas ou sobre banho-maria.
2. Junte o açúcar e misture.
3. Retire do fogo, adicione as gemas e mexa imediatamente.
4. Junte a farinha e incorpore à massa.
5. Bata as claras em neve e adicione-as em 3 levas.
6. Leve ao forno a 190°C por cerca de 25 minutos. Vai depender muito do tamanho da fôrma utilizada, mas eu prefiro o bolo molinho no centro.

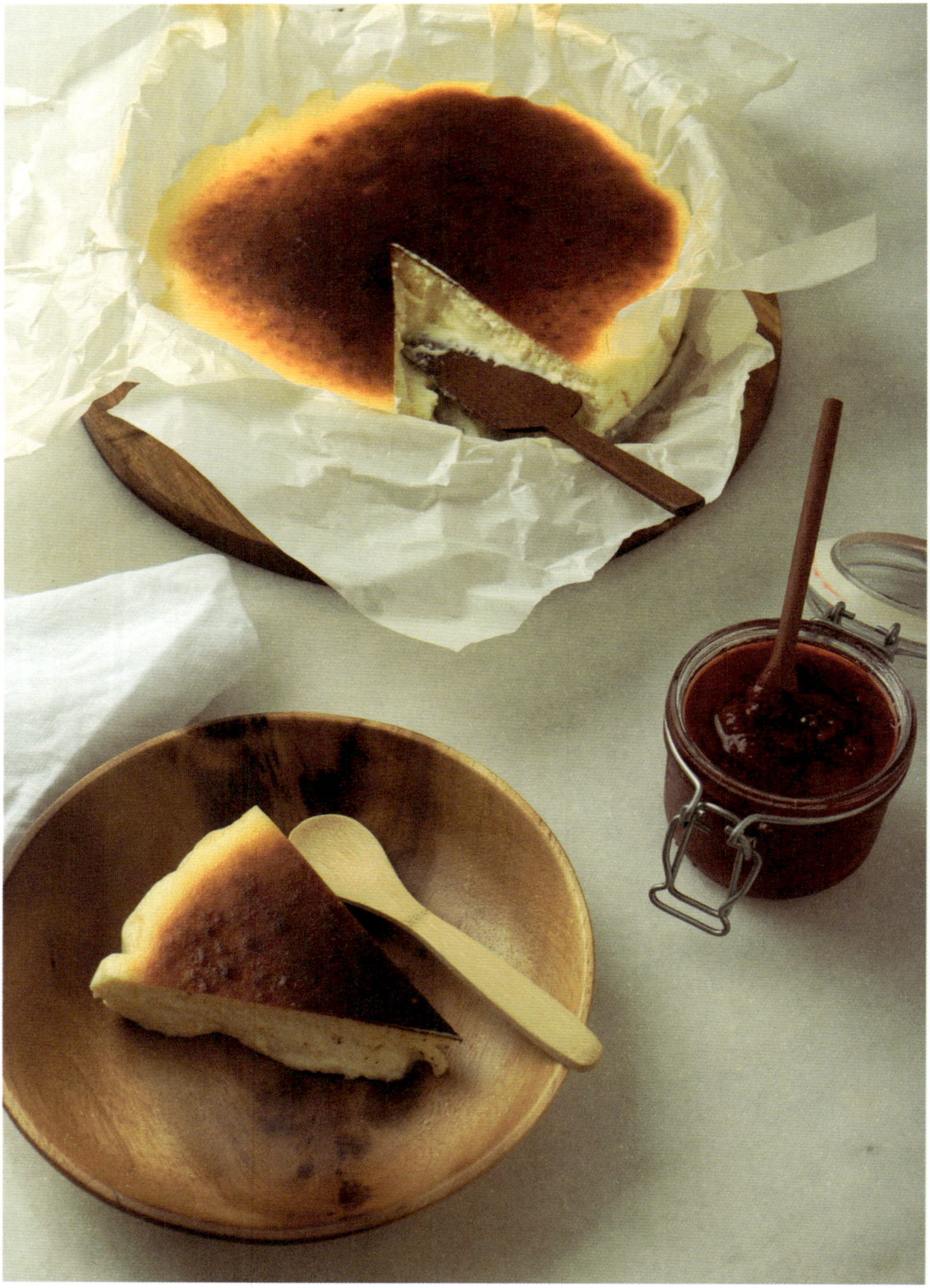

Torta basca

RENDIMENTO: fôrma de 26 cm

- » 600 g de cream cheese
- » 200 g de açúcar
- » 4 ovos
- » 400 ml de creme de leite fresco
- » 30 g de farinha de trigo peneirada

Para entrar nas tortas, vou apresentar aquela que talvez seja a minha sobremesa favorita. Os sabores são extremamente simples, mas é um doce suave que finaliza muito bem a refeição. O único defeito dela é que idealmente deve ser feita de véspera.

1. Comece colocando o cream cheese e o açúcar na batedeira e bata até que o açúcar tenha dissolvido no cream cheese e você não sinta mais nenhum grão.
2. Junte os ovos e bata para incorporar.
3. Raspe bem as laterais com uma espátula, adicione o creme de leite fresco e bata.
4. Tire a mistura da batedeira e adicione a farinha peneirada.
5. Mexa delicadamente com uma espátula. Não tem problema se ficar com uns pedaços, pode raspar nas laterais do pote ou peneirar a massa para tirar os grumos de farinha.
6. Forre uma fôrma com papel antiaderente (com o lado brilhoso para cima).
7. Despeje a massa na fôrma e coloque em banho-maria (o recipiente vai em cima de uma panela com dois dedos de água fervendo).
8. Leve ao forno preaquecido a 205°C por cerca de 40 a 45 minutos ou até que esteja levemente mole no centro ao mexermos.
9. Retire do banho-maria e volte ao forno na função gratinar por uns 3 a 5 minutos ou até que esteja bem caramelizado.
10. Deixe esfriar e depois leve à geladeira por pelo menos 12 horas antes de servir.

Se não tiver a função de gratinar no forno, pode servir sem estar caramelizada em cima. Fica uma delícia de qualquer forma!

Cheesecake improvisada

- » 1 pacote de biscoito maisena
- » 100 g de manteiga derretida
- » 1 lata de leite condensado
- » 300 g de cream cheese

Uma cheesecake que não vai ao forno e fica pronta em instantes — isto é, um supercoringa na cozinha. Essa receita é bem como o nome diz, improvisada, por isso não fica com a textura firme da cheesecake tradicional, mas para isso temos duas soluções: servir em porções individuais ou em uma travessa funda, ou adicionar gelatina incolor ao recheio. Prefiro a textura dela molinha, por isso não adiciono gelatina, mas fica a dica.

1. Triture o biscoito no processador.
2. Junte a manteiga derretida e misture até virar uma "farofa úmida".
3. Transfira para uma fôrma com fundo removível ou um refratário para servir direto e amasse para deixar a base lisa.
4. Coloque no congelador enquanto faz o recheio.
5. Misture o leite condensado e o cream cheese até que fique homogêneo.
6. Retire a base do congelador e coloque o recheio.
7. Volte ao freezer ou à geladeira.
8. Sirva com geleia, doce de leite, frutas, o que quiser!

Brigadeiro

RENDIMENTO: para rechear 1 bolo de 24cm ou 1 torta de 28cm

Agora que já falamos sobre diferentes formas de fazer bolo e torta, vamos aprender receitas deliciosas que servem tanto de recheio quanto para comer puro. Fazem parte deste grupo os queridos brigadeiro e doce de leite, maravilhas do Brasil, e os franceses creme *pâtissière*, suas variações e a ganache. Vamos começar pelo brigadeiro.

Todo mundo tem uma receita própria e deliciosa desse orgulho nacional, mas eu não poderia deixar de oferecer a minha versão, mesmo que só para dar algumas dicas para quem quiser incorporar à própria receita.

Para 1 lata de leite condensado, uso 3 colheres (sopa) de chocolate em pó ou 50 g de chocolate em barra.

CALDA DE BRIGADEIRO — Para fazer essa adaptação, adicione uma caixa de creme de leite para que a textura fique mais fluida e cremosa.

1. Se possível, use uma panela antiaderente, pois o brigadeiro fica mais lisinho e é mais fácil de evitar grumos.
2. Mexa constantemente em fogo baixo: quanto mais baixo o fogo, melhor o resultado, pois vai cozinhar de maneira mais uniforme e ficar mais cremoso, ainda que demore um pouco mais.
3. Mexa com uma espátula de silicone para raspar bem as laterais da panela e novamente evitar grumos.
4. Cozinhe por uns 12 a 15 minutos, até que o brigadeiro esteja fervendo bem e esteja encorpado e soltando do fundo da panela.

BRIGADEIRO DE COLHER — Vale seguir as dicas acima, mas cozinhe o brigadeiro depois por uns 5 a 10 minutos, dependendo do ponto desejado.

Doce de leite

A receita tradicional é feita com leite e açúcar e, apesar de não demorar muito mais do que a versão na panela de pressão, requer uma atenção especial, pois precisamos mexer constantemente até que a mistura vire doce de leite. Meu método favorito é o de transformar o leite condensado em doce de leite na panela de pressão, mas vou deixar aqui as duas receitas.

Doce de leite tradicional

RENDIMENTO: para rechear 1 bolo de 24cm ou 1 torta de 28cm

» 4 xícaras de leite
» 2 xícaras de açúcar

1. Misture os dois em uma panela e mexa constantemente em fogo baixo até que o açúcar dissolva no leite e vire um creme com a cor caramelo. Após aproximadamente 1 hora, a mistura vira leite condensado e, se continuarmos mexendo por mais uns 20 a 30 minutos, vira doce de leite.
2. Quando chegar no ponto, retire da panela rapidamente para interromper o cozimento, pois ele continua cozinhando e pode passar do ponto rapidamente, virando doce de leite de corte.

Doce de leite na panela de pressão

RENDIMENTO: para rechear 1 bolo de 24cm ou 1 torta de 28cm

» 1 lata de leite condensado

1. Coloque a lata sem o rótulo na panela de pressão e cubra com água.
2. Tampe a panela e ligue o fogo. Após pegar pressão, conte 25 minutos para obter um doce de leite mais claro e mais cremoso. Se gostar dele mais escuro e firme, deixe 40 minutos.
3. Retire a lata da pressão com muito cuidado, pois estará quente, passe sob água corrente gelada para interromper o cozimento e leve à geladeira por algumas horas antes de abrir e usar.

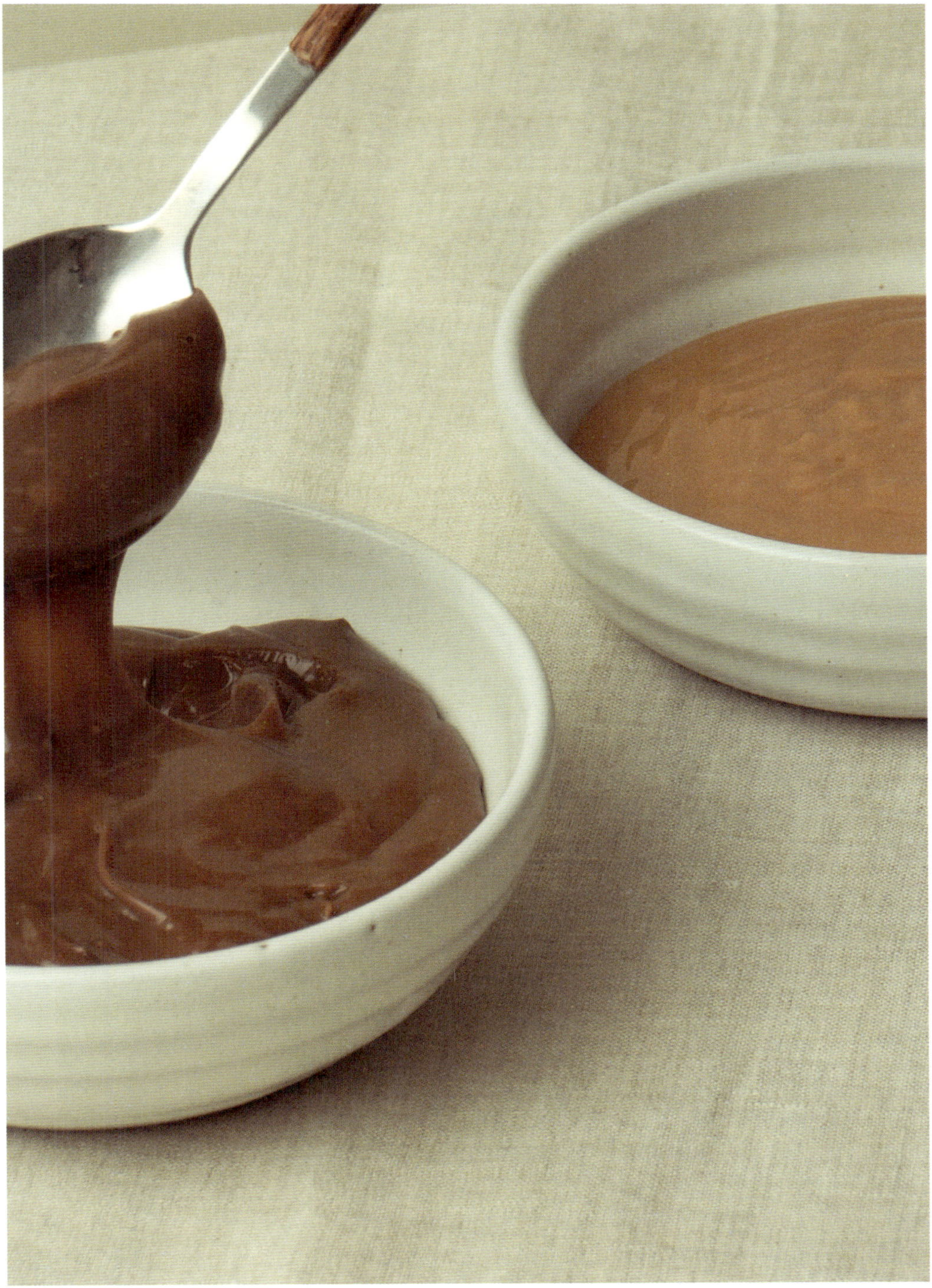

Creme *pâtissière* ou creme de confeiteiro e suas variações

RENDIMENTO: para rechear 1 bolo de 24 cm ou 1 torta de 28 cm

» 350 ml de leite
» Baunilha a gosto (idealmente fava, mas, como não é tão simples de achar, pode usar pasta ou extrato de baunilha)
» 3 gemas (60 g)
» 100 g de açúcar
» 30 g de amido de milho

1. Transfira o leite (com a exceção de 2 colheres de sopa) para uma panela e ligue no fogo baixo para esquentar.
2. Se estiver usando fava de baunilha, corte-a ao meio, raspe as sementes e junte ao leite (se tiver usando pasta ou extrato, espere até o final).
3. Junte as gemas e o açúcar em um pote e mexa imediatamente até incorporar tudo. É importante mexer na hora para não "queimar as gemas" com o açúcar.
4. Acrescente o amido de milho ao pote e misture novamente.
5. Adicione as 2 colheres (sopa) de leite e mexa.
6. Assim que o leite na panela ferver, despeje um pouco na mistura das gemas e mexa constantemente para temperá-la e incorporar.
7. Junte aproximadamente metade do leite quente e depois passe a mistura toda para a panela.
8. Cozinhe em fogo baixo, mexendo sempre. Assim que a mistura ferver, continue com ela no fogo e mexendo por uns 3 a 5 minutos.
9. Transfira para um prato em uma camada única, cubra com filme plástico em contato com a superfície e leve à geladeira para esfriar.
10. Quando estiver gelado, bata com um *fouet* ou na batedeira para que fique lisinho novamente.

Para transformar em **creme *mousseline***, acrescente 150 g de manteiga sem sal em temperatura ambiente em cubos. Quando o creme de confeiteiro estiver gelado, transfira para a batedeira e bata até ficar uniforme. Em seguida, comece a adicionar a manteiga em temperatura ambiente aos poucos, para que o creme "monte" e vire um creme *mousseline*.

Para transformar em **creme *diplomat***, acrescente 150 ml de creme de leite fresco. A receita original leva creme de leite fresco e 2 folhas de gelatina incolor, mas confesso que gosto muito da leveza do creme de leite batido com o sabor do creme *pâtissière*, por isso prefiro omitir a gelatina. Quando o creme de confeiteiro estiver gelado, transfira-o para a batedeira e bata até ficar uniforme. Bata o creme de leite fresco até virar chantilly, depois incorpore os dois, em 2 ou 3 adições, para que fique aerado e saboroso.

Ganache

RENDIMENTO: para rechear 1 bolo de 24cm ou 1 torta de 28cm

» 200 ml de creme de leite fresco
» 200 g de chocolate

Apesar de ser tido como uma receita difícil, o ganache não poderia ser mais fácil. Basta seguir umas dicas importantes para ter sucesso. O ganache serve de cobertura ou recheio de bolo, mas também pode ser transformado em trufas de chocolate ou até batido para incorporar ar e virar uma espécie de mousse.

Geralmente gosto de usar partes iguais de creme de leite fresco e chocolate, mas, se quiser uma receita mais fluida, pode alterar um pouco as quantidades.

1. Esquente bem o creme de leite fresco até que comece a ferver. (Existe certo debate entre os cozinheiros a respeito de deixar ou não o creme ferver; alguns acreditam que pode levar o creme a talhar. Sou da outra filosofia: sempre fiz assim, nunca talhou e acho que quando ferve ajuda muito na hora de derreter o chocolate.)
2. Assim que o creme estiver fervendo, despeje-o sobre o chocolate picado e espere 1 minuto.
3. Passado o tempo, comece a mexer com um *fouet* delicadamente para ir derretendo o chocolate e incorporando ao creme de leite.
4. Caso seu chocolate não derreta por inteiro, o que é improvável, você pode colocar o ganache por uns 10 segundos no micro-ondas ou em banho-maria (recipiente vai em cima de uma panela com dois dedos de água fervendo, sem que seu fundo entre em contato com a água) e mexer mais.
5. Se quiser, pode usar o ganache fluido assim, mas o ideal é levá-lo para a geladeira e ir mexendo de 30 em 30 minutos até que ele chegue na consistência desejada, seja ela ligeiramente firme ou extremamente firme, para fazer trufas.

Para transformar em um recheio aerado, transfira o ganache para uma batedeira assim que estiver frio e relativamente viscoso e bata até que fique aerado.

Para transformar em trufa, deixe solidificar na geladeira. Com uma colher de chá, pegue colheradas do ganache e forme bolinhas com as mãos, depois passe no chocolate em pó e guarde na geladeira.

Chantilly

RENDIMENTO: para rechear 1 rocambole de 30 cm

» 500 ml de creme de leite fresco bem gelado
» 3 a 4 colheres (sopa) de açúcar (de preferência, o de confeiteiro, mas, se não tiver, também pode ser o comum)

Apesar de não ser bem um recheio e não ter muitos segredos, acho importante dar umas dicas para garantir o sucesso na hora de fazer seu chantilly. Nesse caso, precisamos de creme de leite fresco — creme de leite de caixinha ou de lata **não** viram chantilly.

1. Bata o creme de leite fresco em uma batedeira na velocidade média. No começo demora para ver alguma mudança, mas, assim que começar a firmar, preste atenção, pois, se bater demais, o creme separa e vira uma mistura de manteiga e soro.

2. Quando começar a firmar, acrescente o açúcar e continue batendo só até que o chantilly esteja firme o suficiente para deixar leves picos.

Se preferir, você pode dispensar a batedeira e usar um batedor de arame.

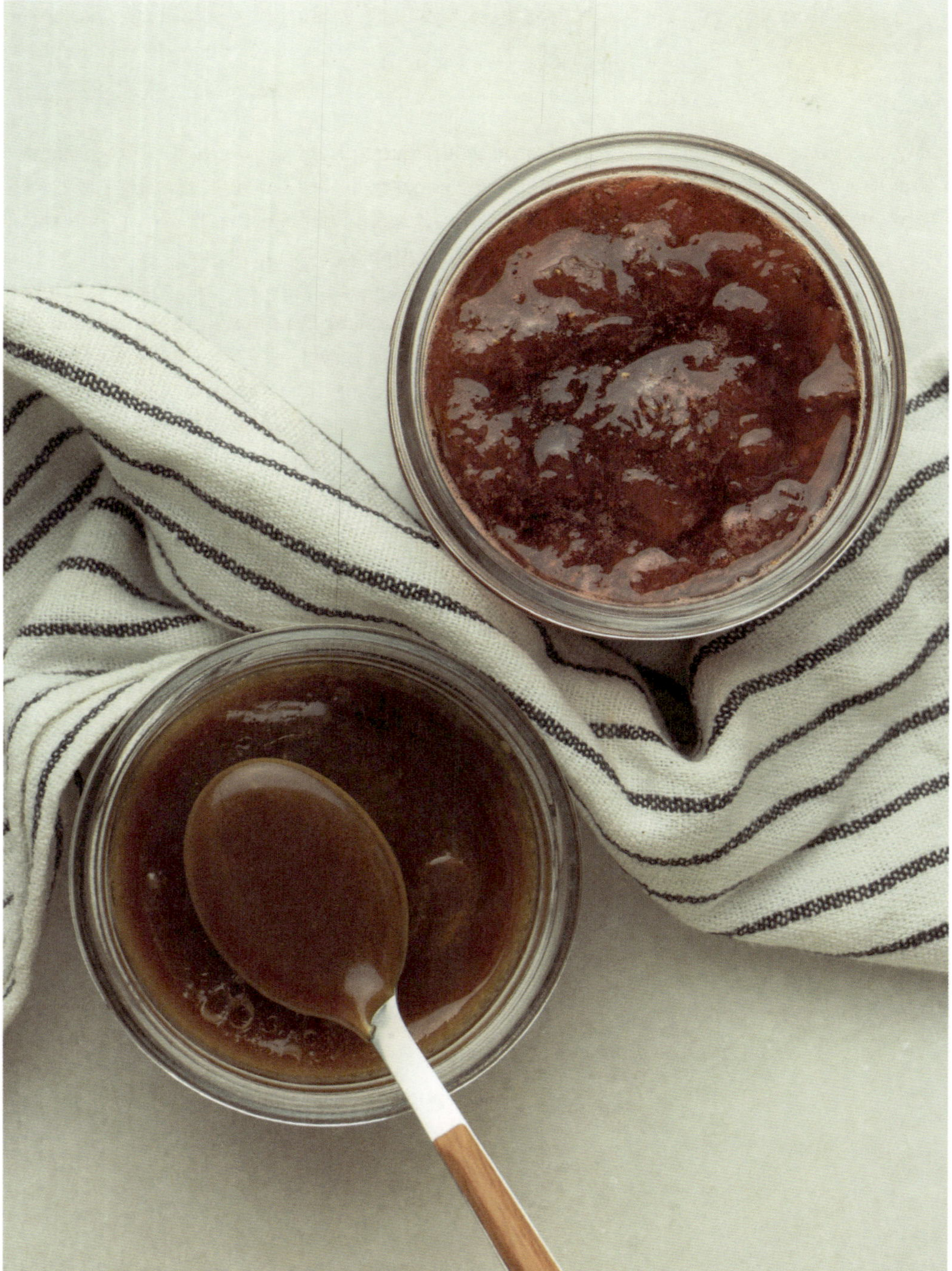

Geleia de frutas vermelhas

RENDIMENTO: 1 pote de 200 ml

- 200 g de açúcar
- 150 ml de água
- 400 g de frutas vermelhas (morango, framboesa ou uma mistura de ambas)
- 10 ml de suco de limão-siciliano
- 2 grãos de pimenta-preta
- 1 colher (chá) de vinagre balsâmico (opcional)

A receita de geleia que aprendi em Paris está longe de ser uma versão sem açúcar que vemos por aí. Na verdade, é uma receita feita com bastante açúcar, mas, em contrapartida, costumamos comer pouca quantidade por vez.

1. Misture a água e o açúcar em uma panela e leve ao fogo médio até que comece a ferver.
2. Misture as frutas com o limão, a pimenta e o vinagre e junte à calda na panela quando ferver.
3. Cozinhe no fogo mínimo por 40 a 50 minutos ou até que a geleia tenha encorpado, virando um xarope.
4. Para testar o ponto, você pode pegar uma colherada e colocar na geladeira por uns 15 minutos. Depois de fria, veja se a consistência está conforme o desejado.
5. Guarde em potes esterilizados em água fervente e com fechamento hermético.

Se quiser a geleia com pedaços, pode começar o preparo com morangos inteiros, levando em consideração que eles vão se desmanchar levemente. Se preferir uma geleia mais lisa, pode cortá-los em 4 antes de começar.

Calda de caramelo salgado

RENDIMENTO: 6 porções ou recheio de 1 torta de 28 cm

- 75 g de açúcar
- 15 g de manteiga com sal
- 75 ml de creme de leite

1. Derreta o açúcar até formar um caramelo.
2. Coloque no fogo mínimo e junte a manteiga.
3. Mexa imediatamente com um *fouet* até derreter.
4. Adicione o creme de leite fresco e mexa até incorporar bem, em fogo baixo.

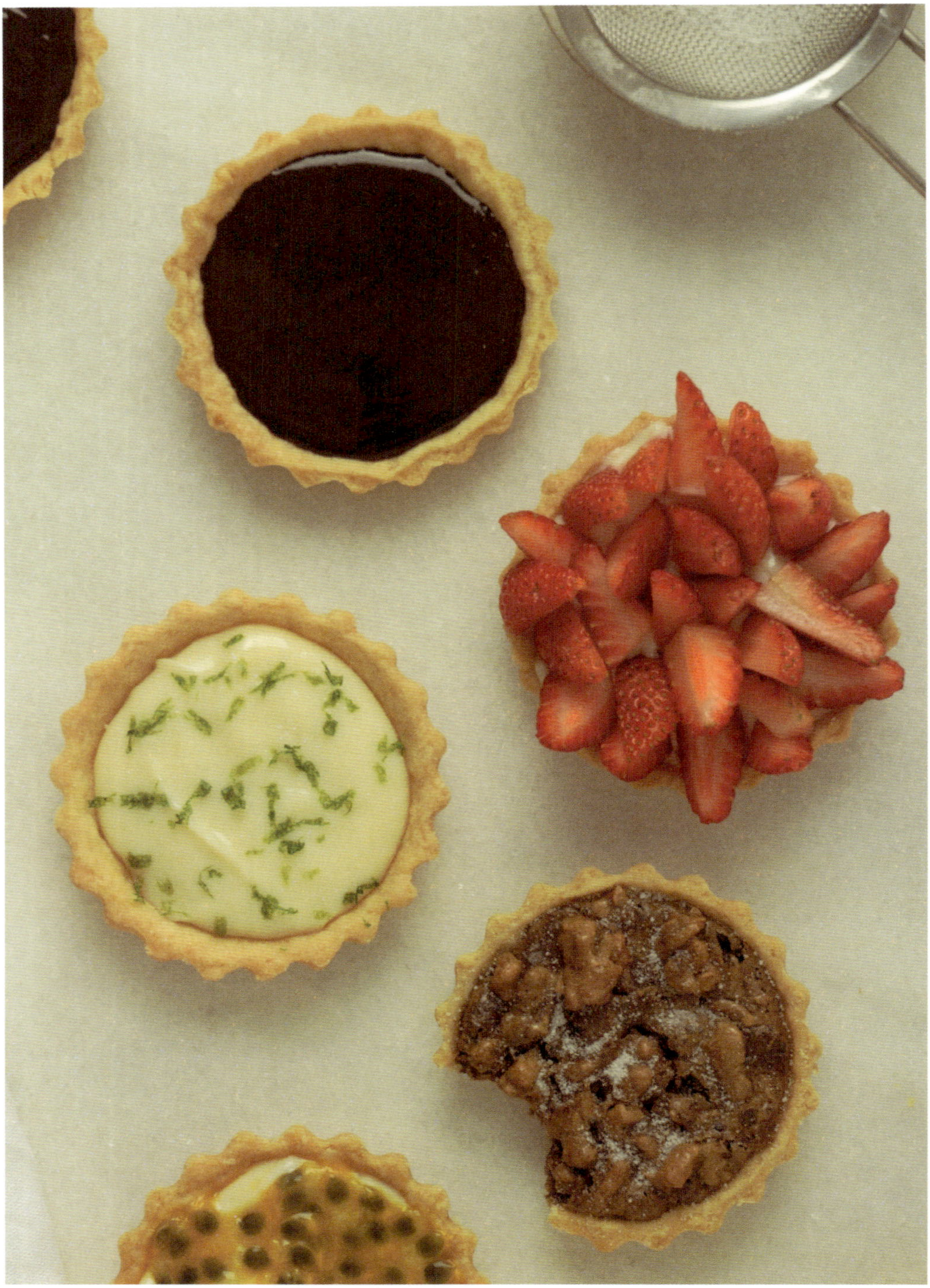

Massa *sablé* clássica

RENDIMENTO: fôrma de 28 cm

» 100 g de açúcar de confeiteiro (pode ser açúcar refinado)
» 25 g de farinha de amêndoas (pode substituir por farinha de trigo; se você tiver amêndoas inteiras, basta triturá-las no processador para virar uma farinha, com pele mesmo)
» 250 g de farinha de trigo
» 140 g de manteiga gelada em cubos
» 1 ovo

1. Em um pote, misture o açúcar, a farinha de amêndoas e a farinha de trigo.
2. Junte a manteiga e mexa com a ponta dos dedos para incorporar levemente, formando uma farofa úmida.
3. Acrescente o ovo e incorpore com a ponta dos dedos ou uma espátula, se preferir.
4. Quem quiser trabalhar a massa na bancada deve misturar brevemente e depois transferir para a bancada e ir trabalhando com a base da palma da mão por partes, empurrando a massa para longe e sempre trabalhando com uma parte "nova" da massa. Só depois de ter passado toda a massa uma vez é que devemos começar de novo; em 2 ou 3 "passadas", a massa deve estar uniforme e homogênea.
5. Se preferir, pode mexer com a ponta dos dedos até que a massa esteja homogênea no próprio pote.
6. Cubra a massa com filme plástico e leve à geladeira para que ela possa descansar (no mínimo 30 minutos).
7. Polvilhe a bancada com farinha de trigo, tire a massa da geladeira e do filme plástico e use um rolo para abrir.
8. Enrole a massa no rolo para ajudar a transportar e leve para a fôrma de torta.
9. Desenrole a massa e ajude-a a cobrir os cantos da fôrma.
10. Agora vamos pré-assar a massa, ainda sem recheio, para que a base da torta não infle no forno. Precisamos usar um garfo para fazer furinhos na base ou então colocar algum tipo de peso, que seria o método tradicional: colocar papel-manteiga sobre a torta e cobri-lo com feijão cru, por exemplo. Prefiro a primeira opção, porque é bem menos trabalhosa.
11. Asse em forno preaquecido a 180°C por uns 10 minutos.
12. Retire o peso, se estiver usando.
13. Se for fazer uma torta com recheio que não precisa ser cozido, você pode assar a torta por mais tempo, até ficar levemente dourada. Caso vá juntar algum recheio que precise ir ao forno, pode fazer isso agora.

Recheios de torta

Pecã

RENDIMENTO: para rechear 1 torta de 28 cm

» 1 ovo
» 25 g de manteiga derretida
» 175 g de açúcar mascavo
» 115 g de nozes-pecãs ou nozes ou amêndoas picadas

Eis um exemplo de torta cujo recheio precisa ser assado. Nesse caso, juntaríamos o recheio depois de pré-assar a massa por 10 minutos.

1. Misture todos os ingredientes e despeje na massa.
2. Leve ao forno para assar por mais uns 10 a 15 minutos.

Tortas com recheio cru

TORTA DE LIMÃO — Não poderia ser mais simples: basta misturar 1 lata de leite condensado e o suco de 1 ½ limão ou 2 limões (vá provando). Misture até ficar homogêneo e despeje por cima da massa totalmente assada. Finalize com raspas de limão.

TORTA DE MARACUJÁ — Faça como na torta de limão: use suco de maracujá e decore com as sementes.

CREME PÂTISSIÈRE COM FRUTAS VERMELHAS — Asse totalmente a massa e em seguida recheie com creme *pâtissière*, *mousseline* ou *diplomat*. Depois decore por cima com morangos, framboesa, cereja etc.

CHOCOLATE COM NUTELLA OU CARAMELO — Coloque na base da torta já assada uma camada de Nutella ou caramelo (receita na página 337), depois despeje o ganache (receita na página 334). Finalize com um pouco de flor de sal.

Esses são alguns exemplos de recheio, mas são inúmeras as possibilidades, e você pode variar e inovar de acordo com a sua preferência: recheio de geleia, de frutas caramelizadas, de creme de laranja e por aí vai.

Mousse de chocolate

RENDIMENTO: 4 a 6 porções

- » 180 g de chocolate meio amargo
- » 50 g de manteiga
- » 3 gemas
- » 3 colheres de açúcar
- » 3 claras

Essa receita de mousse de chocolate é da minha mãe e é supercremosa e diferente das outras — a minha favorita. Espero que você goste!

1. Coloque o chocolate e a manteiga em um pote e derreta em banho-maria (o recipiente vai em cima de uma panela com dois dedos de água fervendo, sem que o fundo encoste na água) ou no micro-ondas mexendo a cada 30 segundos.
2. Em uma batedeira, bata as gemas e o açúcar até obter um creme esbranquiçado.
3. Junte ao creme a mistura de chocolate e manteiga e mexa até incorporar.
4. Bata as claras em neve.
5. Quando as claras em neve estiverem bem volumosas e firmes, misture-as ao chocolate em três adições: a primeira é para aproximar as texturas e facilitar o processo; nas outras duas, incorpore com delicadeza para não tirar o ar das claras.
6. Transfira para a travessa de servir e deixe na geladeira até firmar (pelo menos umas 3 horas).
7. Sirva com raspas de chocolate por cima ou flor de sal.

Merengues

O merengue é um clássico da gastronomia, que pode ser feito de diversas formas e tem algumas receitas derivadas, como a *pavlova*, os ovos nevados e o suspiro. Existem três principais tipos de merengue: o francês, o italiano e o suíço. Vou explicar como fazer cada um e as diferenças entre eles. Eles podem ser usados de forma intercambiável, mas algumas receitas funcionam melhor com um merengue específico.

Francês

RENDIMENTO: 6 a 8 porções

» 4 claras (120 g)
» 1 xícara de açúcar

O mais básico de todos. Ele é bastante delicado, por isso é ideal para receitas que ainda vão cozinhar, como suspiros, *pavlova* e ovos nevados. Muitas vezes também compõem mousses.

1. Bata bem as claras em neve até que formem picos moles.
2. Junte o açúcar em colheradas, batendo em velocidade média até que fique firme e brilhoso.

Para suspiro, use um saco e um bico de confeiteiro para desenhar o formato desejado ou então duas colheres, uma para pegar o merengue e outra para soltá-lo no tabuleiro forrado com papel-manteiga. Leve ao forno preaquecido a 100°C por uns 15 minutos ou até que esteja bem seco e opaco.

Italiano

RENDIMENTO: 6 a 8 porções

» 240 g de açúcar
» 80 ml de água
» 4 claras (120 g)

Esse merengue consiste em fazer um xarope de açúcar e depois juntá-lo às claras em neve enquanto as estivermos montando. O resultado é um merengue brilhoso e sedoso. Essa receita é muito utilizada para coberturas de bolo ou tortas.

1. Em uma panela, misture o açúcar e a água e leve ao fogo.
2. Coloque as claras em uma batedeira, mas não ligue ainda.
3. Caso tenha um termômetro culinário, utilize para medir a temperatura do xarope até chegar a 120°C. Sempre insira o termômetro no centro da mistura e não deixe o aparelho tocar no fundo da panela, pois é um ponto mais quente.
4. Caso não tenha termômetro, preste atenção nas bolhas. Quando começar a ferver de forma mais vigorosa, pegue uma colher de chá e um pote de água gelada.
5. Molhe a colher no xarope e transfira imediatamente para o pote com água gelada por uns 5 segundos, depois pegue o xarope da colher e aperte ele entre os dedos. Caso se dissolva imediatamente, o xarope precisa cozinhar um pouco mais; se formar uma bola macia, está no ponto correto.
6. Quando o xarope estiver quase no ponto, ligue a batedeira e deixe as claras em neve começarem a espumar bem.
7. Quando estiver começando a montar as claras, junte o xarope de açúcar pela lateral da batedeira (para não respingar), inicialmente aos poucos e depois mais rápido, batendo na velocidade média-alta sem parar.
8. Deixe o merengue bater bem por uns 5 minutos, até que esteja brilhoso e sedoso e a temperatura da tigela esteja ambiente.

Suíço

RENDIMENTO: 6 a 8 porções

Essa receita é usada como base para fazer *buttercream*, por exemplo.

» 4 claras (120 g)
» 1 xícara de açúcar

1. Misture as claras e o açúcar em uma tigela em banho-maria (o recipiente vai em cima de uma panela com dois dedos de água fervendo, sem que seu fundo encoste na água) até que o açúcar se dissolva.
2. De vez em quando, pegue um pouco das claras entre os dedos para ver se o açúcar já dissolveu.
3. Assim que tiver dissolvido, leve o conteúdo à batedeira ou use um *fouet* e bata até que as claras fiquem em neve.

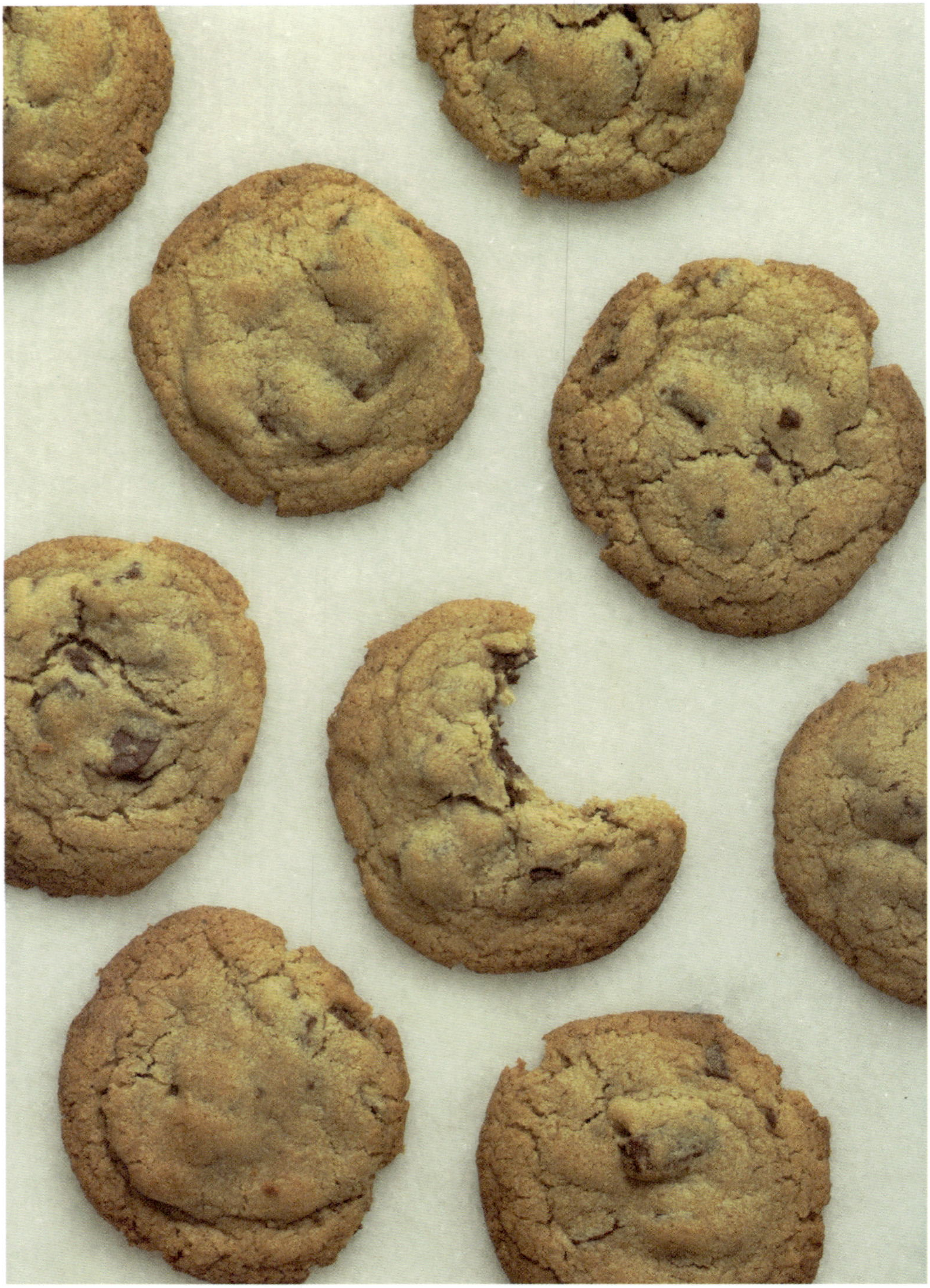

Cookie

RENDIMENTO: 8 unidades

- » 50 g de manteiga em temperatura ambiente
- » ¼ de xícara de açúcar mascavo (35 g)
- » ¼ de xícara de açúcar refinado (40 g)
- » 1 gema (20 g)
- » ½ de xícara de farinha (70 g)
- » 1 colher (chá) de fermento
- » ⅓ de xícara de chocolate meio amargo picado (50 g)

1. Junte os açúcares com a manteiga e faça uma pomada.
2. Junte a gema e mexa.
3. Adicione a farinha e o fermento e incorpore quase totalmente.
4. Acrescente o chocolate e mexa até que a massa esteja homogênea.
5. Leve a massa à geladeira para descansar por pelo menos 30 minutos (quanto mais descansada a massa, menos ela espalha).
6. Leve ao forno preaquecido a 190ºC por cerca de 8 minutos — depende muito do seu forno. O ideal é que as pontas estejam começando a dourar e o meio ainda esteja mole.

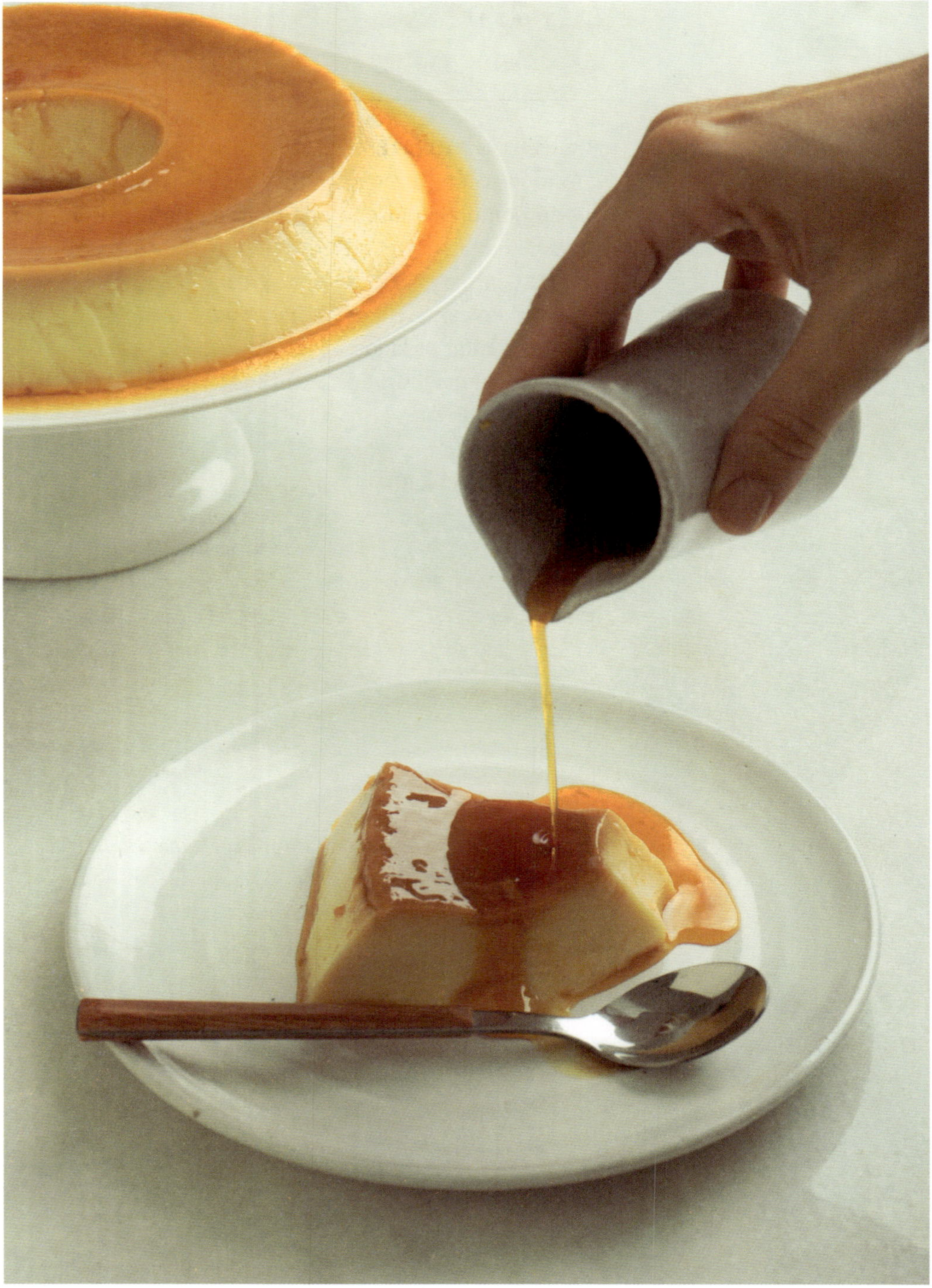

Pudim

RENDIMENTO: fôrma de 24 cm com furo no meio

PARA O CARAMELO

» 1 ½ xícara de açúcar

1. Coloque o açúcar em uma panela e leve ao fogo até chegar ao ponto. Se quiser, pode fazer direto na fôrma, mas tome cuidado para não se queimar; use sempre um pano de prato grosso quando for manusear.
2. Despeje o caramelo na fôrma grande ou em forminhas e rode para untar os lados.
3. Se não quiser untar os lados com caramelo, unte com manteiga.

PARA A MASSA

» 2 latas de leite condensado
» 2 latas de leite (usar a lata de leite condensado como medida)
» 4 ovos
» Baunilha a gosto

1. Misture o leite condensado e o leite delicadamente para não incorporar ar e não ter furinho.
2. Acrescente os ovos também com delicadeza ao leite e ao leite condensado.
3. Mexa devagar, sempre evitando incorporar ar.
4. Passe a massa pela peneira, despejando na fôrma já com caramelo.
5. Deixe a massa descansar para estourar qualquer bolha que tenha se formado.
6. Cubra a fôrma com papel-alumínio e leve ao forno preaquecido a 180°C por 45 a 60 minutos em banho-maria.
7. Tire o papel-alumínio e asse mais uns 45 minutos.
8. Leve para a geladeira e deixe gelar por pelo menos 2 a 3 horas, senão o pudim pode quebrar na hora de desenformar.
9. Na hora de desenformar, leve a fôrma à boca do fogão e esquente uns 15 segundos para derreter o caramelo. Vire sobre um prato.

DICA: para um pudim com furinho, bata todos os ingredientes da massa no liquidificador.

JULIANA GUEIROS

Agradecimentos

Quero agradecer do fundo do coração a todas as pessoas que ajudaram a realizar esse sonho. Começando pelos meus seguidores no Instagram: aos que me acompanham desde o início da pandemia, aos que chegaram no meio, aos que apareceram depois e a todos que virão. Isto jamais teria sido possível sem vocês. Sou muito grata pela enorme rede de carinho e amor que formamos lá e pela nossa troca diária. Espero que este livro leve muitos momentos de amor e carinho à mesa de vocês.

À equipe maravilhosa da Intrínseca, obrigada por confiarem e acreditarem no meu trabalho. É incrível olhar para trás e ver o quanto caminhamos juntos, então agradeço por segurarem minha mão ao longo dessa linda jornada.

Ao meu amor, obrigada por acreditar quando eu duvidava e por tirar as fotos mais lindas que eu poderia sonhar em ter neste livro. Trabalhar neste projeto com você foi perfeito.

Carol, obrigada por ser a melhor amiga que alguém poderia sonhar em ter, por ler e reler, opinar e incentivar ao longo de todo o processo, sempre. Que sorte a minha.

Alice e Anna, obrigada por me emprestarem as louças mais lindas, feitas com maestria e amor, para abraçarem minhas comidas.

Lu, obrigada por ser minha companhia na cozinha tantas vezes. Você foi uma das minhas maiores inspirações.

Nana, obrigada por me ensinar a comer arroz com feijão e limão e por montar os cardápios mais coloridos e deliciosos.

Para minha falecida avó, Albertina, me orgulho em dizer que herdei de você o prazer por comer e raspar o prato, literalmente. Além de ser uma cozinheira de mão cheia, era admirável vê-la se deliciar.

Aos meus pais e irmão, todo o meu amor e eterno agradecimento. Este livro nasceu através dos nossos momentos juntos, cozinhando e comendo. Minha mãe despertou nosso amor pela cozinha, e cultivar isso em família foi um enorme privilégio.

Mãe, obrigada por absolutamente tudo, inclusive por viajar meio mundo para me ajudar na cozinha enquanto tirávamos as fotos. Você sempre se fez presente apesar da distância, mas viver esse momento com você aqui foi muito especial.

- intrinseca.com.br
- @intrinseca
- editoraintrinseca
- @intrinseca
- @editoraintrinseca
- editoraintrinseca

1ª edição	FEVEREIRO DE 2024
impressão	SANTA MARTA
papel de miolo	OFFSET 120 G/M²
papel de capa	CARTÃO SUPREMO ALTA ALVURA 250 G/M²
tipografia	DASHIELL BRIGHT